编 辑 部

主　编：田士永

副主编：李慧敏

编　辑：刘坤轮　尹　超　王超奕　柯勇敏

联系方式

地　址：北京市海淀区西土城路25号，100088

　　　　中国政法大学 法学教育研究与评估中心

　　　　《中国政法大学教育文选》编辑部

电　话：010-58908099

邮　箱：lihuimin99@sina.com

中国政法大学教育文选

（第27辑）

田士永◎主编　　李慧敏◎副主编

中国政法大学出版社

2020·北京

图书在版编目（ＣＩＰ）数据

中国政法大学教育文选. 第27辑/田士永主编. —北京：中国政法大学出版社，2020.6
ISBN 978-7-5620-7628-5

Ⅰ.①中… Ⅱ.①田… Ⅲ.①高等学校－教学研究－文集 Ⅳ.①G642.0-53

中国版本图书馆CIP数据核字(2020)第112336号

出　版　者　　中国政法大学出版社

地　　　址　　北京市海淀区西土城路 25 号

邮寄地址　　北京 100088 信箱 8034 分箱　邮编 100088

网　　　址　　http://www.cuplpress.com (网络实名：中国政法大学出版社)

电　　　话　　010-58908289(编辑部) 58908334(邮购部)

承　　　印　　北京京鲁数码快印有限责任公司

开　　　本　　720mm×960mm　1/16

印　　　张　　14.25

字　　　数　　210 千字

版　　　次　　2020 年 6 月第 1 版

印　　　次　　2020 年 6 月第 1 次印刷

定　　　价　　68.00 元

目　录

CONTENTS

思想政治教育专题研究

教育模式

Jiao Yu Mo Shi

国际法治人才实践技能培养

——以判例法背景下的案件类比（Analogy）技巧为例

董京波 *

一、国际法治人才案件类比实践技能的必要性

国际法学主要有三个分支（国际公法、国际私法和国际经济法），但不管部门法专业是什么，用人单位对实践能力要求是一样的，所以应当加强对学生实践技能的培养。另外，我国的国际法治人才还有一个目标就是去国际法律组织工作，而国际组织很大一个特点就是法律体系的混合。比如国际刑事法庭的很多制度都是融合了大陆法系和英美法系的诉讼制度，而和英美法体系的法律专业人士合作就必须掌握他们的法律技能，因此学习英美法体系的律师抗辩技能是就职于国际法律组织的必要条件。国际法治人才第一步最基础的实践技能就是找法，包括案例检索，相关有权机构的解释（包括解释、立法历史等）；第二步就是运用找到的法为自己的案件服务，即案件类比技能。作为国际经济法专业的法学人才，案例类比这个技能尤其重要。由于学生未来代理的当事人、对方当事人及裁判者都可能有国际背景，因此学生必须熟悉英美法国家的判例法（Case Law）的抗辩技巧，即如何有效地利

* 董京波，女，（1974— ），中国政法大学副教授，法学博士，教学和研究领域：国际贸易法，国际金融法、国际模拟法庭教学等。

用检索到的案例，为自己的案子服务。

二、案件类比基本理论及其在具体案件中的适用

（一）关于"案件类比"的基本理论

1. 遵循先例和案件类比

遵循先例是判例法的一个基本原则，它是判例法得以形成的基础。遵循先例原则的基本含义就是，即指以前判决中的法律原则对以后同类案件具有约束力。遵循先例原则要求将一项由先例提炼出的论断视同一项法则并将之适用于后一个类似情境之中。

克鲁格将类比推理（或比喻论证）的用法表达如下：如果一个法律规则的显性说明指向的是某一事件状态，而仅仅因为后一事件状态"在所有重要方面"与前一事件状态都表现得很一致，就将这一法律规则应用于另一个不同的事件状态，类比推理就发生了。换言之，通过类比这一手段，人们用一个特定的法律规则支持未预见的情形，这一未预见的情形与这一规则的"基本理念"一致。[1]

列维指出，法律类推要求：①先例与本案之间的相似点必须是关键性的；②必须识别先例处理时所依据的理由或原则。[2]法律类推的这两项内在要求，是一般类比推理所没有的。传统逻辑学中，"类比推理是仅仅根据两个或两类对象的简单比较而进行的推理，不能解决属性间的联系性质，因而其前提与结论的联系是或然性的"。[3]法律类推法不同于从具体到一般的推理，也不同于从一般到具体的推理，而实际上是在两种具体情况（both particulars）都从属于同一个项（term）并且在其中一个具体情况已知的条件下从具体到具体的推理。类比推理指的是从一种从特殊到特殊的方法，它根据两个对象在一系列属性上是相同（或相似的），而且已知其中的一个对象还具有其他特定属性，由此推出另一个对象也具有同样的其他特定属

---

〔1〕 ［以］约瑟夫·霍尔维茨：《法律与逻辑—法律论证的批判性说明》，陈锐译，中国政法大学出版社 2015 年版。

〔2〕 ［美］艾德华·H. 列维等：《法律推理引论》，庄重译，中国政法大学出版社 2002 年版。

〔3〕 《哲学大辞典·逻辑学卷》编辑委员会：《哲学大辞典·逻辑学卷》，上海辞书出版社 1988 年版。

性的结论。[1]

伯顿指出，在进行类比推理时，还要比较事实上的相同点和不同点的重要程度，事实上的相同点更重要则应当按照权威判例；事实上的不同点更为重要则应当区别于权威判例，即不适用权威判例中的规则。有学者主张，由于类比推理的结论不具有必然性，因此在法学研究上受到质疑。德国法学方法论学者考夫曼在《法律哲学》一书中就举过类似的例子："火星因着行星的特征：受太阳照射而暖和、有四季、白昼和空气……与地球一致；在合乎自然现象的法则这个比较点下，被推论出：在火星上亦和地球一样有生命存在。但如果我们根据火星上的空气比地球上的稀薄很多这个条件，也可以反面推论，在火星上没有生命。"[2]但是我们可以根据事实的重要程度这一概念来推导火星上是否有生命，比如空气是人类生存的必要条件，而这个重要事实的不同导致火星不可以和地球相类比。但是，在某些复杂的案件中，类比推理运用过程中存在的困难明显在于：用以类比的重要方面与不重要方面（或者说，基本理念与不重要的理念）间的区分非常含糊。[3]

（二）如何进行"案件类比"

关于案件类比理论，列维的"三步骤"指出：首先要提炼出个案之间的相似之处，其次总结出先例中蕴含的相关法则，最后再将此相关法则运用于当下的个案之中。[4]

1. 提炼出个案之间的相似之处

一个类比建立在事实或理论的相关性上。因此如果问题涉及武器，那么刀子可以和枪相类比；如果问题涉及餐饮，那么刀子可以和茶匙相类比。因此，在法律问题涉及反抗时，胁迫可以类比为挑衅；但是，如果法律问题涉及同谋，胁迫也可以类比为诱导鼓动。因此，两个理论或事实可能在抽象意义上并不类同；但是在法律问题上，可能类同。[5]

〔1〕 王洪：《制定法推理与判例法推理》，中国政法大学出版社 2016 年版。

〔2〕 ［德］考夫曼：《法律哲学》，刘幸义等译，法律出版社 2004 年版。

〔3〕 ［美］艾德华·H. 列维等：《法律推理引论》，庄重译，中国政法大学出版社 2002 年版。

〔4〕 ［美］艾德华·H. 列维等：《法律推理引论》，庄重译，中国政法大学出版社 2002 年版。

〔5〕 Dworkin, R. M., *Law's Empire*, Cambridge: Harvard University Press, 1986.

类比是在一定的理论背景下讨论的。比如说冒充男朋友强奸案中有个法律问题，即冒充男朋友这个行为是否使受害人在强奸案中的"同意"无效？[1]在其他案件中，关于同意是否有效的说理提供了潜在的可类比性，比如冒充丈夫强奸案件。

在天底下没有相同的两件事的情形下，所谓"相同"的案件只不过是在某些法律评价意义上有相同的事态或是具有相同"道理"而已。所以，法官要判定个案之间是否相同，这种工作是"一种由一个案子到另一个案子小心翼翼地向前探触"的工作，所要探寻的当然是每个案子所蕴含的"事物之本质"，或者说是"事物本然之理"。[2]

2. 总结出先例中蕴含的相关法则

如果先例案中有冒充丈夫强奸的案件，这个案件中将受害人的"同意"归结为无效。这样就需要研究先例中所蕴含的原理，即先例中之所以认定无效，是由于法官认为结婚意味着同意和特定的人分享身体亲密关系，而这个冒充丈夫强奸的案件中的受害人做出"同意"的意思表示的基础是误认了加害人是自己的丈夫，所以这个同意是无效的。

3. 将先例中蕴含的相关法则运用于当下的个案之中

在认定冒充丈夫案中受害人同意无效的原因后，则可以将其适用于冒充男朋友强奸案中。如果结婚意味着同意和特定的人分享身体亲密关系，那么这个原理的解释就可以适用于其他的亲近的人之间的关系——比如男女朋友关系。那么，就可以推论冒充男朋友强奸案中的受害人的"同意"也是无效的。

如果先例的原理仅仅和特定的案件类型紧密相连，则没有空间将类比延伸到更广泛的类型上。在英国法上，胁迫不是个抗辩理由，而胁迫最多是个借口。因此在物理上使受害人致残案件中，没有空间去抗辩胁迫应该被豁免。而在胁迫是否能成为谋杀的部分抗辩理由时，这可以和挑衅类比，这样可以将谋杀减轻为过失杀人。杀人或许不能被谅解，但是那并不意味着每一件杀人案都会被判定为谋杀。当然，胁迫包含着一个实际的杀人故

---

[1] 这个强奸案中女方的同意的前提是误以为是她的男朋友，而冒充男友这个行为使这个同意无效，因为女方并没有同意和男友以外的其他人发生亲密关系。

[2] 王洪：《制定法推理与判例法推理》，中国政法大学出版社 2016 年版。

意，而挑衅也包含着暂时的个人控制力的丧失。在有胁迫时能否将案件减轻为过失杀人取决于挑衅的原理（人类脆弱性的共识）是否可以延伸到这样的案件中。两个事实，即被告的个人控制的丧失和受害人在杀人案中的参与，明显区分了这两种情况，减轻了类比的有效性。[1]

(三) 如何教授案件类比技能

案件类比技能教学必须有模拟或真实案例，让学生拿自己的案子和检索到的案例类比（analogy），分析与检索到的案子的相同（similarity）和不同（disimilarity）之处。从而，推导出自己的案子应该遵循或不遵循这个检索到案子。在教学中，可以参考美国法学院的教学方法，比如 Legal Process 是法学院的必修课，需要找五个有利于你的案例，五个不利于你的案例，并且找到你的案子和有利于你的案子的相同之处和不利于你的案子的不同之处，从而得出现有的案例支持你的结论。

笔者曾经尝试讲判例法的案件类比问题，给出六个案例，三个有利，三个不利，要学生站在自己的立场分析类比案子。学生对这些技能很感兴趣，这其实也是个法学思维和逻辑的训练。但同时也发现学生在初次接触这个问题时有点困难。比如 2 个案例不可能一模一样，就需要学生去分析发现，举个简单的例子，先例案件 A 是由于湖水里的树枝没在水下，划船的人没看到撞上去，导致人受伤。先例案件 B 是一个人骑摩托车冲上一个大坡后又下坡，由于该下坡路正在整修（在坡上有标示牌），所以该骑车人受伤。学生的模拟案件是一个老年人晚上在广场草坪里跳舞，踩到了水坑里，导致脚扭伤。这里的相似和不同之处要从法律要件去考虑。相似之处实际在于都是由于不显而易见的问题导致人受伤的情况，树枝没在水下所以并不显而易见；大坑在大坡上面对于骑车人并不显而易见；水坑由于天黑也不显而易见。而如果区分案件的不同之处，可以发现在案件 B 中，这个虽然非显而易见，但是它的非显而易见性对于当事人在大坡下来说是存在的，而对于当事人到大坡上又下坡时是不存在的，因此可以借此抗辩本案和这个冲上大坡后下坡受伤的案件不相似之处，从而要求该案裁决不适用于本

---

[1] Grant Lamond, *Precedent and Analogy in Legal Reasoning*, First published Tue Jun 20, 2006, https://plato. stanford. edu/entries/legal-reas-prec/notes. html.

案。而学生在刚开始讨论时可能会去说安全责任等很大的概念或者去说不同之处追求细枝末节的区别，导致案件的核心要素未被涉及，这就需要教师多加指导。因此，教学实践告诉我们，需要加大案件类比技能的培训力度。

三、国内案件类比实践技能教学现状、教学的难点和解决方案

(一) 国内案件类比实践技能教学现状

目前，国内的法学院在实践教学方面还较欠缺，这和课程设置、培养目标及实践教学要求较高的师资比等有关系。美国法学院有实践教学课程组，包括法律程序（legal process）、庭审抗辩技巧（trial advocacy）、上诉抗辩技巧（appellate advocacy）、诊所（clinic）等。就案件类比技巧而言，美国法学院法律程序这门课会深入教授基础的案件类比技能，而上诉抗辩技巧课中会让学生运用案件类比技能为自己的案件进行口头和书面抗辩。

目前国内法学院在这方面的教学较为缺失，仅有少量的课会涉及该问题，但是只是讨论式的一带而过，而并非是作为一个实践技能来教授。实践类的课也很少涉及案件类比，比如法律文书课涉及文书写作，但是法律文书课偏重于国内法律文书写作，而并未更多地涉及英美法的普通法体系下的文书写作。诊所课涉及国际案件的更是少之又少，这个情况在其他实践类课程中也普遍存在。

(二) 国内案件类比实践技能教学难点

关于案件类比需要教授学生了解遵循先例的原理，并认真分析先例需要遵循的理由。具体来讲，主要有两类理由：其一，先例的造法功能；其二，先例成为法律原则的情况等。在具体案件中，当分析先例蕴含的法律原则时，要有分析归纳的能力，这就要求学生首先对于先例要非常熟悉。同时要求学生不仅要能找到先例的法律理念，还要案件类比，运用先例为自己的案件抗辩。

笔者曾经在《模拟法庭书状写作》一文中指出，学生在案件类比方面存在困难。"以 2013 年北外-万慧达杯的赛题[1]为例，竞赛赛题是被告方

---

[1] 2013 WANHUIDA-BFSU I. P. MOOT COURT PROBLEM, http://sl. bfsu. edu. cn/wp-content/uploads/2013/03/2013-Case. pdf.

的轮胎设计图案是否侵犯原告的知识产权，关键是对被告轮胎图案设计进行认定，学生找到了几个判例，分别是杭廷顿轮胎案、东风轮胎案，但是学生在进行写作的时候，只是以叙述的口吻将杭廷顿轮胎案、东风轮胎案的案情及判决进行了描述，继而论证，因此在本案中被告的轮胎是侵犯了原告的知识产权。此种论述，毫无说服力而言。原本，学生找到的杭廷顿轮胎案、东风轮胎案是最有利的证明，但是学生并没有在既有的判例和本案中寻找相似点来论述判例具有可借鉴性，又没有引用法官在杭廷顿轮胎案、东风轮胎案当中的说理，所以这样的案例引述是相当不正确的。"[1]下面摘抄一段学生自己进行引用案例的写作：

> D-12 design is substantial identical or similar to T-E Enterprise design since "being similar" in Patent Law shares the same meaning with "has no substantial difference" according to Art. 11 (3) of Interpretation and Supreme people's court decision in Bridgestone kabuskiki kaisha *v.* Zhejiang Huntington BullRubber Co. , Ltd.

这样的引用是学生经常犯的典型错误，只摆出根据，不进行说理和类比，与没有引用并无区别。正确的引用方式应当如下：

> D-12 design is substantial identical or similar to T-E Enterprise design since "being similar" in Patent Law shares the same meaning with "has no substantial difference" according to Art. 11 (3) of Interpretation and Supreme people's court decision in Bridgestone kabuskiki kaisha *v.* Zhejiang Huntington BullRubber Co. , Ltd. To judge whether substantial difference exists between D-12 design and T-E design, people's court should make a comprehensive judgment in view of the overall visual effects of D-12 design and T-E design based on their design feature in the view points of ordinary consumers of the design product. [2]

---

[1] 董京波：《模拟法庭竞赛书状写作教学研究》，载《中国法学教育研究》2016 年第 3 期。
[2] 董京波：《模拟法庭竞赛书状写作教学研究》，载《中国法学教育研究》2016 年第 3 期。

当然这是一个简洁的文书描述，比先前的版本有了很大的进步，它重点突出了先例中蕴含的规则在本案中的适用。我们注意，在这里使用"案件类比"的三步骤：第一，要提炼出个案之间的相似之处，即使这些都是涉及轮胎图案是否相似的案件。第二，要总结先例（杭廷顿案）蕴含的相关规则，"相似性"应该是没有实质区别的含义，而判断是否存在实质不同时应采用综合的判断方法，要依赖轮胎产品普通消费者对设计特点总体的视觉感觉来判断。第三，将此相关法则运用于当下的个案之中。当前案件中的设计图样从总体上看没有实质区别，所以根据杭廷顿案的判决，当前案件中轮胎图案应被认定为相同。

（三）解决方案

应加强学生在此方面的训练。具体到教学课程的设置和改革上，要加强体验式课程的具体案件类比技巧培训课程教学。当然这要体系化，但要有具体的案件材料作为教学资料。找出的先例要适于教学，教学过程要循序渐进。比如，课程开始时的类比可以较为简单，比如冒充丈夫和冒充男朋友这种类型的案件，让学生觉得容易入手。之后，可以增加难度，类比抽象的内容，比如笔者前面案例举例中"非显而易见性"。让学生在一个学期的学习过程中逐步掌握案件类比的技巧。具体来讲，要注意以下几个方面的内容。

1. 比较相同点和不同点的重要性来判断是否适用先例

在将相关法则运用于当下的个案时，正如伯顿所言，"你要判断这些事实上的相同点或不同点在这种情况下何者是更加重要的"。[1]判断个案之间的相同点或不同点在法律评价上何者更为重要以及说明为什么依哪些观点在当下情境中是更为重要或不重要的。这种判断就是区别性判断或重要性判断。这种区别性（Distinguishing）判断是司法过程中最关键的一步，也是最困难的一步。在亚当斯案中，旅客亚当斯放在其所乘轮船客舱的贵重物品被偷。争议的问题是：轮船老板是否对旅客的丢失物负有严格责任？有两个不同的先例可以用来比较。在一个先例中，旅馆老板对旅客贵重物品

---

〔1〕 ［美］史蒂文·J. 伯顿：《法律和法律推理导论》，张志铭、解兴权译，中国政法大学出版社 1998 年版。

的被偷承担严格责任；在另一个先例中，铁路公司对旅客在开放式卧铺车厢里的贵重物品被偷不承担严格责任。需要回答的问题是：轮船客舱与旅馆更类似，还是与火车更类似？[1]由于轮船客舱和旅馆都为旅客提供了私密的空间，而旅客在这样的空间内会把贵重物品放在房间里，使老板有了欺骗和偷窃旅客的诱惑性机会，因此轮船客舱与旅馆更为类似，轮船老板应该负严格责任。在亚当斯案中，虽然轮船和火车作为交通工具有一定的相似性，但这个相似性对于判断发生偷盗案件时老板的责任并不重要；而火车开放式卧铺和轮船客舱的区别性，一个为开放空间，一个为私密空间，提供铁路卧铺车厢的老板没有旅店和轮船老板所有的欺骗和偷窃旅客的诱惑性机会——因为旅客并没有在开放的卧铺留存贵重物品以使自己放松。[2]这种区别性在判断老板的责任时更为重要，因此亚当斯案不适用火车的先例。

2. 根据"法律目的"来判断事实的重要程度

另外，判断重要程度取决于相关法律试图干什么，即法律的目的。如果不考虑法律的目的，司法判决可能就是基于法官那时碰巧注意到的任何事实。重要性常常产生于法官的政治倾向和利益，对一方当事人的认同，或者产生于在某些其他场合公布的法律规则的语言偶合。按照任何的正义观念看，基于这些基础之上的判决都是武断的。相反，法律的目的，能用来协调法官行为，以使他们的判决都可取得法治所要求的一致性。判断重要程度就是判断在案件的许多事实中那些事实可以证明把该案归于某一法律类别。要是某一事实恰好与有关法律要做什么的规范性理论恰好相吻合，那么该事实就具有这种价值。[3]在亚当斯案中，法律的目的是要区分公共场所和私密空间的老板的责任，所以这种区别就是重要的。而前文提及的草坪跳舞扭伤脚案件，法律的目的是要规范公共设施侵权案件中责任承担

---

〔1〕 Scott Brewer, "Exemplary Reasoning: Semantics, Pragmatics, and the Rational Force of Legal Argument by Analogy", *Harvard Law Review*, 109 (1996). 转引自张骐：《论类似案件的判断》，载《中外法学》2014 年第 2 期。

〔2〕 Scott Brewer, "Exemplary Reasoning: Semantics, Pragmatics, and the Rational Force of Legal Argument by Analogy", *Harvard Law Review*, 109 (1996). 转引自张骐：《论类似案件的判断》，载《中外法学》2014 年第 2 期。

〔3〕 ［美］史蒂文·J. 伯顿：《法律和法律推理导论》，张志铭、解兴权译，中国政法大学出版社 1998 年版。

问题，而非显而易见性就是重要的事实。

3. 厘清英美法下特定概念的法律含义，从而更好地对案件进行类比

言论自由是美国法上的一个重要概念，但是如果没有相关的背景知识，只是以条文本身的概念来解读法律，类推案件就会有重重困难。美国的普罗太斯特案（绞死州长的模拟像案）[1]和尼希尔案（绞死州长案）[2]两个案件曾经同时到达联邦最高法院。两个案件的律师都以言论自由作为抗辩理由。而如果把"言论"的含义解释为谈论或使用言词的话，那么从表面看以上两个案子都与言论自由无关。但是，法律给你提供了更丰富的一批资源。除了条文的通常含义外，存在于该条文适用场合中的还包括解释和适用该条文的判例，同一个制定法中其他一些规则所支配的案件或情况，与该项规则制定通过相联系的历史事件或情况，规则制定当时的历史、经济和社会实践，以及立法史中提供的事例，如同我们以下将看到的那样，构成场合的这些因素，可以直接揭示一项制定法条文的法律含义。[3]翻看关于言论自由相关案例，就会发现言论自由早已经延伸到表达自由。绞死州长的模拟像和绞死州长，皆为表达政治观点的方式，不过后者是一种通过暴力表达政治观点的方式。但是，联邦最高法院会驳回对普罗太斯特而非尼希尔的有罪判决。原因在于尼希尔绞死州长的行为具有暴力的肉体伤害，它不同于普罗太斯特案。[4]

另外，案件类比必须以一种综合的视角，并且要合乎逻辑。仍以言论

---

　〔1〕　普罗太斯特案。一州通过一项法律，规定任何人将州长的模拟像绞死为犯罪。按照这项刑事法律，彼得·普罗太斯特由于把州长的模拟像绞死并且承认这样做过而被起诉。普罗太斯特被判有罪，处以监禁刑。他在州法院辩解说，因为这项法律违反了宪法关于言论自由的条款，判他有罪是违宪的，应该予以驳回，但是他未获成功。基于同样理由，普罗太斯特上诉到美国联邦最高法院。[美]史蒂文·J.伯顿：《法律和法律推理导论》，张志铭、解兴权译，中国政法大学出版社1998年版。

　〔2〕　尼希尔案。一州通过一项法律，规定任何人将州长绞死为一种要受特别刑罚的犯罪。按照这项刑事法，尼尔·尼希尔由于把州长绞死并且承认这样做过而被起诉。尼尔被判有罪，处以监禁刑。他在州法院辩解说，因为这项法律违反了宪法关于言论自由的条款，判他有罪是违宪的，应该予以驳回，但是他未获成功。基于同样理由，尼尔也上诉到美国联邦最高法院。[美]史蒂文·J.伯顿：《法律和法律推理导论》，张志铭、解兴权译，中国政法大学出版社1998年版。

　〔3〕　[美]史蒂文·J.伯顿：《法律和法律推理导论》，张志铭、解兴权译，中国政法大学出版社1998年版。

　〔4〕　[美]史蒂文·J.伯顿：《法律和法律推理导论》，张志铭、解兴权译，中国政法大学出版社1998年版。

自由为例：针对从言论自由类推出焚烧国旗的自由，波斯纳认为，尽管这种"证明"方式会令大多数法律人无法抗拒（因为这使他们只要有法律书就能得到结论），但它是不合逻辑的。它显示的是，"言论"中有某种含义，包括了焚烧国旗，就像这个词中还包括一种联合的权利和不被强迫支持自己不喜欢的事的权利一样。但是，它并没有提供理由，为什么要接受这种含义而不是一种更为狭窄的含义。你必须浏览更广一些，并要考虑一下焚烧国旗与法院已经认定或者肯定会认定是受宪法保护的其他形式交流之间的差异，而不仅仅是两者的相似性。事实上，你必须提出或采纳一个言论自由的理论，然后将这个理论适用于手边的案件。[1]

　　总之，案件类比具有复杂性，该技巧的学习不可能一蹴而就，它需要学生长期实践，学生应具备扎实的逻辑思维和法学功底，能够深入理解相关法律案件并正确地与自己当前的案件类比，从而为胜诉奠定基础。而这也正是国际法治人才的内在要求，教师应不断总结经验，更好地培训相关技能。

---

〔1〕　［美］理查德·A. 波斯纳：《超越法律》，苏力译，中国政法大学出版社 2001 年版。

法律硕士（非法学）研究生培养机制改革研究

——以知识产权方向课程设置为突破口

陶　乾* 樊美辰**

引　言

国际环境的新态势和社会的变迁对法治队伍的建设提出了新的要求，提高法律人才的培养质量成为时代主题。我国正处于全面推进依法治国的新时代，进入全面深化教育改革新时期，新一轮法学教育改革相关筹备工作正紧锣密鼓地进行。我国法学教育改革工作虽从未间断，但法学理论和法学实践脱节的问题一直存在。法律硕士（非法学）专业学位是为本科专业背景为法学之外的其他专业的学生设置的研究生阶段的学位，其设立本应着重法律人才实务能力的培养，但是当前高校输出的法律硕士研究生整体上还是无法弥补社会所需要的应用型法律人才缺口。恰逢2017年国务院学位委员会重新修订了法律硕士（非法学）的培养方案，为顺应时代发展，培养符合社会需求的法律人才，法律硕士（非法学）学位研究生培养模式的改革势在必行。本文结合法律硕士（非法学）研究生培养模式的现状及存在的问题，探究法律硕士（非法学）教育的改革方向及培养模式的改革路径，以期真正发挥

---

* 陶乾，中国政法大学法律硕士学院副教授。
** 樊美辰，中国政法大学法律硕士学院 2017 级研究生。

非法学法律硕士的学科优势。

一、法律硕士（非法学）研究生培养机制改革必要性

在全面推进依法治国和全面深化教育改革的时代环境下，非法学法律硕士的教育改革面临着前所未有的机遇。现有的法律硕士（非法学）培养模式存在培养目标认知模糊、学生理论知识"泛而不精"、实践教学被忽视等一系列问题，培养出的法律硕士研究生无法满足社会及市场的需求，因此，有必要对法律硕士（非法学）研究生的培养模式进行改革。

（一）法律硕士（非法学）教育改革背景

1. 教育改革的时代背景

党的十九大报告指出，必须要把教育事业放在优先位置，深化教育改革，加快教育现代化。2017 年 5 月 3 日，习近平总书记考察中国政法大学时指出，建设法治国家、法治政府、法治社会，实现科学立法、严格执法、公正司法、全民守法，都离不开一支高素质的法治工作队伍。法治人才培养上不去，法治领域不能人才辈出，全面依法治国就不可能做好。教育事业的改革是我国全面深化改革背景下的趋势，也是我国进入新时代的要求；加强法治人才队伍的建设是推进全面依法治国的重要保障，也是我国实现民族复兴、提高国际竞争力的重要战略。2017 年 7 月，国务院学位委员会发布了重新修订的《法律硕士专业学位研究生指导性培养方案（适用于非法学专业毕业生）》（以下简称《培养方案》），对法律硕士的培养模式做了修改，为法律硕士（非法学）专业教育改革提供了制度基础。

2. 法律硕士（非法学）的产生及发展

我国于 1996 年依据国务院学位委员会发布的《专业学位设置审批暂行办法》试办法律硕士，最初法律硕士专业只针对非法学本科毕业生招考，培养方向侧重于"致用"和"实务"。经过长期的发展，法律硕士教育形成了全日制法律硕士生教育和非全日制法律硕士生教育两类，前者根据本科专业背景的不同，又分为了非法学背景法律硕士和法学背景法律硕士。法律硕士（非法学）强调培养复合型法律人才，突出专业能力的教育，要求既能掌握法学理论知识，又能结合大学的专业背景，发挥复合型知识的优势并将其运用到工作岗位中。法律硕士教育项目的创设本身对于我国法学

教育的改革具有一定的推动作用。

3. 法律硕士（非法学）改革具备必要性

和法学法律硕士经过 1996 年设立，1999 年停办，又于 2008 年复办的坎坷历程不同，非法学法律硕士发展至今已有二十多年。但是目前来看，非法学法律硕士教育进入了瓶颈时期，由于培养方案设置不合理等原因，培养的人才既不是法学研究类的法学家，也不是具有一定专业技能的法律家，社会公众和法律实务部门的质疑声出现，这违背了非法学法律硕士的培养目的。为契合建设法治国家的新形势，适应创新型国家建设战略要求，紧紧围绕人才培养质量尤其是高层次的应用型、复合型人才培养质量这一核心，形成高水平的人才培养体系，非法学法律硕士研究生教育的改革具备必要性。

（二）法律硕士（非法学）研究生培养模式现状分析

1. 培养方案实施现状

培养顺应时代发展、符合国家对法律人才需求的法律硕士关键在于合理完善的培养机制，所以有必要对高校非法学法律硕士的培养现状进行研究。其一，在培养目标的明确方面，宏观上，非法学法律硕士的培养目标是为法律职业部门培养高层次、复合型和应用型人才，但是许多高校直接照搬了《培养方案》，没有对培养目标进行细化，导致"复合型、应用型"成为空喊口号。大部分非法学法律硕士毕业后，不知道如何在实际工作中将法学和自己本科专业背景结合，不知道如何发挥自己双专业的优势；其二，课程设置方面，法律硕士（非法学）的课程设置与课程内容均应当有别于法学学士和法学硕士的课程，但是目前的非法学法律硕士课程设置其实就是在重复本科法学课程、模仿法学硕士课程体系，没有彰显非法学法律硕士自身学科优势的特色，高校对非法学法律硕士的培养没有区分和侧重。

2. 实践教学现状

自法律硕士专业学位产生以来，在设置培养课程时始终以理论教学为主，实践教学数量本身较少，培养质量也不高。虽然我国法律硕士教育对实践教学的重视程度正与日俱增，但当前我国法律硕士实践教学的发展现状仍难以满足法律实务部门的要求，随意性和盲目性的问题仍在相当程度上广泛存在。在教学方法不科学和教学资源配置不均的双重因素作用之下，实践教学课程沦为形式化的"走过场"的情形也不鲜见。立足于本国司法生态与法律职业体制，探究如何更好地着眼于培养法学生开展法学研究所必备的法律经验与从事法律职业所必需的专业技能，讲求打通从理论到实践的实务能力与从实践到理论的研究进路，是我国法学教育工作者当前面临的重要任务。

3. 输出人才现状

我国高校每年都会向社会大规模地输送法律服务人才，其中非法学法律硕士研究生占很大比重，但是我国高端法律实务型人才仍然存在较大的缺口。设置法律硕士专业学位直接目标是向社会提供具有实务技能的法律工作者，但是目前看来，由于法律硕士培养路径距离培养目标存在偏差等原因，培养模式没有很好地和培养目标衔接，导致法律硕士的培养效果并不理想。法律硕士和法学硕士本来为同一层次的学历教育，而实际中相较于法学硕士，法律硕士（非法学）的社会认可度相对较低。这种反差迫使我们反思非法学法律硕士的复合性和应用性培养是否达标，是否能够契合市场发展的需求。

（三）法律硕士（非法学）研究生培养模式问题分析

1. 高校对培养目标认知模糊，未形成独特培养模式

《培养方案》确定培养非法学法律硕士的目标为"立法、司法、行政执法和法律服务以及各行业领域德才兼备的高层次的复合型、应用型法治人才"，法律硕士（非法学）专业应当侧重于培养用法学理论和相关理论分析、演绎、归纳和回答实务问题的法律思维能力，从而达到向社会输出具备一定实务技能的复合型、应用型法律人才的目的。但是多数高校没有针对"复合型、应用型"的法治人才培养目标形成独立且完善的培养体系，"现在课程体系基本上还是法学教学指导委员会于1990年代中期定的14门核心课"[1]，法律硕士培养模式几乎是照搬了法学硕士并"糅合"了一些法学本科的培养方案，这使法律硕士处于一个尴尬的位置。

---

〔1〕　张文显、郑成良、徐显明：《中国法理学：从何处来？到何处去？》，载《清华法学》2017年第3期。

2. 法律硕士（非法学）理论知识"泛而不精"，无法发挥交叉学科的优势

由于法律硕士（非法学）没有法学专业的背景，法律硕士设置的必修课程基本上覆盖了全部法学本科的专业课程，因为师资的匮乏，法律硕士又很少有自己专门的授课教师，大部分授课教师从本科法学专业的授课教师中遴选，这种情况下教师能完成普通理论知识的传授已属不易，一些专业性较强的特色课程就更是被忽略。目前法律硕士还没有形成符合培养目标的具有针对性的特色课程体系，这造成法律硕士研究生的学习实质上就是在重复本科生的学习内容，教师和学生自身也对法律硕士的培养目的产生误解，偏离法律硕士的培养目标；"填鸭式"理论灌输加重了法律硕士的学业负担，也必然挤压了实践课程的课时；课程设置过于侧重法学知识的传授，法律硕士本科专业知识的经验和跨学科的优势无影无踪，在专业技能方面发挥不出交叉学科的优势，这些都背离了设置法律硕士（非法学）专业的初衷。

3. 实务型教师缺位，实践教学被忽视

习近平总书记考察中国政法大学时就强调，"法学学科是实践性很强的学科，法学教育要处理好知识教学和实践教学的关系。要打破高校和社会之间的体制壁垒，将实际工作部门的优质实践教学资源引进高校，加强法学教育、法学研究工作者和法治实际工作者之间的交流"。而现今非法学法律硕士的授课教师和指导教师基本上从法学院的师资队伍中选择，即使部分高校会吸收校外实务专家作为校外导师，由于缺乏完善的校外导师管理机制和奖惩机制，校外导师最终往往流于形式。为了完成课程目标中规定的教学任务，又受限制于师资力量、教学计划规定的课时，当下高校教学方式还是普遍采用传统法学的教学方法，偏重抽象化和理论化，无法培养非法学法律硕士研究生将理论应用于实践的能力，这导致非法学法律硕士毕业后在理论知识上竞争力弱于本科就早已扎实专业基础的法学硕士，又没有足够强硬的应用能力跟技术型人才竞争，实务部门宁愿吸收法学硕士也不愿招收法律硕士的现象已经成为常态。

（四）法律硕士（非法学）研究生培养模式改革现实意义

当今非法学法律硕士的教学存在一系列问题，包括对培养目标定位模糊、忽视法律硕士交叉学科的优势、实务教师缺位、轻视学生业务实践能

力的培养等。为了满足高层次的应用型法律人才的培养目标，切合我国人才培养新趋势，结合法律硕士（非法学）"复合型知识及技能"的定位，在我国教育改革中，应当探索针对非法学法律硕士的专门的培养模式，改革教学方法。

教育教学改革是一项系统工程，要深入思考和清晰认识教育教学要朝什么方向改革，怎样进行改革等重大问题。[1]相较于其他学科，知识产权法学科专业性更强，理论更加抽象，所以理论和实务的接轨更加需要知识产权实践课程的衔接，尤其是在我国不断推进知识产权战略以来，国家知识产权专业人才紧缺的情况更加严峻，人才需求更加紧迫，在此背景下，本文将以法律硕士知识产权方向课的设置为突破口，探究针对法律硕士（非法学）研究生培养模式的改革方向和改革路径。

二、法律硕士（非法学）研究生培养模式改革方向

教育改革最首要的任务便是确定朝什么方向改革。只有确定了应当朝什么方向改革，接下来的改革路径和改革措施才有指导思想和行动依据。结合社会发展需求和法律硕士（非法学）培养模式目前存在的问题，改革应当兼顾学生需求和社会需求，提升法律硕士的培养质量；兼顾知识产权人才理论教育与职业培养，培养学生理论应用于实践的能力；兼顾知识产权人才的专业性培养和复合型能力，提高知识产权方向法律硕士研究生的社会竞争力。

（一）兼顾学生需求和社会需求

2011 年教育部、中央政法委发布《关于实施卓越法律人才教育培养计划的若干意见》（以下简称《意见》），指出要加大实践教学比重，加强校内实践环节，以切实提高学生的法律诠释能力、法律推理能力、法律论证能力以及探知法律事实的能力，并要求注重案例教学，办好模拟法庭、法律诊所等课程，积极开展覆盖面广、参与性高、实效性强的专业学习。"虽然法学教育应当定位为法律职业教育这种观点已经基本达成共识，但是传

---

〔1〕 黄运平、姜明华、肖乃涛：《地方本科院校教育教学改革的方向和路径》，载《高等工程教育研究》2010 年第 5 期。

统教育模式下的灌输式讲授方式仍占主导，法学院学习与法律职业的需要仍存在较大的隔膜。"[1]高校实践课程的设置形式化且不具备系统性和科学性，具有特色和学科针对性的实践课程缺位，所有学科方向的法律硕士均开设同样的实践课程。对于知识产权法方向而言，没有满足知识产权法方向学生需求的实践课程和实习基地可供选择，这样的课程设置既未考虑到学生的择业方向，也未考虑知识产权人才紧缺的新时代环境。在培养模式改革进程中要注意回归到以学生需求为导向，关注学生就业意愿，同时兼顾社会对知识产权人才的需求，"改革要实现的目标应当与社会需求相一致"[2]，从而实现培养目标和社会市场相适合，实现教育资源经济效率的优化。

（二）兼顾知识产权人才理论教育与职业培养

2017 年 10 月 18 日，习近平总书记在十九大报告指出要加快创新型国家的建设，而专业的知识产权人才队伍是建设创新型国家重要的保障，社会对具有实务技能的知识产权法律人才的需要与日俱增，然而我国的法学教育一直存在理论和实践的承接问题，导致高校向社会输出法律人才整体上无法满足国家建设和市场经济的需求，学生缺乏将其所具备的理论知识转化为实践技能的能力。虽然大部分设置法律硕士学位专业的高校会开设实务课程，建立实习基地，但是高校基本上会将理论课程和实践课程安排在不同的学期阶段，学生在学习完理论知识后不能马上投入实践应用理论知识，理论课程和实务课程缺乏过渡。国家设置法律硕士专业目标便是为了实现实践型法律人才的培养，使法律教育和社会需求更好地对接，尤其知识产权法理论知识偏于抽象，教学过程更应当结合实践来讲授。为解决法律硕士教育专业知识和实际操作脱节的问题，非法学法律硕士的改革方向应当兼顾理论教育和职业培养，既要注重理论基础的扎实，又要注重职业素养的培养，强化理论教育与职业培养的连续性和衔接性。理论教育和职业培养二者必须要同时兼顾，提升学生将理论知识转化为实践技能的能力，培养出既具备知识产权法专业知识，又具备一定实务技能的法律硕士

---

[1] 许身健：《完善法学教育：路径与方法》，载《中国法律评论》2017 年第 3 期。

[2] 王晨光：《法学教育改革现状与宏观制度设计——日韩经验教训反思与中国改革刍议》，载《法学》2016 年第 8 期。

人才。

（三）兼顾知识产权人才的专业型与复合型

我国自深入推进知识产权战略以来，虽然知识产权人才培养初具成效，但是"无论是数量还是质量都无法满足现代社会的迫切需求。因此大规模地培养知识产权复合型人才，制定并推行知识产权复合型人才培养计划已迫在眉睫"。[1]虽然复合型人才的目标已经成为培养非法学法律硕士的共识，《意见》也指出应用型、复合型法律职业人才是卓越法律人才组成的重要成分。但是复合型法律职业人才的定位缺乏具体的标准。法律硕士包括法学法律硕士和非法学法律硕士，二者虽同为法律硕士专业学位，但培养目标、培养过程和培养模式都不相同。对法学法律硕士而言，其培养特色在于"专门型的法律人才"，而非法学法律硕士更加注重"复合型的法律人才"培养，法律服务市场的分工由此渐渐明确、细化[2]。而现在法学法律硕士和非法学法律硕士的培养目标定位没有特别的区分，社会对法律硕士（法学）和法律硕士（非法学）认知模糊，无法体现两类硕士的差异，也没有实现法律服务市场分工的细化。为使法律硕士的培养更加具有针对性，非法学法律硕士的改革应当重视学生的特色培养，将学生本科专业背景和法学专业打通。鉴于国家知识产权人才的需求的多样性，对于非法学法律硕士知识产权方向学生的培养，培养对象可以不局限于理工科背景的学生，例如文学背景的学生可以主攻于著作权法和商标法领域，理工科背景学生可以主攻于专利法领域，经济学背景学生可以主攻知识产权法和经济学交叉领域。此外，在横向鼓励学生将本科背景和法学知识复合时，不能忽略纵向的知识产权法专业教育，"尽管法律硕士自诞生之时起就被贴上了'应用型'的标签，但这并不代表各类法学教育不存在共性"[3]，在培养过程中应进一步加强学生分析法律问题的能力，提升学生的法律素养。通过横向学科的复合和纵向专业知识的加深提高法律硕士（非法学）的职业竞

---

〔1〕 郑友德、孙鉴：《关于知识产权复合型人才培养计划的基本构想》，载《电子知识产权》2007年第1期。

〔2〕 高轩：《法律硕士（法学）研究生培养模式的改革路径》，载《社会科学家》2017年第4期。

〔3〕 邓海峰、杨如筠、张召怀：《法律硕士培养中的精耕细作与彰显风格——清华法学院法律硕士教育改革的新探索》，载《研究生教育研究》2017年第5期。

争力。

三、法律硕士（非法学）培养模式改革路径

法律硕士（非法学）研究生培养模式的改革路径应当以上文所述的培养方向为改革指南，结合法律硕士（非法学）培养模式存在的问题、社会和市场需要确定改革路径，培养模式的改革应当关注法律硕士学生的特点，将现行的培养方案进一步细化；在课程安排方面应当以专业的职业教育、高端人才的培养、应用型能力的加强和复合型能力的培养作为设计理念，在课程体系方面突破传统部门法划分的固有思维，根据专业特色灵活安排课程。

（一）根据学生特点进行针对性培养

1. 知识产权潜在生源的拓展

如前文所述，非法学法律硕士的培养应当具有针对性，制定具有非法学法律硕士特色的培养方案。培养单位应当关注非法学法律硕士生源的本科背景，划分属于知识产权领域的潜在生源。依据专业背景的角度分类，知识产权人才可以划分为知识产权技术类人才、知识产权研究类人才和涉外知识产权人才。依据在社会生活中发挥作用的角度分类，知识产权人才可以划分为知识产权创造型人才、知识产权保护人才和知识产权争端解决人才。传统意义上的知识产权潜在生源的培养目标被局限于理工科的视角，这实质上是将培育目标限制在知识产权技术类人才种类，不仅无益于解决我国知识产权人才紧缺的现状，又无法满足知识产权人才多样性和多层次的社会需求。"'十二五'时期，国家知识产权局人才工作取得了一些成绩，但也出现了专门人才类型单一、数量不足等一些亟待解决的问题。"〔1〕2017年国家知识产权局发布《知识产权人才"十三五"规划》（以下简称《规划》），《规划》明确了"十三五"时期的主要任务：突出培养和选拔高端引领的知识产权高层次人才，大力开发支撑知识产权强国建设的急需紧缺人才，统筹推进各级各类知识产权人才队伍的全面发展。《国家知识产权局

---

〔1〕 张利、陈良伟、顾华：《实施专门人才能力提升计划 形成丰富多样的人才类型》，载《中国知识产权报》2017年7月7日，第3版。

贯彻落实〈知识产权人才"十三五"规划〉行动计划》提出，要加大知识产权人才的横向培养，丰富知识产权人才类型。[1]由此可见，将知识产权方向的潜在目标的学科范围拓宽，有利于实现知识产权人才多样化、多层次的发展，既顺应国家知识产权时代政策，又能增加知识产权人才输送量，满足多样化市场需求，实现知识产权人才培育和知识产权市场需求的有机融合。

2. 法律硕士知识产权人才培养的细化

非法学法律硕士的培养应当具有侧重性和针对性，而知识产权方向法律硕士的培养同样不能背离法律硕士专业的培养目标和培养特色，培养方式应当和本科知识产权法学生的培养模式有所区分。知识产权方向的法律硕士应当根据不同学科背景侧重于不同能力知识产权人才的培养，具体到实际操作方案而言，针对本科专业背景为外语类的学生，可以涉外知识产权人才为培养目标，侧重于其国际知识产权的学习；针对本科专业背景为理工科的学生，可以知识产权技术型和创造型人才为目标，鼓励其进行专利代理类工作；针对本科专业背景为传播类的学生，可以知识产权经营管理人才为培养目标，侧重于其娱乐法、广告法、传播法等领域的培养，以此达到培养方向多样性、培养目标层次化的效果。

（二）以实务技能为导向进行知识产权方向课程设计

1. 课程设计理念

以知识产权高端法律职业人才为目标，知识产权课程设计理念应当考虑到专业的职业教育、高端人才的培养、应用型能力的加强和复合型技能的培养。其中职业教育是培养单位对学生从事法律职业所必备知识、技能、道德的培训，包含加强学生法律分析判断的能力、培养逻辑思维能力、训练实务技能、巩固法律人职业伦理道德；高端人才的培养注重提高学生专业能力，加强学生理论应用于实践的法律思维，高校需要丰富培养单位的教学资源，例如加强培养单位与国家知识产权局、知识产权律所以及代理公司等之间合作，还需要辅以多元化的教学方法，包括法律诊所式、案例

---

〔1〕 参见 http://www.sipo.gov.cn/docs/pub/old/zcfg/zcjd/201707/t20170707_1312460.html，最后访问日期：2020 年 2 月 19 日。

式和讨论式的学习；应用型能力即高度贴合社会需求的专业技能以及解决实际问题的能力，培养院校设置选修课程体系要具备多样性和弹性；复合型技能培养则需要根据非法学法律硕士的本科背景进行跨学科的课程设计，引导学生学会将本科背景专业与法学专业融合，发挥学科优势。

2. 设置知识产权方向课程的预期目标

设置知识产权方向课程的最终目标是为国家提供符合社会市场需求的知识产权人才，而直接目标是提升学生知识产权实务技能。首先是解决知识产权法律硕士学生初入行的手生问题，知识产权的就业方向包括企业知识产权经理、企业法务、法院、检察院、工商行政管理部门、知识产权局及知识产权代理人等，课程的设置应当根据就业职位反推其应知的职业技能并加以培养。其次是解决知识产权法与其他部门法交叉所涉及的法律问题的知识漏洞问题，包括知识产权法与合同法交叉领域、知识产权法与诉讼法交叉领域及知识产权法与刑法的交叉领域，培养学生将不同法律部门融会贯通的能力，以防学生将自己局限于单一的学科领域内闭门造车。最后是解决知识产权法领域内的新兴法律问题，伴随着技术革新和商业模式的创新，知识产权课程应当回应时代问题，关注法律实践中的热点与新兴问题，具有一定的前瞻性，使学生知识的储备能够与时俱进，培养学生的探索精神，从而更好地为未来的实务工作做准备。

3. 课程设计的体系建构

传统的知识产权培养方案按部门法划分的固有思维设置，将知识产权实务课程分为著作权法、商标法和专利法三个主要方向，这种划分方式会导致课堂内容与《培养方案》中知识产权法课程内容的重复，欠缺对知识产权法内部的体系化思考以及知识产权法与其他部门法的交叉问题。因此，考虑到理论知识和实务内容的衔接，还要避免课程内容的重复，结合课程设计的预期目标，提出五点课程设计的体系建构方案。

第一，前置知识产权法导论课程作为选修课。在知识产权实务课程开课前开设知识产权法总论、著作权法、商标法、专利法、反不正当竞争法五门选修课，学生可以根据自身需求进行选择，这样既避免了重复化教学，又能为学生理论知识向实务课程的过渡和承接做充分的准备。

第二，推出知识产权合同实务课程。知识产权的交易实践中不可避免要订立知识产权合同来确定知识产权授权人和被授权人的权利义务关系，知识产权合同在知识产权交易市场中占据着极其重要的地位。按照知识产权合同类型划分，知识产权合同实务课程内容包括知识产权许可合同，转让合同，专有出版合同，质押、融资与入股合同，技术进出口合同及跨境投资合同等，让学生熟悉并掌握知识产权合同的基本类型。按照合同订立时间阶段划分，课程内容应当开设合同谈判、合同起草、合同审查及合同纠纷的解决等转移知识产权权利过程中可能涉及的法律问题。通过知识产权合同实务课程的推进，达到学生能够把握处理知识产权合同的基本职业技能的目标。

第三，增设知识产权代理实务课程。知识产权代理人是知识产权人才重要组成部分，也是知识产权方向学生主要择业方向之一。但是囿于培养单位合作基地集中于知识产权纠纷解决单位，并且授课教师少有知识产权代理职务，学生对知识产权代理业务普遍接触较少，即便是理工科专业背景的知识产权代理人才后备军，认知范围也只是集中于知识产权专利申请方面。知识产权代理包括商标代理实务和专利代理实务两大类，相应的知识产权代理实务课程分为商标代理和专利代理两个方向的学习。针对商标代理实务课程又可以分为三个模块：一是企业的商标布局与品牌战略的选择，包括商标注册类别的选择、商标的防御注册及"撤销三年未使用商标"规则的使用与应对；二是商标异议与无效行政程序的了解，包括如何提起和应对商标异议与无效行政程序，了解商标行政程序与司法程序的处理策略差异，掌握行政诉讼与民事侵权诉讼交叉时的策略选择技巧；三是商标的域外注册与海外布局的学习，包括欧盟、美国等典型地区与我国制度的具体差异和商标国际注册的技巧。和商标代理实务模块的架构类似，针对专利代理实务同样需要三个模块的学习：一是掌握专利布局与挖掘方法，包括学习专利检索，进行文书撰写；二是专利异议与无效行政程序的了解，包括如何提起和应对专利异议与无效行政程序；三是专利的审查，包括专利文献的分析及审查要点的学习。通过知识产权代理实务课程的增设，达到使知识产权代理人才的潜在生源熟悉代理相关业务并掌握一定的知识产权代理基本技能的效果。另外，知识产权代理实务课程可以拓宽知识产权代理人才专业背景范围，非理工科背景学生也可以考虑商标代理工作。

第四，将知识产权保护实务课系统化。不再按照传统的部门法划分的固有思维设置案例研习课，改为从知识产权法与其他部门法交叉领域入手，将知识产权保护实务课分为知识产权诉讼实务、知识产权行政执法、知识产权刑事保护与知识产权国际保护四大主要方向。知识产权诉讼实务侧重于法律条文的具体理解和适用，以案例研习的方式，使学生学习并能够一定程度运用诉讼技巧，包括管辖法院与案由的选择、反诉、知识产权民事诉讼与行政诉讼的证据采集、行为保全的实施、损害赔偿额的确定，同时掌握知识产权特殊类型的纠纷审理要点，例如计算机软件和商业秘密等；知识产权行政执法内容涉及行政执法与民事、刑事程序交叉运用问题；知识产权刑事保护内容涉及知识产权领域与刑法领域交叉法律问题，包括知识产权刑事侦查要点和知识产权刑事案件的审理问题；知识产权国际保护内容主要包括中国企业海外维权和中国企业海外应诉问题。通过知识产权保护实务课的系统化，解决学生交叉学科领域知识漏洞问题。

第五，开设知识产权法前沿问题研讨课。以知识产权前沿性问题作为主题，邀请理论界、立法界及实务界等专家从不同视角对相关问题进行剖析。知识产权前沿性问题的来源可以划分为三个领域：一是技术发展与变革带来的知产问题，例如人工智能、大数据、生物技术、医药等领域。二是商业模式沿革与创新引发的纠纷，例如广告屏蔽、数据抓取、定牌加工、用户生成内容等。三是回应时下的热点与疑难案件，例如短视频、网络游戏、赛事直播、同人创作等。知识产权法前沿问题研讨课通过不同部门专家观点的碰撞，启发学生从不同角度思考问题，既能夯实学生理论基础，启发学生的毕业论文选题，又能培养学生实践工作所必备的知识产权法律思维，使教育更好地回应时代。该课程的授课模式应当突出法学专业教师、司法行政机关的实务专家、律师与学生之间的互动研讨，根据需要，引入诊所式教学、工作坊、案例教学等方法。

四、结语

我国改革开放已经四十多年，改革开放越深入，越需要良好的法治环境。打造良好的营商环境，优化和谐社会环境离不开全面依法治国工作的推进。在法律服务行业空前发展的时代，可以说，法律教育事业正处于前所未有的改革机遇。法律职业教育重要的目标便是回馈社会的需要，法律硕士（非法学）专业侧重于培养高端的复合型、应用型法律人才，虽然开设法律硕士（非法学）专业学位的高校已经接近一百五十所，高端法律人才在社会仍旧供不应求，知识产权方向的应用型法律人才的更是紧缺，各单位很难招收到合适的法律人才，法律硕士毕业生又很难找到理想的工作，这种法学教育的效益值得反思。

在法律硕士（非法学）研究生培养模式改革的新路口，一方面，我们需要提升高校的法学培养质量；另一方面，法学教育需要切合社会高端法律人才需求。在改革过程中注重学生理论知识和实践能力的结合，回归培养目标中"复合型"能力，在知识产权方向率先进行培养方向及方案的改革，探寻可适用的改革路径，最终实现在高校中逐步完善并推广。

课程与教学

Ke Cheng Yu Jiao Xue

课程思政理念下 WTO 法律制度课堂教学研究[*]

陈儒丹[**]

为深入贯彻习近平新时代中国特色社会主义思想和党的十九大精神，全面落实全国教育大会、全国高校思想政治工作会议、学校思想政治理论课教师座谈会精神，中共中央、国务院陆续发布《关于加强和改进新形势下高校思想政治工作的意见》《关于深化新时代学校思想政治理论课改革创新的若干意见》、中共教育部党组发布《高校思想政治工作质量提升工程实施纲要》《"新时代高校思想政治理论课创优行动"工作方案》等文件。

就 WTO（即世界贸易组织）法律制度这门课而言，单纯的 WTO 法规范讲授和 WTO 法案例分析并不足以使学生对 WTO 法所代表的多边贸易规则体系有深刻全面细致的理解，全面推进习近平新时代中国特色社会主义思想和党的十九大精神进 WTO 法课堂、进学生头脑，则可以深化新时代课程思政建设的改革创新，

* 本文受中国政法大学科研创新项目资助（项目号：10819345）"WTO 争端解决机制的危机与改革研究"、中央高校基本科研业务费专项资金资助（supported by "the Fundamental Research Funds for the Central Universities"）、教育部 2014 年高等学校全国优秀博士学位论文作者专项资金资助项目（201407）"国际经贸法律规则博弈与中国角色研究"资助、2018 年中国政法大学优秀中青年教师培养支持计划资助项目（即钱端升青年学者项目）（DSJCXZ180415）"自由贸易港的法治建设方案研究"资助、中国政法大学第一批本科课程思政示范课程项目"WTO 法律制度"、中国政法大学青年教师学术创新团队支持计划资助项目"国际法话语的形成及中国方案研究创新"（19CXTD09）资助，中国政法大学首批本科课程思政示范课程项目"WTO 法律制度"资助。

** 陈儒丹，中国政法大学国际法学院副教授，法学博士，中国政法大学钱端升青年学者，最高院一带一路研究基地研究员，研究方向为 WTO 法、国际经济法、国际私法。

使学生能够站在更广阔的视角和更长的历史河流中去观察 WTO 法的演变和发展，去感悟国际多边贸易规则的变革规律。

笔者（即课程主讲人）在 WTO 法律制度的教学与研究领域多年耕耘、积极探索，已经积累了一些前期研究成果和行之有效的教学经验。在学术研究方面，笔者已主持 WTO 法国家社科基金青年项目 1 项〔1〕；发表 WTO 法方面法学和国际贸易学 CSSCI 论文十余篇〔2〕。在教学方面，笔者获中国政法大学专业学位示范性教学案例建设项目 "WTO 法示范性教学案例" 项目立项并结项；笔者和孔庆江教授合著马工程国际经济法系列教材《世界贸易组织法理论与实践》；〔3〕迄今为止，笔者已在多轮 WTO 法相关课程授课中〔4〕，采用课程融入思政元素要点的多项内容，在专业知识的讲授中通过视频、表演、讲座、辩论等形式将习近平新时代中国特色社会主义思

---

〔1〕 陈儒丹，2012 年度国家社科基金青年项目 "WTO 争端解决机制的申诉方利益取向与对策研究"（批准号：12CFX110），已结项，结项等级为良好。

〔2〕 详见全文期刊网作者检索页。主要文章例如，陈儒丹：《WTO 裁决执行与国家利益实现的潜在背离研究》，载《环球法律评论》2017 年第 5 期。陈儒丹：《TPP 中选择性排他管辖权条款的效力研究》，载《政法论坛》2016 年第 5 期。Chen Rudan, "The Asymmetry of the WTO Dispute Settlement Mechanism and Chinese Strategy: In What Ways Do the System and Results favor Complainants?", *Frontiers of Law in China*, Vol. 9, No. 2,（June 2014）. 陈儒丹：《解开 "囚徒困境" 的国际经济法律制度——博弈论方法和中国问题视角》，载《国际商务——对外经济贸易大学学报》2014 年第 1 期，人大报刊复印资料《国际法学》2014 年第 6 期全文转载。Chen Rudan, "Legal Issues of Interest to China Relating to FDI under WTO", *Journal of WTO and China*, Issue 1 2013. 陈儒丹：《WTO 法律解释的申诉方利益取向》，载《现代法学》2013 年第 5 期，人大报刊复印资料《国际法学》2013 年第 6 期全文转载。Chen Rudan, "The Free Trade Agreement of the Asia-Pacific: A Stepping-stone towards Asia-Pacific Integration or a Stumbling Block to Trade Globalization?", *Journal of WTO and China*, Issue 4 2013. 陈儒丹：《世界贸易组织争端解决实践中的识别冲突问题》，载《法学》2012 年第 7 期，人大报刊复印资料《国际法学》2012 年第 11 期全文转载。陈儒丹：《国家公共秩序还是国际公共秩序——服务贸易总协定中的公共秩序定位》，载《国际经贸探索》2012 年第 10 期。陈儒丹：《 "非 WTO 协议" 在 WTO 争端解决机构中的适用》，载《法学》2009 年第 2 期。陈儒丹：《WTO 框架下数字产品在线跨境交易的法律性质》，载《法学》2008 年第 7 期，人大报刊复印资料《国际法学》2008 年第 11 期全文转载。黄韬、陈儒丹：《WTO 法律规则视野之中的人民币汇率争议》，载《国际金融研究》2007 年第 9 期。

〔3〕 已签订出版合同，并结稿，预计 2020 年出版。

〔4〕 笔者调入中国政法大学之前已经为华政本科生和研究生、香港树仁大学本科生、上海交通大学留学生、上海大学悉尼工商学院主讲了与 WTO 法相关的课程或者课程的组成部分。调入中国政法大学后已经多次开设 WTO 法相关课程，例如 "WTO 法律制度"（课程号：403010062，2017—2018 第三学期授课）、"WTO 争端案例精选"（英语双语，课程号：403030122，2018—2019 第二学期授课）、国际贸易法（课程号：403030032，2017—2018 第三学期授课）等。

想的主要方面贯彻到课堂教学中，努力实现专业课程与思政课程的协同效应。

一、WTO 法律制度课程德育目标

WTO 法律制度课程总的德育目标是坚持社会主义办学方向，落实立德树人根本任务，以理想信念教育为核心，以社会主义核心价值观为引领，构建全员、全过程、全方位育人格局。全面推进习近平新时代中国特色社会主义思想进教材、进课堂、进学生头脑，深化新时代课程思政建设的改革创新，推动专业课程与思政课程形成协同效应。

这门课程要通过各种课程资料的无缝接入，实现将课程思政建设要点"润物细无声"地渗透到课程内容的学习中去，主要输入的课程思政建设要点是习近平新时代中国特色社会主义思想的"八个明确""十四个坚持"核心内容、社会主义核心价值观、社会主义办学方向。

（一）习近平新时代中国特色社会主义思想的重要性

中共十八大以米，以习近平同志为核心的党中央在系统回答"新时代坚持和发展什么样的中国特色社会主义"这一重大时代课题中，提出一系列治国理政新理念新思想新战略，形成了习近平新时代中国特色社会主义思想。中共十九大概括和提出了习近平新时代中国特色社会主义思想，将其确立为党必须长期坚持的指导思想并写进党章，实现了党的指导思想的与时俱进。十三届全国人大一次会议通过的宪法修正案，郑重地把习近平新时代中国特色社会主义思想载入宪法，实现了从党的指导思想向国家指导思想的转化，实现了国家指导思想的与时俱进。

习近平新时代中国特色社会主义思想，是对马克思列宁主义、毛泽东思想、邓小平理论、"三个代表"重要思想、科学发展观的继承和发展，是马克思主义中国化最新成果，是党和人民实践经验和集体智慧的结晶，是中国特色社会主义理论体系的重要组成部分，是全党全国人民为实现中华民族伟大复兴而奋斗的行动指南，必须长期坚持并不断发展。

（二）习近平新时代中国特色社会主义思想的"八个明确""十四个坚持"和社会主义核心价值观

习近平新时代中国特色社会主义思想的核心要义是坚持和发展中国特

色社会主义，核心内容是中共十九大报告概括的"八个明确""十四个坚持"。"八个明确""十四个坚持"有机融合、有机统一，体现了解放思想、实事求是、与时俱进、求真务实的思想精髓，深刻回答了新时代党和国家事业发展的一系列重大理论和现实问题，深化了党对共产党执政规律、社会主义建设规律、人类社会发展规律的认识。

"八个明确"，就是明确坚持和发展中国特色社会主义，总任务是实现社会主义现代化和中华民族伟大复兴，在全面建成小康社会的基础上，分两步走，在 21 世纪中叶建成富强民主文明和谐美丽的社会主义现代化强国；明确新时代我国社会主要矛盾是人民日益增长的美好生活需要和不平衡不充分的发展之间的矛盾，必须坚持以人民为中心的发展思想，不断促进人的全面发展、全体人民共同富裕；明确中国特色社会主义事业总体布局是"五位一体"、战略布局是"四个全面"，强调坚定道路自信、理论自信、制度自信、文化自信；明确全面深化改革总目标是完善和发展中国特色社会主义制度、推进国家治理体系和治理能力现代化；明确全面推进依法治国总目标是建设中国特色社会主义法治体系、建设社会主义法治国家；明确党在新时代的强军目标是建设一支听党指挥、能打胜仗、作风优良的人民军队，把人民军队建设成为世界一流军队；明确中国特色大国外交要推动构建新型国际关系，推动构建人类命运共同体；明确中国特色社会主义最本质的特征是中国共产党领导，中国特色社会主义制度的最大优势是中国共产党领导，党是最高政治领导力量，提出新时代党的建设总要求，突出政治建设在党的建设中的重要地位。

"十四个坚持"，就是坚持党对一切工作的领导，坚持以人民为中心，坚持全面深化改革，坚持新发展理念，坚持人民当家作主，坚持全面依法治国，坚持社会主义核心价值体系，坚持在发展中保障和改善民生，坚持人与自然和谐共生，坚持总体国家安全观，坚持党对人民军队的绝对领导，坚持"一国两制"和推进祖国统一，坚持推动构建人类命运共同体，坚持全面从严治党。

党的十八大提出，倡导富强、民主、文明、和谐，倡导自由、平等、公正、法治，倡导爱国、敬业、诚信、友善，积极培育和践行社会主义核心价值观。富强、民主、文明、和谐是国家层面的价值目标，自由、平等、公正、法治是社会层面的价值取向，爱国、敬业、诚信、友善是公民个人层面的价值准则，这 24 个字是社会主义核心价值观的基本内容。

(三) 坚持习近平新时代中国特色社会主义思想的社会主义办学方向。

习近平总书记在全国教育大会上发表重要讲话，用"九个坚持"来概括新时代坚持中国特色社会主义教育发展道路的核心要求，其中一个重要方面就是坚持社会主义办学方向。坚持社会主义办学方向，就要把"培养德智体美劳全面发展的社会主义建设者和接班人"作为根本任务。教育就是要培育中国特色社会主义事业的建设者和接班人，而不是旁观者和反对派。在全国教育大会上，习近平总书记再次强调，我国是中国共产党领导的社会主义国家，这就决定了我们的教育必须把培养社会主义建设者和接班人作为根本任务，培养一代又一代拥护中国共产党领导和我国社会主义制度、立志为中国特色社会主义奋斗终身的有用人才。这是教育工作的根本任务，也是教育现代化的方向目标。

要牢牢抓好课堂教学育人主渠道，也要注重实践育人。习近平总书记指出："我们的学习应该是全面的、系统的、富有探索精神的，既要抓住学习重点，也要注意拓展学习领域；既要向书本学习，也要向实践学习；既要向人民群众学习，向专家学者学习，也要向国外有益经验学习。学习有理论知识的学习，也有实践知识的学习。"

坚持社会主义办学方向，就要把坚持社会主义意识形态作为根本特征。马克思主义是我们立党立国的根本指导思想，也是我国教育最鲜亮的底色。要牢牢把握学校意识形态工作领导权、管理权、话语权，坚持马克思主义指导地位不动摇，坚持不懈传播马克思主义科学理论，抓好马克思主义理论教育，为学生 生成长奠定科学的思想基础。

要把理想信念教育放在首位，牢固树立共产主义远大理想和中国特色社会主义共同理想。要加强中华民族伟大复兴中国梦教育，"青年一代有理想、有本领、有担当，国家就有前途，民族就有希望"。我们进行伟大斗争、建设伟大工程、推进伟大事业，就是为了实现伟大梦想。

习近平新时代中国特色社会主义思想进一步深入人心、落地生根，引导广大干部群众增强"四个意识"、坚定"四个自信"、做到"两个维护"，在思想上政治上行动上同以习近平同志为核心的党中央保持高度一致，为决胜全面建成小康社会、夺取新时代中国特色社会主义伟大胜利、实现中华民族伟大复兴的中国梦不懈奋斗。

总之，本门课程要在日常的课堂教学中借助各种教学方法和媒介融入上述思政建设要点，并使学生深刻领悟上述思政建设要点就是本文的课程德育目标。

二、WTO 法律制度课程融入思政元素要点

（一）课程融入思政建设要点——WTO 多边经贸体系是人类命运共同体的有机组成部分

1. 授课内容：讲授 WTO 法律制度的起源和制度基础等章节内容。

2. 融入方式为播放视频：中央电视台"大国崛起"系列纪录片之"荷兰篇——小国大业"。该视频展示荷兰这么一个国土面积极小的国度如何创建现代国际多边经贸规则体系的雏形机制，推动国际贸易规则（通过成为海上马车夫掌控国际海运规则制定权）、国际投资规则（以股份制形式创办东印度公司，并借助其海外扩张来发展国际直接投资规则）、现代国际金融规则（创办最早的证券交易所使东印度公司的股权获得流动性、创办最早的现代银行交易规则并对现代金融规则给予高度尊重）等制度的创新，构筑成最为原始的 WTO 体系的贸易、金融、投资规则。

3. 课程融入思政元素要点：通过视频播放，使学生理解整个现代多边经贸体系规则在最初是如何艰难灵活的发展起来的，使学生意识到从更广阔的历史长河看并不是美国一个国家主导了 WTO 体系的发展，WTO 体系所代表的国际多边贸易体系规则是一个长期的、连续的、由各个国家在不同的历史时期接力而形成的，可以体现整个世界更加繁荣和平的制度变革与发展的进程，这是一个人类命运共同体的缔造过程的有机组成部分。接力棒由最初的荷兰依次传递到英国、美国手中，现在中国正在努力崛起接过国际多边经贸体系规则重塑与升级的接力棒。

（二）课程融入思政建设要点——塑造社会主义建设者和接班人的使命感和自觉性

1. 授课内容：讲授中国入世以及中国在世界贸易组织中的地位、作用与表现。

2. 融入方式为播放视频：播放世界银行数据视频，2000 多年以来中国在世界经济体系中地位变化的饼状图。视频具体内容：该视频可展示在 2000 多年历史长河中国际多边经贸体系主导者的经济地位变化，可使 2000 年以来中国在世界经济体系中地位的变化可视化，饼状图中随着时间的流逝可以展示中国、西方强国以及东方强国在世界经济体系中所占比例的变化，能够清晰呈现中国在很长的历史时期中在世界经济体系中都是占据主导性的，相反在历史长河中英国和美国只是短暂的辉煌。

3. 课程融入思政元素要点：通过视频播放，激发学生对于祖国的自豪感和荣誉感，强化其为实现中华民族伟大复兴这个中国梦的使命感，以及将自己培养为"德智体美劳全面发展的社会主义建设者和接班人"的自觉性。

（三）课程融入思政元素要点——坚持中国共产党的领导、坚持全面深化改革

1. 授课内容：讲授中国入世以及中国在世界贸易组织中的地位、作用与表现。

2. 融入方式之一为播放视频：播放世界银行数据视频，展示近 40 年以来中国在世界国家 20 强排行榜中的变化的柱状图。该视频可展示中国在改革开放前后以及在入世前后世界经济地位的显著变化情况。具体而言，可以观察到中国在改革开放政策出台前在世界上排名之落后，以及改革开放政策出台后中国缓慢爬坡。在中国入世后，中国经济发展速度越来越快，入世后十年间，中国迅速向世界第二大经济体靠拢并已经实现这个目标，和美国的差距显著缩小。

融入方式之二为嵌入习近平总书记对中国国际地位的准确论断。对中国国际地位的准确识别亦是人类命运共同体理论的重要组成部分。2016 年 1 月，习近平在"省部级主要领导干部学习贯彻党的十八届五中全会精神专题研讨班"上的讲话中指出："20 年前甚至 15 年前，经济全球化的主要推手是美国等西方国家，今天反而是我们被认为是世界上推动贸易和投资自由化便利化的最大旗手，积极主动同西方国家形形色色的保护主义作斗争。这说明，只要主动顺应世界发展潮流，不但能发展壮大自己，而且可以引

领世界发展潮流。"〔1〕

3. 课程融入思政元素要点：通过视频播放，使学生深刻理解改革开放政策与入世决策是符合时代和中国需要的，坚持中国共产党的领导是中国发展的最大制度优势，深刻理解习近平新时代中国特色社会主义思想之一就是明确坚持和发展中国特色社会主义，总任务是实现社会主义现代化和中华民族伟大复兴，在全面建成小康社会的基础上，分两步走在 21 世纪中叶建成富强民主文明和谐美丽的社会主义现代化强国；明确新时代我国社会主要矛盾是人民日益增长的美好生活需要和不平衡不充分的发展之间的矛盾。使学生对"十四个坚持"之一"坚持党对一切工作的领导，坚持以人民为中心，坚持全面深化改革，坚持新发展理念"获得感性的认识与认同感。

(四) 课程融入思政元素要点——坚持社会主义办学方向中注重实践育人的内涵

1. 授课内容：讲授 WTO 的组织结构章节内容。

2. 融入方式为播放视频：播放世界贸易组织 WTO 大楼的参观视频。该视频展示了日内瓦 WTO 大楼的内部结构和功能，学生可以对 WTO 总部日常的工作和分工有比较感性的认知，对 WTO 制度产生亲切感。

3. 课程融入思政元素要点：坚持社会主义办学方向，就要把"培养德智体美劳全面发展的社会主义建设者和接班人"作为根本任务。坚持社会主义办学方向，要注重实践育人。习近平总书记指出："我们的学习应该是全面的、系统的、富有探索精神的，既要抓住学习重点，也要注意拓展学习领域；既要向书本学习，也要向实践学习；既要向人民群众学习，向专家学者学习，也要向国外有益经验学习。学习有理论知识的学习，也有实践知识的学习。"由于让全部的学生去日内瓦参观在经济成本上是不现实的，通过视频学习，可以让学生获得与实地调研参观 WTO 总部接近的效果，能够激发起学生去国际组织实习与工作的愿景，增强我国参与国际法治发展的力量。

---

〔1〕 《习近平在省部级主要领导干部学习贯彻党的十八届五中全会精神专题研讨班上的讲话》，载《人民日报》2016 年 5 月 10 日，第 2 版。

（五）课程融入思政元素要点——坚持在发展中保障和改善民生、社会主义核心价值观也体现了全人类对于美好生活的共同期待

1. 授课内容：WTO 规则的谈判历史。

2. 融入方式为播放视频：播放二战结束后各国参加 WTO 十几个回合谈判的历史。该视频再现了二战结束后百业凋零，人民生活艰难的场景。亦生动再现了各国首脑参加 GATT 多个回合艰难谈判各个行业的市场准入时引发的争吵、分歧，相互妥协，寻求合作共赢的决心，以及 WTO 多边贸易规则体系建立后带给全世界的和平和发展。

3. 课程融入思政建设要点：通过视频播放，使学生意识到"坚持在发展中保障和改善民生""坚持推动构建人类命运共同体"的科学性和必要性。党的十八大提出，倡导富强、民主、文明、和谐，倡导自由、平等、公正、法治，倡导爱国、敬业、诚信、友善，积极培育和践行社会主义核心价值观。WTO 多边贸易规则体系的建立和发展可以生动的体现社会主义核心价值观，也必须由社会主义核心价值观来发展和改革国际多边贸易规则体系。使学生意识到结束战争，通过多边经贸规则体系的完善来实现和平和可持续发展也体现了习近平新时代中国特色社会主义思想的"十四个坚持"之"……坚持全面深化改革，坚持新发展理念，……坚持社会主义核心价值体系，坚持在发展中保障和改善民生，……坚持推动构建人类命运共同体"观点的科学性和人文性。

（六）课程融入思政元素要点——马克思主义是我们立党立国的根本指导思想

1. 授课内容：WTO 规则产生、构建和改革升级的阶段划分和呈现。

2. 融入方式为在课堂教学中加入马克思关于国际贸易、共同体的具体论断和习近平对马克思相关论断的具体解读。例如马克思认为"资产阶级日甚一日地消灭生产资料、财产和人口的分散状态。它使人口密集起来，使生产资料集中起来，使财产聚集在少数人的手里。由此必然产生的结果就是政治的集中。各自独立的、几乎只是同盟关系的各有不同利益、不同法律、不同政府、不同关税的各个地区，现在已经结合为一个拥有统一的

政府、统一的法律、统一的民族阶级利益和统一的关税的统一的民族"〔1〕"早在 19 世纪，马克思、恩格斯在《德意志意识形态》《共产党宣言》《1857—1858 年经济学手稿》《资本论》等著作中就详细论述了世界贸易、世界市场、世界历史等问题。《共产党宣言》指出：'资产阶级，由于开拓了世界市场，使一切国家的生产和消费都成为世界性的了。'马克思恩格斯的这些洞见和论述，深刻揭示了经济全球化的本质、逻辑、过程，奠定了我们今天认识经济全球化的理论基础。"〔2〕

3. 课程融入思政建设要点：坚持社会主义办学方向，就要把坚持社会主义意识形态作为根本特征。马克思主义是我们立党立国的根本指导思想，也是我国教育最鲜亮的底色。要牢牢把握学校意识形态工作领导权、管理权、话语权，坚持马克思主义指导地位不动摇，坚持不懈传播马克思主义科学理论，抓好马克思主义理论教育，为学生一生成长奠定科学的思想基础。

（七）课程融入思政元素要点——明确中国特色大国外交要推动构建新型国际关系，推动构建人类命运共同体

1. 授课内容：WTO 规则产生、构建和改革升级的阶段划分和呈现。

2. 融入方式为在课堂教学中加入习近平对人类命运共同体理论的具体解读。例如 2013 年习近平首次提出"人类命运共同体"的概念，并于同年提出"丝绸之路经济带"和"21 世纪海上丝绸之路"的倡议。自"一带一路"倡议提出以来，100 多个国家和国际组织已经参与或表示支持，政府间多边开发的亚洲基础设施投资银行、丝路基金等金融服务机构运行良好。在 2017 年联合国日内瓦总部的演讲中，习近平进一步明确，"经济全球化是历史大势"，"中国方案是：构建人类命运共同体，实现共赢共享"。〔3〕习近平在达沃斯世界经济论坛发表主旨演讲时说："全球化是社会生产力发展的客观要求和科技进步的必然结果，不是哪些人、哪些国家人为造出来的。

---

〔1〕《马克思恩格斯选集》（第 1 卷），人民出版社 1995 年版，第 277 页。

〔2〕《习近平在省部级主要领导干部学习贯彻党的十八届五中全会精神专题研讨班上的讲话》，载《人民日报》2016 年 5 月 10 日，第 2 版。

〔3〕《共同构建人类命运共同体——习近平主席在联合国日内瓦总部的演讲》，载 http://cpc. people. com. cn/n1 /2017 /0119 /c64094-29034230. html. 转引自沈斐：《〈资本论〉视野下的全球化困境与中国方案》，载《马克思主义研究》2017 年第 7 期。

经济全球化为世界经济增长提供了强劲动力，促进了商品和资本流动、科技和文明进步、各国人民交往。"[1]

3. 课程融入思政建设要点：习近平新时代中国特色社会主义思想的核心要义是坚持和发展中国特色社会主义，核心内容是中共十九大报告概括的"八个明确""十四个坚持"。"八个明确"其中之一就是明确中国特色大国外交要推动构建新型国际关系，推动构建人类命运共同体。

三、总结与思考

WTO 法律制度课程在介绍部分讲授 WTO 法制度的起源，组织架构和职能等，主体内容上分章节介绍 WTO 法的 GATT、GATS、TRIPS 等实体法规则和争端解决的程序规则，最后阐述中国入世以及入世后在 WTO 中的地位与作用，以及在现在和未来的 WTO 改革中所应起的作用。在上述内容讲授过程中，可以播放中央电视台"大国崛起"系列纪录片之"荷兰篇——小国大业"这个视频来融入各国接力构筑人类命运共同体的思政建设内容。可以将马克思关于国际贸易和习近平关于人类命运共同体的经典论断导入课堂教学中，来落实社会主义办学方向。可以播放世界贸易组织 WTO 大楼的参观视频来激发学生的实践热情和到国际组织工作的动力。可以播放二战结束后各国参加 WTO 十几个回合谈判的历史，让学生意识到"坚持在发展中保障和改善民生""坚持推动构建人类命运共同体"的科学性和必要性；社会主义核心价值观也体现了全人类对于美好生活的共同期待。可以播放世界银行数据视频，展示 2000 年以来中国在世界经济体系中地位变化的饼状图；播放世界银行数据视频，通过展示近 40 年以来中国在世界国家 20 强排行榜中的变化的柱状图，来激发学生成为社会主义建设者和接班人，实现中国复兴民族梦的自豪感、使命感和自觉性等。

迄今为止，WTO 法律制度课程已经实现了课程思政教学内容与教学方法的一定程度的创新。例如，①实现了习近平新时代中国特色社会主义思想思政教学要点与课程专业授课内容的无缝对接的渗透式教学法。之前的

---

[1] 习近平：《共担时代责任 共促全球发展——在世界经济论坛 2017 年年会开幕式上的主旨演讲》，载《人民日报》2017 年 1 月 18 日，第 3 版。

WTO 课程都比较倾向于单纯的规则分析或者是案例研讨，偶见零星的思政内容闪现，但是没有在整个 WTO 课程教学中将习近平新时代中国特色社会主义思想的思政元素要点融入始终。②在课堂教学中加入大量视频，教学方式生动活泼。这些视频内容既与课程专业内容相关，又与习近平新时代中国特色社会主义思想的思政元素要点紧密相关，以视频的形式呈现使的教学内容具有很强的可视性。③使用各种新型教学软件，使教学内容方便保存，教学方式灵活。④模拟课程实务演习。在课堂教学中布置检索 WTO 网站案例数据、华为案件美国法律法规文件的检索、分组进行案例辩论等课堂任务，使学生获得模拟 WTO 国际组织实习生、跨国公司法务、跨国律师和处理涉外业务法官的生动职业体验。

在未来，WTO 法律制度课程还可以开展更多有益的课程思政活动，例如展开如下教学相关活动。①组织团队成员充实扩张思政建设要点和素材。将目前尚未有思政建设要点输入的章节进行排查，补充完整。并且根据理论的最新发展更新思政建设要点。②组织主要学校相关课程的调研交流。不同的学校教学的重点、教学风格、教学方式都有所差异，有比较才能发现优劣、取长补短。③由于课程内容涉及思政建设，关系到价值观输入，需要严肃对待，统一思想，因此可以组织团队尽量一起备课，统一教学方案。每学年安排至少两次左右的授课计划，随着课程内容的逐渐成熟与完善，适度增加授课频率。④每学年开一次小型会议，邀请实务部门和学界的专家对课程大纲和授课方案进行论证和指导。⑤组织学生参加与课程相关的国内赛事与国际赛事，邀请律所、机关、公司等实务机构中与课程主题相关的专家来分享实务执业经验与体会，实现实践教学目的等相关教学活动。

高校保卫干部队伍建设与课程体系研究

王书丰 *

高校安全保卫工作是实现高校安全稳定的基础，是高校运行机制的一个重要组成部分，直接关系到高校的安全与稳定，影响到高校的改革、发展、稳定和教育教学质量。高校保卫干部队伍承担着高校安全保卫工作的最本质、最基础、最核心的职责，是维护校园安全稳定、保障校内师生人身财产安全和预防处置突发事件的中坚力量，其整体素质和能力是高校安全稳定工作最基础的要素。近年来，随着政治、经济和社会形势的发展变化，网络技术、信息技术的迅猛发展，以及学生个性特征、个人心理状态的不断变化，高校的安全保卫工作面临着一系列的新形势、新任务和新挑战，对高校保卫干部队伍提出了新的要求。因此，高校要根据新形势、新任务和新要求，有针对性地加强保卫干部队伍建设，在优化现有队伍结构的基础上，通过开设保卫干部队伍专业能力提升课程或者进行专题培训，提升高校保卫干部队伍的综合素质和能力。

一、高校保卫干部队伍现状

根据原国家教委 1997 年印发的《高等学校内部保卫工作规定（试行）》和 2000 年《公安部、教育部关于进一步加强高校治安

* 王书丰，中国政法大学保卫处副处长。

保卫工作的通知》等相关规定，高校设置保卫部、处（科），作为党委的保卫部门和学校的职能部门，承担维护高校稳定和校园正常的教学、科研、生活秩序，为教育改革和发展事业创造良好的环境的任务。高校保卫干部队伍是承担高校保卫部门工作的中坚力量，这支队伍的整体素质和能力决定着高校安全稳定工作的整体水平。高校保卫干部队伍人员结构、学历构成、队伍定位、思想观念、发展前景等因素是影响这支队伍素质和能力的重要因素。据调查，高校保卫干部队伍的组成有以下几个部分：[1]一是高校保卫组织自身原有人员，他们大部分从事保卫工作时间比较长，比较了解高校实际情况和保卫工作特点，经验丰富，但这部分人员一般年龄较大，进取心不是很强烈；二是部队转业的复员军人，他们团队意识和执行力比较强，作风踏实勇敢，敢于承担责任，近些年转业到高校保卫部门的复员军人一般都有大学本科以上学历，具有一定的文化素质和能力，能够较快地适应高校保卫工作，他们中的一部分人已经成为高校保卫部门的领导；三是一部分农转工人员分流到保卫部门，一般承担校卫队职责或守卫校门、楼门、值班值守等工作；四是高校内部转岗到保卫部门的人员，这部分人员情况比较复杂，他们有的是因为不适应原岗位工作而被迫做出调整，有的是因年龄偏大、责任心不强不适宜从事核心部门或核心业务工作，有的是因为加强保卫队伍建设而提拔或交流过来的年轻干部；五是留校毕业生或招聘的外校应届毕业生，但数量稀少，也很难留住。

保卫干部队伍的上述人员构成情况，决定了这支队伍的不足：一是人员结构年龄偏大，对工作经验的依赖明显，对新事物接受较慢；二是学历学位相对较低，整体文化素质不高，与高校知识分子高度集中的现状反差明显；三是对安全保卫工作的专业知识掌握不系统不全面，专业化程度有待提高；四是服务意识服务水平有待提高。这四个不足就成为加强保卫干部队伍建设的着力点。

二、高校安全保卫工作的形势与任务

进入 21 世纪以来，随着我国政治、经济体制改革的不断深化，社会经

---

[1] 安国江、廖安、廖万平、王颖杰、徐思刚、鞠晓：《新历史条件下我国高等学校安全管理的发展与创新》，载《平安校园建设的实践与探索》，清华大学出版社 2018 年版，第 7 页。

济的快速发展，各种政治诉求、经济利益冲突日益凸显，并有向校园传导的趋势；高校的扩招和高等教育改革的深入，对高校安全管理的冲击和挑战加剧；学生个性特征、个人心理健康状况的发展变化，导致极端个人行为的增多；网络技术、信息技术、通信技术的飞速发展，又拓宽了高校安全保卫工作的领域，带来了新的挑战。高校保卫部门维护校园安全稳定、保护师生人身财产安全和预防处置突发事件的形势更加紧迫，任务更加繁重，高校保卫干部必须适应新形势，承担新任务，全面应对各种风险挑战。

第一，基础性校园安全防卫工作的新挑战。做好校内的治安、交通和消防等基础性工作一直以来都是保卫部门的基本职责。传统的安全防卫工作主要通过人防、物防来实现，保卫干部、保安员队伍亲身参与的程度较高，能够较好的完成基础性防卫工作。近年来，基础性的安全防卫工作出现了一些新的特点：打架斗殴等治安案件明显减少，盗窃、骚扰案件有增多趋势，网络、电信诈骗案件频发，治安案件的性质和负面影响通过微信、网络被放大，传播速度快、影响范围广；违章使用电器、不当充电和实验室管理不当成为消防安全的主要隐患。此外，随着技术的进步，传统校园安全防卫工作的智能化、一体化建设在很多大学校园得到推广和应用。基础性校园安全防卫的新特点和新技术、新手段、新平台的应用，对保卫干部队伍提出了新要求：保卫干部队伍不但要完成基础性安全防卫工作，还要了解新特点，掌握新技术和新手段。

第二，适应移动互联网时代全新舆论环境下的安全保卫工作。随着网络技术和通信技术的发展，智能手机、微博、微信、即时视频传播软件广泛应用，高校师生对智能手机、微博微信的应用达到前所未有的高度，在网络与通信技术密切结合的今天，人人都是自媒体，人人都是信息源头。网络技术、通信技术、云计算、区块链等技术的发展是目前这个时代最突出的技术特征，信息传播速度快、影响范围广、不良信息的控制难度大。[1]保卫干部队伍不但要关注校园的整体网络安全、关注舆论热点，还要密切关注个体的信息，关注个体信息的内容、涵义，分析其可能造成的影响和带来

---

[1] 程翔：《"微时代"学生突发事件中高校保卫干部的有效应对策略》，载《黑龙江生态工程职业学院学报》2018年第5期。

的后果。

第三，参与心理健康危机的干预。近几年，高校学生因心理健康问题引发的极端个人行为频频发生，给学生个人、家庭和学校都造成了极大伤害。学生的心理健康问题主要有以下几方面表现：一是因学业引发的心理问题。学习态度不端正，学习方法没改正，学习动力不足，学习成绩不理想甚至被预警，从而引发心理问题。二是人际交往引发的心理问题，个别学生不善于和老师、同学、室友交流，不主动和家长交流，往往沉溺于网络空间，造成性格孤僻、偏执、孤独、压抑。三是青春期特点引发的心理问题。高校学生处于青春期，对恋爱的渴望、与恋人关系的处理、失恋往往会成为一段时期影响心理健康和稳定的关键因素。此外，青春期的生理渴望也往往会引发一些心理疾病，高校频发的偷拍、男扮女装、盗窃内衣、猥亵等行为都与青春期有密不可分的关系。四是家庭经济困难学生的心理问题。较大部分家庭经济困难学生都存在自卑心理，导致他们在人际交往时有不自信、嫉妒、攀比等心理，长期得不到纠正或干预，往往产生较大心理问题。高校一般都有专门的心理咨询机构，开展学生心理健康问题的调整和疏导，但是，学生因心理健康问题而产生极端行为的时候，往往是保卫部门最先发现，需要进行迅速的稳控和干预。因此，掌握必要的心理学知识、对因心理问题引发的影响校园安全稳定的行为进行初步的干预和调节也是保卫干部应具备的基本能力。

三、高校保卫干部队伍建设的内在要求

高校安全保卫工作的任务越来越重，保卫干部职责在不断拓展，工作内容由 20 世纪 80 年代以治安、消防、政治保卫、户口管理等为主要职责，到 90 年代以治安、消防、国家安全、交通安全、户口管理等为主要职责[1]，再到现在以治安、消防、交通、国家安全、安全教育、校园综合治理、技防管理、突发事件处置等工作为主要职责，从传统安全领域延展到国家安全、政治安全、意识形态安全领域，从应对校园治安、消防、交通等工作，

---

〔1〕 刘兴德、刘智、王晨、贾水库：《加强首都高校保卫干部队伍建设 努力维护校园安全稳定》，载《观察与思考》2012 年第 12 期。

延展到全媒体时代舆论的应对、应急事件的处置、学生心理问题和极端个人行为的干预，服务对象——高校教师和学生——也呈现出一系列新特征、新情况。因此，高校需要一批懂得高等教育规律和人才培养规律、了解相关法律法规、适应移动互联网时代、能够与师生进行良好沟通互动的专业化安全保卫干部队伍。

第一，转变工作理念，以提供优质高效的服务作为保卫干部队伍建设的出发点。高校保卫干部要从高等教育培养人和高校是精英和人才汇聚之地这一基本状况出发，敬畏知识，尊重人才，转变工作理念，从管理者的视角转变为服务者的视角，在职责范围内提供优质高效的服务。保卫干部队伍要了解学校的历史、现状、学科专业体系，了解教师和学生的群体特征和行为特点，从而做好校园安全保卫工作和服务工作。

第二，了解和掌握相关法律，熟悉校规校纪。保卫干部要了解和掌握与高校安全保卫工作相关的法律法规和校规校纪，法律法规和校规校纪既是开展安全管理和安全防范工作的依据，也是明确责任、加强管理的依据，更是转变工作理念，提供高效优质服务的必然要求。

第三，保卫干部队伍做好安全保卫工作要提高专业素养和能力。要熟练掌握消防知识，科学的引领和指导高校建筑消防设施的设置和维护，熟悉校内消防基础设施的布局，熟练应用消防器材、能够开展消防安全教育，探索新时代背景下的高校治安防控体系建设。当前，高校治安呈现出传统治安问题突出、新型犯罪手段增多、网络防控压力增大、治安灾害事故频发等特征，保卫干部应具备应急处置能力、了解新型犯罪手段的类型、特征和防控措施，熟悉和了解网络信息技术和通信技术的发展给安全保卫工作带来的挑战。要了解和掌握简单的心理疾病干预能力，稳控和疏导因心理问题而产生的极端个人行为。

第四，保卫干部队伍要具备良好的沟通互动能力、调节处理纠纷的能力和文字表达能力。开展安全保卫宣传教育工作、日常管理和服务工作，都要与师生进行互动和沟通，校内安全事件也往往需要保卫干部进行调节。当前，各种社会矛盾和风险有向校内转移渗透的趋势，校内安全事件的形式多样，情况错综复杂，调节处理难度增大，因此，需要保卫干部具有良好的沟通互动能力和调节处理纠纷的能力，才能够做好安全事件调节处置工作。保卫干部在坚持原则、守住底线的前提下，要有良好的说话艺术和沟通技巧，从而促进事件的解决、拉进人际关系，使安全保卫工作进展更顺利。在工作中，将好的经验和做法归纳总结和传承下去，把口头语言变成书面文字，制定符合实际需求、操作性强的工作方案，撰写工作总结和编制案例，都需要良好的文字表达能力。将好的做法、想法和工作思路变成恰当的文字是保卫干部队伍应当具备的一项重要能力。

第五，与校外相关部门和单位的协调联动能力。[1]高校的安全稳定离不开上级教育主管部门和属地相关单位的支持、指导和帮助。重大复杂的校内治安案件、重大涉校矛盾、涉校舆情、校闹和校园周边社会治安综合治理等工作都需要教育主管部门和属地相关机关指导和帮助。做好校内外信息的传达沟通，积极开展与相关部门的协调联动是确保重大复杂事件得到及时合理处置的基础。保卫干部既要熟悉相关单位的职责、工作程序和要求，又要与相关单位人员保持沟通和联络，加强工作联系，增进相互信任和了解，使他们成为维护学校安全稳定的可靠的外部力量。

第六，保卫干部队伍要具备较强的责任心和敬业精神。保卫师生员工的生命和财产安全、维护校园平安和谐的环境，是高校保卫干部的工作职责。因此保卫干部必须具有高度的责任感和使命感、爱岗敬业、作风正派、坚持原则、大公无私、忠于职守、勇于同违法犯罪行为作斗争。以人为本、以校为家，把保护师生员工的生命和财产安全、国家财产安全和校园秩序作为神圣的职责。这是高校保卫干部必须具备的职业道德素质。[2]

四、高校保卫干部队伍培训课程体系建设探索

高校保卫干部队伍建设一直以来都是高校管理和提升育人环境的一个重要内容。有一支年龄结构合理、熟悉高等教育规律和了解学校实际情况、具备高校安全管理专业知识的爱岗敬业的保卫干部队伍是高校安全稳定的基础。一般来说，高校保卫干部队伍的建设主要从两个方面展开：一是解决干部队伍结构问题，包括年龄、学历、队伍来源，一般通过吸引年轻化、

---

〔1〕　王锋：《构建和谐校园必须提高保卫干部的五种能力》，载《江西省宜春市社会科学界联合会"创新社会管理促进社会和谐"征文活动论文集》。

〔2〕　张杰：《高校保卫工作必须坚持以人为本》，载《科技创新导报》2011年第12期。

知识化的优秀人才加入安全保卫干部队伍，主要渠道有吸收部队转业的年轻干部、招聘应届毕业生和校内调转的形式。二是解决保卫干部队伍素质和能力的提升问题，主要是通过培训的方式来进行。目前，各地各高校针对保卫干部队伍的培训普遍不够重视，开展的相关培训也存在系统性、专业性、规范性不强的问题，培训效果没有有效的评估，大部分的培训都是走过场。加强保卫干部队伍建设，使之成为高校安全保卫工作的坚强堡垒和战斗核心，必须重视保卫干部队伍的培训工作。设计一整套符合实际需要的培训课程体系、对保卫干部队伍进行系统性、专业性、规范性的培训是提升保卫干部队伍整体素质和能力的最有效渠道。

这套课程体系应包含如下课程模块：

第一，法律法规课程模块。法律法规课程模块要着重学习和了解与高校管理、高校安全相关的法律法规和管理制度，主要有三个方面：一是调整师生行为的，如《教师法》《教育部关于建立健全高校师德建设长效机制的意见》《高等学校教师职业道德规范》《教育部关于高校教师师德失范行为处理的指导意见》《新时代高校教师职业行为十项准则》《普通高等学校学生管理规定》等。二是涉及高校治安、消防、食品卫生、道路交通等方面的，主要有《中华人民共和国治安管理处罚法》、教育部等五部门《关于完善安全事故处理机制维护学校教育教学秩序的意见》、《学生伤害事故处理办法》、《中华人民共和国消防法》、《高等学校消防安全管理规定》、《中华人民共和国食品安全法》、《中华人民共和国道路交通安全法实施条例》等。这些法律法规有的是专门针对高校制定的，有的对高校安全保卫、安全管理工作具有普遍适用的效力。三是学校内部的相关规定，一般包含学生管理规定、实验室安全管理规定、宿舍安全管理规定等。法律法规课程模块学习和培训的重点在于运用法律法规指导学校安全设施的设置、使用和维护，指导开展宣传教育工作、管理工作，指导校内各部门、各单位制定安全管理制度，运用法律法规依法做好安全事件的处置工作。

第二，专业技能课程模块。高校的保卫组织一般都承担着治安、消防、交通、国家安全、校园周边综合治理、技防管理等职责，根据保卫组织承担的主要职责设计相应的课程，提高工作应对能力。可以分为治安管理课程、消防安全课程、国家安全课程、交通和校园周边综合治理课程、技防管理课程、大学生心理健康危机干预课程。治安管理课程要根据校园治安的形势特点，分析成因，提出预防和解决方案，尤其是要分析近些年高校治安工作展现出来的新趋势和新特点，有针对性地进行课程设计。消防安全课程重点是校内安全设施的设置和应用、校内消防安全培训的开展和指导校内相关单位结合部门实际建立健全消防管理制度。[1] 消防安全是高校安全的最为重要、风险隐患最为突出的环节，课程内容包括高校消防安全隐患主要表现，消防基础设施的设置、使用和维护，如何根据部门特点制定使用有效的消防管理制度，以及在师生中开展消防安全教育、极端情况的逃生自救等。国家安全课程主要分析危害国家安全事件在高校的各种表现，讲授如何提高师生的防范意识、杜绝危害国家安全事件的校内发生，对高校师生出国出境行前培训和回访的内容进行合理设计，避免出国出境师生被拉拢利诱和渗透。交通和校园周边综合治理课程主要列举危害校园安全、师生安全的交通事件和行为，分析校园周边危害校园安全稳定的各类事件，探讨避免交通事件和危害校园安全事件的有效措施和手段，提出师生在面对这类事件的应急措施。技防管理课程主要是介绍先进的技术设备和科学的管理手段在高校安全保卫领域的应用，包括智能交通系统、生物识别技术、智能消防系统等技术手段的推广和应用，以及大数据智能分析系统和校园安防一体化智慧平台的建设和应用。技防管理课程在介绍先进的技术设施和管理理念的同时，也要分析其存在的法律风险，分析可能对个人权利、个人隐私带来的安全风险。大学生心理健康危机干预课程主要介绍大学生心理疾病的类型、表现形式和极端个人行为的应急干预手段和方法，尤其是分析极端个人行为表现形式、共性特征和可能采取的预防手段，介绍个人极端行为产生之后的善后措施。专业技能课程模块要把理论教学和案例教学结合起来，充分利用案例教学的真实性强、能够激发学习兴趣的优点，提高分析问题、解决问题的能力。

第三，应急处置能力培训课程模块。该课程模块包括突发事件的性质、类型、处置程序和方法，应急预案的编制、演练和运用，突发事件的舆论

---

[1]　李志华、王亚平：《关于高校消防安全隐患排查的思考与研究》，载《教育现代化》2019年第86期。

应对等。应急处置能力是高校保卫干部队伍素质和能力的最直接体现，能否及时有效地处置各类型的突发事件，关系着能否有效控制突发事件的不利后果、影响范围，影响着突发事件的后续处置工作，因此，加强保卫干部队伍应急处置能力培训十分必要、刻不容缓。

第四，沟通技巧、写作能力课程模块。该课程模块主要是培训和提高保卫干部队伍在人际交往中的沟通技巧和语言表达艺术，提高保卫干部文字表达能力。在实际工作中，高校安全保卫干部往往给人留下工作方法简单、会干不会说、会说不能写的印象。因此，加强沟通技巧和写作能力的培训也势在必行。[1]

第五，校史校情课程模块。该课程模块主要是针对不同学校的不同特点，使保卫干部队伍深入了解本校的基本情况、历史沿革、学科专业体系、人才培养体系和教师、学生的群体特征，分析学校的哪些特征、师生的哪些特征是影响学校的安全保卫工作主要因素，以及不同的学校特征对安全保卫工作的不同要求。校史校情课程模块也要把爱岗敬业精神和热爱教育事业、爱岗爱校结合起来，使保卫干部真正地融入学校、融入教育事业，成为学校安全保卫工作的基石。

开展上述五个方面课程模块的培训需要有一支专业、教学经验和安全保卫工作经验丰富的师资队伍。这支队伍应主要通过教育主管部门在不同高校、不同领域进行培养、选拔和推荐，高校应在教育主管部门选拔和推荐的基础上建立起高校安全保卫干部培训师资库，加强师资队伍的培养和课程体系的建设。

通过保卫干部队伍培训课程的学习和实践，高校保卫干部队伍一定能够具备承担高校安全稳定工作的素质和能力，成为高校安全保卫工作的坚强战斗堡垒。

---

〔1〕 刘飞：《浅谈高校保卫干部基本素质》，载《法制与社会》2012 年第 9 期。

从法律和语言的关系谈法律外语教学改革

霍颖楠 *

一、引言

语言和法律当属人类社会两项最伟大的古老发明。语言以思维载体的身份成为人类最重要的交际工具，法律则以最高行为准则的形式维系着社会的运转、更替、发展。[1] 因为任何一门学科，无论自然科学还是社会科学，在研究和教学中都离不开语言，所以语言对法律的教学和研究会起到重要的作用。本文旨在通过分析法律和语言的关系，进一步探讨法律和篇章的关系，在此基础上深入思考如何有效地开展法律外语教学改革。

二、法律和语言的关系

法律和语言虽然是人类完全不同的两种工具，二者具有本质的差别，但又相互依赖和影响。人类不是因为法律而创造语言，也不是因为语言而创造法律。但是，法律的产生、发展、变化，在很大程度上依赖语言。成文法的产生，从习惯法到成文法的发展，都是典型的例证。反过来，在语言发展、变化的过程中，法

---

* 霍颖楠，中国政法大学外国语学院讲师。

[1] 孙懿华：《法律语言学》，湖南人民出版社 2006 年版，第 1 页。

律也起着不可或缺的作用。[1] 法律语言是不同于一般语言的具有权威性和约束力的法律载体。所谓约束力是指法律语言所表达的法律规范直接或间接地规约人们的行为，法律的约束力通过语言实现。所谓权威性是指它反映了立法者的意志。[2] 法律使用者按立法者意图对法律进行解释，一般公民根据立法者意志理解和接受法律。法律不因个人的好恶而更改，法律语言的阐释乃至翻译也不因语言使用者的好恶而偏离法律精神，一旦成文，就是立法者意志的传达，就具有权威性。

一方面，众多法学家和哲学家都探讨过法律与语言的关系问题。比如英国哲学家 Hume 曾指出，法与法律制度是一种纯粹的"语言形式"。法的世界肇始于语言：法律是通过词语订立和公布的。[3] 而且法律行为和法律决定也都涉及言辞思考和公开的表述或辩论。法律语言与概念的运用，法律文本与事实关系的描述与诠释，立法者与司法者基于法律文本的沟通，法律语境的判断等等，都离不开对语言的分析。Gibbons 认为法律构建了日常生活赖以运转的框架，并代表了一个社会的价值体系。他指出法律"绝对是一种语言机构。法律由语言来编码，而构建法律的概念也只能通过语言来理解。庭审案件、警察调查和管理囚犯等法律程序主要是通过语言来完成的。"[4] 美国法学教授 Tiersma 在其著作《法律语言》（[英] Legal Language）中指出："我们的法律是词语的法律。……法律是通过语言形成的。无论法律形式是制定法、法规还是司法意见，法律职业的本质就是专注于研究构成法律的词语。"[5]

另一方面，越来越多的语言学家将目光放在法学上，用语言学的方法研究法学问题。事实上语言学方法对法学问题的贡献在近些年来越来越突出。时任人大常委会副委员长、民进中央主席的许嘉璐在为《语言与法律研究的新视野》一书作序时指出："语言与法律的关系甚为密切……从发生

---

〔1〕 宋北平：《法律语言》，中国政法大学出版社 2012 年版，第 34 页。

〔2〕 杜金榜：《法律语言学》，上海外语教育出版社 2004 年版，第 1 页。

〔3〕 舒国滢：《战后德国法哲学的发展路向》，载《比较法研究》1995 年第 4 期。

〔4〕 John Gibbons, *Forensic linguistics: An Introduction to language in the Justice System*, Blackwell Publishing, 2003, p. 1.

〔5〕 Peter M. Tiersma, *Legal Language*, University of Chicago Press, 1999, p. 1.

学来说，两者可能在原始社会阶段几乎同步出现。许多人在一起生活，既需要交流的工具，也需要有共同约定的规矩，前者就是语言，后者则是法律，只不过是'不成文法'或曰习惯法。"[1]语言不仅仅是法律权力借以展开运作的工具，而且在许多至关重要的方面，语言就是法律权力。被称作权力的那个抽象之物是每天在法律制度的各个层面发生的、无数个语言互动的即刻原因和结果。权力因此既由法律实践的语言细节所决定，也决定着法律实践的语言细节。语言的变迁有时可以决定法律的命运。因此，Kaufmann认为法学家是实践着的语言学家。法典和法律条文是从事法律和语言研究的学者取之不尽的语言素材。语言的重要特点之一是它的动态性，法律语言亦如此。语言的动态性主要在于使用，在于使用者对语言施加的影响。当然，语言和使用者之间关系的形成也离不开特定的场景条件。因此只有顾及这三者，才能对法律语言进行更为全面深入的分析。法律语言从立法者使用立法篇章将法律规范确定下来时就已经产生意义，但这种意义的实现和完整解释则在于法律规范的适用。

此外，法律活动是社会互动的典型表现形式，是人们将思想通过符号编码并对经过编码的符号不断阐释的社会行为。在法律活动中，语言是基本的构成成分，没有语言作为最有效的符号，法律中的抽象概念便无法表达。语言影响着人们的思维，影响着人们对思维的表达，影响着社会互动的效果以及活动中的各种关系。[2]作为法律的载体，法律语言应该有效地表达法律所包罗的一切因素和构成成分以及相关细节。法律语言的实质是社会关系的体现。如果说一般语言无一例外地表现人与人的关系，那么在程度上来说，远不及法律语言。

综上所述，法律与语言是密不可分的，将语言学研究方法运用到法学研究中来，既是法学家们对自身研究范式的突破和创新，是法学研究的一个新路径，也是语言学为学术研究提供的重要智力资源，同时也拓宽了语言学的研究领域。

---

〔1〕　周庆生等主编：《语言与法律研究的新视野》，法律出版社2003年版，序言。

〔2〕　杜金榜：《法律语言学》，上海外语教育出版社2004年版，第48页。

三、篇章视角下的法律语言

虽然法律从本质上来讲是以篇章为基础的，解释法律的法学也是系统而科学地处理篇章的最古老的方式之一，但是运用现代的篇章语言学理论和方法研究并处理法律篇章的历史并不长。这也许反映了一个事实：篇章的语言结构层次以及与篇章语言学的描写层面相符的篇章组成方式，长期以来并没有成为系统的法律篇章研究的独立分析对象。在过去，法学对篇章的解释主要是基于词汇和句子的描写层面，而篇章结构只是一个表面的观察方式，因而并没有成为特别重要的研究对象，篇章内部和篇章之间的关联在当时根本没有受到重视。而重视篇章研究的法学家则认为，法官可以根据现有的篇章来撰写判决书，因为这就是在众多篇章中寻找与案件有关的联系。[1]但当时法学界大多只重视传统的语言学理论，专注于解释单个的概念和句子以及与此相关的问题，却并没有将法学的篇章工作方式建设性地纳入法学理论和方法中。其实，为了深入解释法律概念，继续发展法学理论和方法，更应该探讨法律的篇章特征以及不同法律篇章类型的篇章功能。实际上，法律篇章的工作必须分析篇章的基本结构和规律性，因此这项工作只能在跨学科的视角下才能完成。也就是说，从法学理论、篇章语言学以及社会学的视角进行分析。在研究法律的篇章特征方面起到重要的示范作用的是法学家 Seibert。他在研究中使用了"语言语用学"（［德］Linguistische Pragmatik）的概念并试图创建"法律语用学"（［德］Juristische Pragmatik）。他认为法律中的语言特性就是指语言在建立和处理法律事实的过程中发挥了作用，也就是说，法律问题可以被理解为关于情景定义的争论，即用法律的事实概念范畴描述社会情景。分析法律事实和案件情况如果通过语言方式表达其实就是在分析卷宗、分析篇章和篇章构成的语言行为，也就是在用分析篇章的形式处理生活现实和法律事实。[2]法律的语言

〔1〕　Busse, Dietrich, Textlinguistik und Rechtswissenschaft. In: Brinker, Klaus/Antos, Gerd/Heinemann, Wolfgang/Sager, Sven F. （Hrsg.）, 2000: Text- und Gesprächslinguistik. Ein internationales Handbuch zeitgenössischer Forschung, Berlin/New York, 2000, p. 803.

〔2〕　Busse, Dietrich, Textlinguistik und Rechtswissenschaft. In: Brinker, Klaus/Antos, Gerd/Heinemann, Wolfgang/Sager, Sven F. （Hrsg.）, 2000: Text- und Gesprächslinguistik. Ein internationales Handbuch zeitgenössischer Forschung, Berlin/New York, 2000, p. 807.

特性（具体说来就是法律的篇章特性）并非始于对法律篇章进行解释，而是从将社会行为归入法律概念范畴、翻译成法律篇章的时候就开始了。事实上，法律篇章的解读和社会现实的解释常常被融合成一个法律行为过程，而这二者又共同组成了法律机构唯一的综合实践。只有在考虑到特殊的语境条件以及法律篇章的特殊形式特点的情况下，才能顺利找出法律篇章的功能。法律篇章是复杂的机构解释和应用工作的对象。法律篇章的解释（应用）是通过一个多阶段的工作方法来完成的，而由立法者颁布的法律条文是这项工作的最高层次。法律篇章或法律概念的意义通常隐藏在一个范围广大而且复杂的互文网络之中。因此法律篇章能够符合该机构特有的条件，也就是说，对法律篇章的解释和应用需要联系机构的解释背景及工作背景。

Busse 指出语言学的方法可以找出语言行为和社会及法律规范语义之间的关系，也就是说，使用语言学的方法可以清楚地描述法律话语的语言构成条件，因为法律工作就是篇章工作。[1] Wimmer 和 Jeand' Heur 认为在所有的领域完成法律工作都离不开语言，法律行为就是语言行为。[2] 所以，法律规范不能被简单地等同于法律篇章，而是由法律工作者（［德］Rechtsarbeiter）理解并阐释之后才创建的。法律规范产生过程就是将法律篇章和社会现实生活的初始数据具体化，也就是说，具体化就是法律工作者的积极选择过程，他们将各种篇章和现实生活的初始数据联系起来。

因为法律篇章属于专用语的研究范畴，所以有必要从专用语和专业篇章的角度对其进行定位和理解。在下文中笔者首先介绍与本文研究对象相关的专用语研究的理论和成果，然后着重论述专业篇章的一种特殊类型——法律专业篇章。

---

〔1〕 Busse, Dietrich, Textlinguistik und Rechtswissenschaft. In: Brinker, Klaus/Antos, Gerd/Heinemann, Wolfgang/Sager, Sven F. (Hrsg.), 2000: Text- und Gesprächslinguistik. Ein internationales Handbuch zeitgenössischer Forschung, Berlin/New York, 2000, p. 804.

〔2〕 Wimmer, Rainer/Jeand' Heur, Bernd, Praktisch-semantische Probleme zwischen Linguistik und Rechtstheorie. In: Müller, Friedrich (Hrsg.), Untersuchungen zur Rechtslinguistik. Interdisziplinäre Studien zu praktischer Semantik und Strukturierender Rechtslehre in Grundfragen der juristischen Methodik, Berlin, 1989, p. 27.

(一) 专用语与专业篇章

20 世纪末 21 世纪初人类的知识和工作正不断经历着专业化发展。专业领域之间以及专业领域内部的理解问题正逐渐成为专业交际的阻碍，尤其体现在技术、经济、医学、政治、文化以及法律等领域。因此，Roelcke 指出专用语研究的出发点应该是指出各专业领域语言使用的个性特点以及与其他领域可比较的特征，这些特征保证了专用语的可理解性。[1] 20 世纪 80 年代至今的专用语研究已经发展成为一种非常复杂的专业交际研究，其研究要素主要包含文化背景和认知等。将认知科学和功能理论引入专用语的研究，有助于提高专业理解的效率、加速信息处理的过程，这对某一领域的外行和专家来说非常有利，因为这样可以消除人们对于某些专业领域知识的恐惧，从而推动相关专业领域的科学和研究工作。Roelcke 认为专用语的交际模式要考虑到以下的基本要素及其相互关系：专业篇章的生产者、专业篇章及其接受者。[2] 他指出，篇章生产的过程伴随着所谓的"反馈过程"，也就是说，在这个过程中生产者负责监督其篇章的生产和接受的情况，而篇章的接受同样也是一个积极主动的过程，在这一过程中接受者独立领会篇章的内容。生产者和接受者各自拥有自己的专业语言符号系统、篇章知识及百科知识，而专业交际就是以此为前提的。

早在 20 世纪 80 年代末，Hoffmann 就提议用"专业篇章"的概念取代"专业语言"的概念。专业篇章是指在专业化的社会生产行为中进行的语言交际活动的工具和结果；专业篇章是由许多逻辑、语义以及句法上连贯的句子或者相当于句子的单位组成，这些篇章单位作为复杂的语言符号可以表达复杂的人类意识中的复杂主题和客观现实中的复杂事实。[3] 通过这个定义可以看出专用语的研究已经由以语言交际为基础的语言系统研究转到将专用语看作语言表达及专业交际的结果来研究。这一变化与普通语言学总的发展趋势是一致的，但又符合专用语研究本身的需要，因为仅从词汇和部分语法现象的角度已无法解决有关专用语研究的交际功能、界线划分等一系列理论和实践问题。基于上述研究背景，Baumann 对 Hoffmann 提出

〔1〕 Roelcke, Thorsten, Fachsprachen, Berlin. , 2005, p. 7.

〔2〕 Roelcke, Thorsten, Fachsprachen, Berlin. , 2005, p. 15.

〔3〕 Hoffmann, Lothar, Kommunikationsmittel Fachsprache. Eine Einführung. , Berlin, 1985, p. 233.

对专业篇章的定义进行拓展，他认为"专业篇章是复杂的单位……它一方面由社会的、情状的以及主题要素组成，另一方面也包含了由上述要素所决定的篇章结构、修辞以及形式上的特征。而这些特征可以表现出交际参与者之间的互动关系以及用某种特殊的语言方式所表达的专业化程度"。[1] 所以笔者认为可以将专业篇章理解为在某工作领域的交际过程中产生的复杂而有意义连贯的语言表达，[2] 而且该专业篇章的语言特征起到推动此类专业交际顺利进行的作用。由此可见，在从语言学角度对专业篇章进行定义时已经日益重视其交际以及认知的功能，而结构主义语言学的理念在该定义的表述中已经逐渐被削弱或淡化。

此外，专业篇章还具备一些其他的特征，虽然这些特征并不是其所特有的，但是它们对专业交际至关重要。这些篇章特征是指：目的性、可接受性、信息性、情状性和互文性。[3] 专业篇章的目的性是指在某个领域的交际中设定某个目标。也就是说，专业篇章的生产者利用其篇章试图实现以下目的：向篇章接受者描述某个对象或者事实；指导篇章接受者去做某件事。这里要特别重视篇章接受者。因为专业的信息和指令都是为其工作或者其他方面的需要（比如教育或者权力）而准备的。也就是说，一方面篇章信息和指令内容是专业的，另一方面篇章接受者群体也大多具备专业素养，二者共同要求专业篇章从语音或书写层面、词汇和句法层面直到篇章层面都要使用特殊的语言表达方式。由此看来，专业篇章的目的性至少包含三个方面：篇章中特殊的信息和指令、其特殊的接受者群体以及其特殊的表达方式。专业篇章的互文性主要是指，专业篇章不仅和其使用的场景融合在一起，而且也和许多其他的篇章建立了各种联系。从一方面来看，这种互文性会涉及其他专业篇章：包括逐字复述，有些也会按意义进行复述，或者至少在某个篇章中提及另一个专业篇章；另一方面，每个专业篇章都和其他的专业篇章拥有相同的传统，这也成为其特殊的专业表达形成的背景，比如一篇文章所描述的专业内容基本都会和本专业的历史有关，

〔1〕 Baumann, Klaus-Dieter/Kalverkämper, Hartwig, Kontrastive Fachsprachenforschung, Tübingen. Baumann/Kalverkämper，1992, p. 9.

〔2〕 这里的语言表达是指超过句子界限的语言单位。

〔3〕 Heinemann, Wolfgang/Viehweger, Dieter, Textlinguistik. Tübingen，1991, p. 76.

而且该篇章的形式结构也一定符合其专业篇章类型的传统。虽然互文性并不是专业篇章所特有的，但是由于专业篇章追求解释的明晰性这个目标，所以其互文程度往往比其他类型的篇章高出许多。

总而言之，专用语在语言表述方式上的规律性和量化特征可以保证其传递的信息更加密集而客观，而这本质上是由其所承担的篇章功能决定的，也就是尽可能准确而且经济有效地表述专业内容。反之，精确性和经济性是专业内容对专用语（专业篇章）提出的首要要求，而该要求也决定了专用语的语言表达形式在各个层面上的特征。

（二）法律专业篇章

在语言学研究和人们的日常理解中，法律语言经常被看作是专用语的原型。[1]与其他类型专用语相同，法律专用语也需要将法律专业内容准确无误又经济有效地表达出来。因此，法律专用语应具备精确性和经济性的特征。司法篇章和立法篇章同为法律篇章，它们的共同点是确立在真实的客观世界中人与人之间相互必须承担的社会责任和义务，以及在出现纷争和犯法时代表国家权力和公众利益提供协调和惩罚的标准或作出裁决。[2] Sandrini 曾指出，法律专业篇章研究最重要的方面是将全面的交际过程考虑在内，也就是说，考虑法律体制的框架，尤其是国家法律体制的界定和局限。实际上，国家法律体制必须被看作所有法律交际的框架，它不仅影响所涉及的语言，而且明显地影响法律篇章的术语、内容和结构。法律概念由大量实例的普遍特征抽象而形成，它是植根于国家法律体制，受制于该社会特定时间起主导作用的道德价值的。概括地说，法律概念基本上来源于道德价值体系，也就是指特定社会中"现实生活情境"，包括有关处理这些情境的法律条文。[3]由于法律概念的定义应该给法律解释和法律对于新的社会和道德环境的调适留有一定的空间，法律定义只能是开放的。因此

---

〔1〕 Busse, Dietrich, Die juristische Fachsprache als Institutionensprache am Beispiel von Gesetzen und ihrer Auslegung. In: Hoffmann, Lothar/ Kalverkämper, Hartwig/Wiegand, Herbert Ernst (Hrsg.), Fach-sprachen: ein internationales Handbuch zur Fachsprachenforschung und Terminologiewissenschaft, Berlin, 1999, p. 1382.

〔2〕 钱敏汝：《篇章语用学概论》，外语教学与研究出版社 2001 年版，第 116 页。

〔3〕 Sandrini, Peter, "Legal terminology: Some aspects for a new methodology", *Hermes Journal of Linguistics*, 1999, pp. 101-103.

对法律概念的描述不能孤立看待，而应考虑该概念与周围概念的全部关系。使用这种方法进行法律术语的研究，是一个基于十分具体的法律专题知识库。具体表现为，一个法律体制的相关概念通常可以转换为属于另一个国家法律体制的法律概念的网络。[1]

立法篇章和判决书是法律专业篇章中最重要的体现形式，它们在整个法律体系中处于核心的地位，影响和决定了其他类型的法律专业篇章。法律所设定的权利与义务涉及全社会所有成员，因此法律专业篇章与很多其他类型的专业篇章相比具有更加广泛的社会影响性。[2]然而，法律专业篇章作为一种特殊的机构语言形式，在许多方面都有别于日常语言。对其进行研究的目的就是通过使用结构的、语义的、功能的、统计的以及比较的方法，准确描述法律专业篇章及其在各个层面的构成成分。篇章分析的相关研究为法律专业篇章的研究提供了坚实的理论基础和丰富的研究方法，有助于对法律篇章的结构进行系统描写，深入揭示影响法律篇章生成和理解的各种因素。如上文所述，笔者认为篇章语用学的理论适合解释立法篇章的理解问题。其中一个原因就是语用学的言语行为理论适用于解释立法实践。杜金榜认为在研究法律语言时，"语言应看作语篇，语言的研究应重在研究行为，语言的研究目的是揭示法律活动中人们的社会关系，语言的研究以人们在法律活动中的关系为出发点……"。[3]言语行为理论的中心是试图将人们的语言运用分析为不同的言语行为类别，根据类别的标志性特点，解释语言运用的真正意图及意图的实现过程。因此，法律语言各部分，在此总体框架的指导下，可以作为言语行为进行分析和解释。言语行为从法律语言使用者与立法篇章的相互作用过程中表现出来，这种相互作用表现为两个方面：一是解读法律规范，二是使用法律规范。解读法律规范时，根据文本所传达的信息，解读者在理解法律规范所传达的法律指令、倾向、观念时，感受到立法者的言语行为。从言语行为角度进行的思考能

---

[1]　Sandrini, Peter, Legal terminology: Some aspects for a new methodology. In: Hermes Journal of Linguistics, 1999, p. 110.

[2]　Neumann, Ulfried, Juristische Fachsprache und Umgangssprache. In: Grewendorf, Günther (Hrsg.), Rechtskultur als Sprachkultur, Frankfurt am Main. Neumann, 1992, p. 113.

[3]　杜金榜：《立法语言的限定语与言语行为》，载董燕萍、王初明编：《中国的语言学研究与应用》，上海外语教育出版社 2001 年版，第 414 页。

清晰地反映法律语言、语言使用者以及语言接受者之间的相互关系，能为其他角度的法律语言语用分析提供一条主线。法律规范表达定义的行为依赖读者的意识和理解。法律使用者与立法篇章的相互作用的第二个方面是使用法律规范，主要体现在司法者运用法律条文使其对规范对象产生实质性的作用。这时立法者的言语行为通过司法者的具体言语行为化为实际得以实施，对规范对象及其他相关人员产生效果。

四、从法律专业篇章视角谈法律外语教学改革

虽然笔者认为法律外语教学改革势在必行，但是法律专业篇章理解和法律德语教学是涉及范围非常广泛的研究领域，因此本文试图将思考的重点集中在通过本文的理论探讨所获得的教学方法启示，进一步探究如何将语言文学的学科建设与政法类院校的办学理念有机地结合在一起，从而为跨学科的研究和复合型人才的培养做一份贡献。因此在本章中笔者对如何改善法律专业篇章的理解效果以及如何提高法律外语教学水平提出一些思考。

（一）改善法律专业篇章理解的效果

在上文中，笔者已经运用文献梳理的方法对法律专业篇章进行过探讨。在本章中笔者希望进一步思考以立法篇章为代表的法律专业篇章的理解问题。笔者根据钱敏汝的动态篇章观的理念并结合对法律和语言的关系问题的思考绘制了如下模型图：

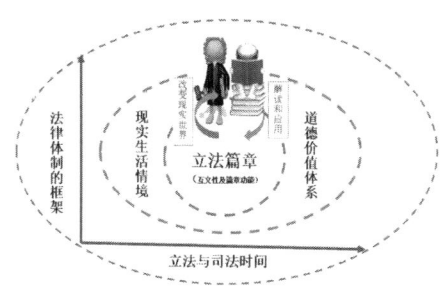

图 1　基于"世界-人-篇章"三元关系的立法篇章理解模型图

图 1 所展示的模型图的理论依据是钱敏汝的动态篇章观、以 Müller 为代

表的德国法律语言学界提出的法律工作者的篇章工作方式（［德］Juristische Textarbeit）以及语境理论。从篇章语用学的视角去探讨立法篇章的理解问题就需要结合篇章内和篇章外的因素，尤其要考虑到不同的文化和专用场景因素对篇章理解的影响。法律为了完成其在社会团体生活中的规范功能就需要将语言作为媒介。为了使法律能够得到应用，法律使用者就必须提前对用语言形式表述的法律规范进行解释。因此，法律也可以看成是对语言的阐释，也就是理解语言所表述的内容。正如 Busse 所说，对法律阐释学来说重要的是，法律思考的对象从来不是事实情况，而是通过语言所描述的事实。[1]

下面笔者将详细论述图 1 中所体现的如何基于"篇章与人和世界的三元互动关系"模型改善立法篇章的理解效果。笔者首先用"篇章与人和世界的三元互动关系"中的三大要素对应本论文的研究对象。

1. 世界

理解立法篇章就必须结合其所处的"世界"。也就是说，要考虑到其法律体制的框架，尤其是德国联邦层面的国家法律体制、立法和司法的时间与空间背景以及当时所发生的事件和出现的现象等。国家法律体制的框架主要体现为，由德国《基本法》《民法典》《刑法典》以及《行政法》等其他部门法所共同组成的德国环境法的"外部系统"，同时还必须考虑到理解某个立法篇章时所处的时间和空间等情景因素。另一方面，如前文所述，法律概念是由大量实例的普遍特征抽象而形成，它是植根于国家的法律体制，受制于该社会特定时间起主导作用的道德价值，并和特定社会中"现实生活情境"（包括处理这些情境所涉及的法律条文）密切相关的。正如笔者在实证分析中所论述的，这些"现实生活情境"成为立法者立法意图形成的渊源，因此也会体现在其所生产的立法篇章之中。

2. 篇章

本文在探讨了法律和语言的关系之后，进一步分析法律和篇章的关系，笔者认为可以从篇章语用学的角进行立法篇章理解研究，主要着眼点在于

---

〔1〕 Busse, Dietrich, Recht als Text. Linguistische Untersuchungen zur Arbeit mit Sprache in einer gesellschaftlichen Institution, Tübingen, 1992, p. 6.

篇章的功能特征。De Beaugrande 和 Dressler 认为专业篇章的特征包括：衔接、连贯、意图性、可接受性、信息性、情状性以及互文性。[1] 其中互文性是立法篇章，当然也包括环境领域立法篇章的主要特点。笔者认为需要研究的立法篇章并不是孤立的，而是由许多篇章通过主题上的关联而结合成一个立法篇章网络。基于以上原因，对每一个立法篇章的理解和分析都是跨篇章的，是在由多个篇章组成的篇章网络中进行的。而且立法篇章接受者实际上在很大程度上依赖一种围绕法律规范而存在的具有互文关联的知识网络。法律体系和某个部门法的特殊属性决定了法律条文间语言层面上以及概念层面上的互文，同时也都为进一步以法律适用为目的的知识输出做好准备。

3. 人

立法篇章实现其功能的重要前提就是要为相关的法律使用者所理解并使用。法律使用者通过处理篇章开展工作的情况非常符合篇章与人和世界的三元互动关系模型。因为立法篇章创建了一个法律的世界，它存在的理据是要作用于现实的世界，而人使用立法篇章的活动是架构这两个世界的桥梁。这里的"人"主要是指立法者和法律使用者，他们通过将现实世界与立法篇章建立起关联，使立法篇章规定的法律效果作用于现实世界，从而改变了现实世界的某些状态。可以说，法律人既是社会进入法律的媒介，又是法律进入社会的途径。因此，在研究德国立法篇章的理解问题时，"人"这个因素不容忽视，既要考虑到立法者作为篇章生产者的意图，又不能忽视法律使用者在接受篇章时是否正确再构建了篇章生产者的意图。另外，通过接受和使用立法篇章，"人"对世界的认知也会发生改变。这也印证了篇章的接受过程是动态的交际过程。

（二）法律外语教学改革建议

既然篇章和篇章语用学与多个学科相关联，那么篇章与法律的关系当然也包含在内。笔者在理论框架部分已经阐述过，实际上法律本质上是以篇章为基础的。基于以上的思考笔者对法律外语教学提出如下建议：

第一，立足篇章层面开展教学工作。法律外语教学的材料应该选取法

---

〔1〕 Heinemann, Wolfgang/Viehweger, Dieter, Textlinguistik. Tübingen, 1991, p. 76.

律专业篇章，不能仅仅局限于个别词汇的讲授。因为学科知识只有在篇章中才能充分地体现。而且应该重视语言的实际应用，因此所选取的教学材料应该为真实、有效的立法篇章、司法判决书或其他法律专业篇章。在讲授的过程中不能孤立地学习单个篇章，而应该关注篇章之间的互文关系，这在法律专业篇章中体现得更为明显。对法律专业篇章的讲授只有结合其篇章功能才更有助于学生理解。以篇章作为学习的材料并不代表不去关注"人"和"世界"，而应该着眼于这三者之间的互动关系，才能充分发挥其作用。

第二，关注篇章的生产者和篇章的接受者。这是因为篇章语用学不再把篇章看作终结性的结构来考察，而是通过交际者的篇章建构过程以及转换为语言符号等生成和理解的一系列处理过程来对篇章进行描写。[1]所以在讲授外语撰写的法律专业篇章时需要考虑所选材料的篇章生产者和篇章接受者，从思考以及再构建篇章生产者的意图的角度有助于增进学生对该法律专业篇章的理解。这里体现的是"人"和"篇章"的关系。此外，通过对相关法律专业篇章材料的学习，学生作为篇章的接受者，在接受和理解篇章的同时，有可能改变对与此相关的社会问题或法律问题的认知。这也体现了"人"和"世界"的互动关系。

第三，开展案例教学并引入跨文化因素。根据本文的分析，立法篇章的内容体现的是"现实生活情境"。为了更好地理解"篇章"和"世界"的互动关系，在法律外语教学中开展案例教学是非常有效的方式。通过分析具体的案例，不仅可以将立法篇章的内容与社会的真实情境相结合，而且可以更直观地看到立法篇章如何通过言语行为实现其篇章功能。在法律外语教学中，可以较多地运用案例分析作为课后任务，因为在各教学环节和任务中应以培养学习者的专业交际能力为主要目的。早在 20 世纪 80 年代，专用语的研究就已经证明专业交际受到相关文化的影响。对法律专业篇章的理解除了要结合篇章的功能、篇章生产者的意图以及具体的情景之外，经常还需要了解外语国家的法律体制和法律文化方面的知识。因此需

---

〔1〕 Heinemann, Wolfgang/Viehweger, Dieter, Textlinguistik. Tübingen, 1991, p. 230.

要在法律外语教学中引入跨文化的因素。[1] 这一点体现的是"篇章"和"世界"的互动关系。

此外，还需注意的一点是，法律外语课程不能忽视对语言的训练，每项训练内容都应与某一个语言技能相联系，应达到语言训练的预期目标。例如，司法程序的讲授和训练可以采用模拟法庭的形式进行，在语言训练中完成外国法律知识的学习和初步法律运用能力的培养。以任务为基础的训练较能直接加强交际能力的培养，也有助于学习者的法律实际操作能力培养，这也体现了篇章语用学重视语言交际和语言运用的理念。

五、结语

综上所述，从法律外语课程的特点看，它既具有普通外语的基本成分，同时又属于专门用途外语的范畴，再加上与法律科学知识体系的融合，课程设计实际上涉及多个领域。因此，课程设计必须以多个领域的理论、方法和原则为依据。运用篇章语用学的篇章与人和世界的三元关系可以指导法律外语教学的有效开展，从而实现培养具有国际视野的复合型法律人才的目标。他们不仅具备一般法律人才的能力，还需具备较强的语言运用能力，特别是运用外语工作的能力。

---

〔1〕　霍颖楠：《从跨文化视角谈法律德语教学》，载《社科纵横》2014 年第 7 期。

高校德语文学教学中的跨文化意识培养

——以克拉朋德的《灰阑记》为例

贺莉莹*

当今世界经济、技术、文化的发展越来越趋向一体化，我们已经进入多元文化相互交融、跨文化交流无限畅通的新时代。全球化的发展要求我们在审视和探讨问题时需要采取多元文化的视角。因此，跨文化意识的培养已经成为高校外国文学教学和研究者必须面对的事实与亟待思考的问题。文学是文化的重要载体，是民族个性的重要表现形式，也是语言运用的最高形式。高校外国文学课程是外语专业学生的一门素质培养课，通过阅读外国文学作品不仅可以提高学生的外语水平，还可以很好地培养学生跨文化交际的意识和能力。在讲授外国文学时我们不应当将眼光局限于外国文学本身，而应该从跨文化的角度出发观照我们的民族文学。因为外国文学只有在与中国文学的比较中才能呈现出它的价值和意义，反之亦然。因此，任何对他国文学的研究和教学都必然站在跨文化比较的角度上进行，通过外国文学作品认识外国文化和国民性格，是一种培养学生跨文化交际能力的有效教学途径，它的重心在于拓宽学生的文化视野和思想疆域，提高综合人文素质。

德语文学的发展与英、法、意等欧洲国家的文学发展大体同步，历经1200多年的历史，孕育出诸如莱辛、歌德、席勒、海涅、

---

* 贺莉莹，中国政法大学外国语学院副教授。

托马斯·曼、卡夫卡、黑塞、君特·格拉斯等众多享誉世界文坛的文学家。德语文学的发展不但受到了其他欧洲国家文学的影响，还在"东学西渐"的过程中不可避免地受到东方文化的滋养，其中中国文化所特有的思辨、智慧的哲学传统在具有哲学思辨传统的德国受到格外的欢迎和接纳。与此同时，歌德、尼采、施尼茨勒、里尔克、卡夫卡等德语作家对中国现当代文学也产生了深远的影响。因此，在德语文学教学中应当重视从跨文化比较的角度引导学生认识中德文化的异同以及隐藏在其背后的具体社会文化语境。

一、德语文学课中跨文化比较的前提条件

中德文化交流源远流长，这为德语文学课中的跨文化视角提供了可能性。以德国对中国文化接受为例，《马可·波罗游记》早在 14 世纪就以中古德语出版了，1477 年又出版了印刷本的译本，第一次给德国读者留下了关于中国的印象——一个遥远、富庶的古老国度。在中国文化逐步西传的大背景下，德语文学中开始出现有关中国的叙述与描写。受到传教士著作的影响以及出于猎奇和人文主义的理想，中国以至整个东方在文人们的笔下往往是一个浪漫的充满梦幻的国度，不但有西方闻所未闻的丝绸、绘画和瓷器，而且在儒家思想的治理下充满欢乐和安宁，以此来满足和激发西方世界的好奇心。[1] 德国启蒙时期的作家不像巴洛克作家那样对中国充满憧憬和向往，而是呈现出一种矛盾的态度，他们一方面肯定中国文明、宣扬儒家思想，另一方面又不乏对东方专制君主制冷峻的批判。到了启蒙主义后期，对"理想中国"的赞扬之声逐渐被批评之声湮没。19 世纪初，德语文学中出现了一部真正涉及中国文化的剧作，即席勒的《图兰朵》。图兰朵的故事始见于 17 世纪波斯无名氏的东方故事集《一千零一夜》，意大利剧作家于 1762 年把它写成剧本，席勒在其基础上加工而成。该剧主要讲述中国公主图兰朵为了报仇用三个谜语招亲的故事。虽然这出"中国戏"在人物性格刻画和戏剧表现手法方面并没有多少中国特色，但席勒在改编创作这部戏剧时充分利用了《好逑传》来为作品增添中国元素，其中最具有

---

〔1〕　陈友冰：《排拒冲撞与接纳吸收——德国历代作家对中国文化的接受及相关特征》，载王友胜、吴广平主编：《中国文学传播与接受研究：2010 年中国文学传播与接受国际学术研》，岳麓出版社 2013 年版，第 444 页。

中国特色的是"犁"和"长城"这两首谜语诗。席勒的挚友歌德在接触到中国的古典作品后，对中国萌发了喜爱之情，甚至借用中国题材进行创作，其《中德四季晨昏杂咏》（Chinesisch-Deusche Jahres- und Tageszeiten）是著名的代表作品，是他多年来孜孜不倦学习中国文化的结晶。歌德也曾试图利用中国题材创作戏剧，他的《额尔彭罗》取材于元杂剧《赵氏孤儿》，但可惜最终没能完成这部戏剧。19世纪末20世纪初，德语文坛兴起了改编中国古典作品的热潮，1897年德国剧作家霍夫曼斯塔尔（Hugo von Hofmannstahl）写下了一部"幕间小喜剧"，名为《白扇》（Weiße Fächer），该剧明显受到了《古今奇谈》中《庄子休鼓盆成大道》故事的影响。1914年霍夫曼斯塔尔又从《聊斋志异》中汲取了创作灵感，改编了一部芭蕾舞剧《蜜蜂》，1916年在欧洲上演后引起了轰动。德国表现主义作家德布林（Döblin）发表于1915年的《王伦三跳》被誉为"第一部表现主义长篇小说"，它对道家无为思想的阐述让许多德国人第一次受到老子学说的浸润，甚至有人把这部小说当作一种宗教启示加以接受。另一位表现主义作家克拉朋德（Klabund）于1914年在友人的引导下第一次接触到李白的诗歌，从此便喜欢上了唐诗。克拉朋德本人对战争诗歌非常感兴趣，1915年他出版了题为《紧锣密鼓——中国战争诗》（Dumpfe Trommel und berauschtes Gong）的诗集，里面收集了李白、杜甫等唐代诗人以及《诗经》中的若干反映战乱的诗篇。一年后他又出版了《李太白》（Li-Tai-pe），1921年出版了精心编写的作品集《花船》（Das Blumenschiff），前两部作品大获成功，获得评论界的一致好评。此外，他还着手改编了元杂剧《灰阑记》，成为当时最受观众喜欢的戏剧之一，甚至被搬上纽约和伦敦的舞台。布莱希特的《高加索灰阑记》便是观看了克拉朋德的《灰阑记》后受到启发创作出来的。作为20世纪最具影响力的作家之一，卡夫卡特别钟情于中国文化，他阅读了大量经过翻译的中国典籍、诗歌、传说故事，翻阅过许多西方旅行家、商人、神职人员撰写的日记和回忆录，对中国的文化和哲学非常崇拜和赞赏。他的许多作品都与中国有着密切联系，如《中国长城建造时》《往事一页》《一道圣旨》《中国人来访》等。[1]埃伦施泰因（Ehrenstein）则在中国古典

---

〔1〕　曾艳兵：《卡夫卡与中国文化》，首都师范大学出版社2006年版，第4页。

诗词及小说中找到了革命的因素，如他改编自《诗经》名篇《魏风·硕鼠》的诗作《压迫》就很好地反映了统治者对百姓的鱼肉与剥削。与同时代作家偏爱诗人李白不同，埃伦施泰因更偏爱反映民生疾苦的白居易，并根据《中国诗人白居易》（August Pfizmaier）（1886）一书改编出版了一部诗集《白乐天》。此外，他还于 1927 年发表了一部名为《强盗与士兵》（Räuber und Soldaten）的小说，改编自《水浒传》，让德国读者第一次认识了《水浒传》这部中国名著。[1] 前东德作家克里斯托夫·海因（Christoph Wolf）的《阿 Q 正传》则取材于鲁迅的原著，经过改编后表达了东德知识分子在历史转折期的矛盾心理。

德语文学在中国的传播起步较晚，20 世纪初歌德、席勒和海涅的作品才被陆续引入中国。进入 20 世纪二三十年代，德语文学在中国的译介和接受进入了一个前所未有的高潮期，德国自然主义、印象主义、表现主义等流派的许多名家的作品被大量译成中文，并且迅速在中国文坛上引起反响。郭沫若曾明确表示，德国表现主义文学对其早期文学创作产生过重大影响。施尼茨勒的作品对 20 世纪 30 年代以施蛰存为代表的海派心理分析小说也产生过深刻影响。更不用说"五四"时期出现的"尼采热"，更是深深地影响了一代中国知识分子。郭沫若的《女神》、鲁迅的《阿 Q 正传》、郁达夫的《沉沦》、冰心的《超人》、矛盾的《子夜》等作品中都闪耀着尼采思想的光芒[2]。

综上所述，中德文学关系源远流长，这为德语文学教学从跨文化比较的角度出发提供了可能性。学生在了解德国文学发展脉络的同时，不应该忽视中国文化对德语文学的影响。同样，教师在讲授德语作家和作品时，也应该兼顾这些作家和作品对中国文学产生的影响。只有这样才能促使外语专业学生有意识地思考多元文化相互影响的问题以及培养他们跨文化沟通的能力。

---

〔1〕 陈铨：《中德文学研究》，辽宁教育出版社 1997 年版，第 32~37 页。

〔2〕 马佳欣：《德语文学 20 世纪 20 至 40 年代在中国的译介接受特点》，载卫茂平主编：《日耳曼学论文集》（第 4 辑），上海外语教育出版社 2014 年版。

二、克拉朋德的《灰阑记》（Der Kreidekreis）

20 世纪 20 年代元杂剧《灰阑记》经由德国作家克拉朋德（Klabund，1890—1928）改编后搬上德国舞台，受到观众热烈欢迎，取得了巨大成功。这样的改编作品因其与中国文学作品的渊源关系，很容易引起学生的阅读兴趣，因此可以在德语文学课上引导学生对比阅读原著与德语改编作品，从跨文化的角度分析两者之间的差异以及产生这种差异的原因，从而促使学生思考这一时期德国作家的创作特点是什么，德国文化同我们自身文化的差异体现在哪里。

元杂剧《灰阑记》，全名《包待制智勘灰阑记》，由李行道写于元代，是一则包公断案的故事，讲的是马员外的正妻马氏与奸夫赵令史合谋，毒杀亲夫，反诬妾张海棠；为了谋夺家产，又强称海棠之子为己所生，妻妾二人争夺孩子，包拯复审时，命人用石灰于庭阶中画了一个栏（阑通栏，即圈），将孩子放置其中，宣称谁将孩子拽出来谁便为生母。海棠担心伤害孩子屡次三番松手，而马氏则将孩子用力拉出。包公据此判定海棠为孩子生母，并为之申冤。该剧由四折一楔子组成。从结构上来讲，克拉朋德改编的《灰阑记》与李行道的一楔四折相似，只不过楔子已经成为正戏的一部分，因此该剧共分为五幕。第一幕讲述了海棠的父亲因饥荒无力向马员外缴租，只得以死抗议。海棠母亲为生活所迫将她卖到茶楼为妓，在茶楼海棠与皇子包一见倾心，却无奈马员外财大气粗出高价将海棠买走作了妾室。第二幕则与李行道的第一折内容相似，描写了马妻与奸夫毒杀亲夫并栽赃给海棠。但在这一幕里，马员外的形象有所变化，他坚信海棠纯洁善良，不相信马妻诬赖海棠与人通奸，并试图休妻扶海棠为正室。第三幕中马妻收买法官，将海棠判为斩首。适逢老皇驾崩，皇子包登基，为伸张正义，决定亲审一切死刑犯。第四幕描写了海棠在押解途中的哭诉，以及其兄长张林对社会黑暗的咒骂与鞭挞。第五幕中皇帝通过"灰栏计"使真相浮出水面，海棠被皇帝赋予了判罚罪人的权力，面对诬陷自己的仇人海棠最终选择了宽恕，希望他们能够受到良知的惩罚。皇帝承认海棠之子原为自己的骨肉，于是封海棠为皇后。

在熟知故事情节之后，教师可以引导学生从以下三个方面对这两部戏剧做出思考：

(一) 两部作品的主题是否相同

遵从他改写中国作品的一贯准则，克拉朋德只保留了原作故事的大概轮廓，更多的是在原作基础上进行了自由的想象和发挥。首先，原作故事发生的时代背景是中国古代封建社会，老百姓的命运完全掌握在为官者的手中，律法并不能使正义得以声张，人们只能寄希望于像包拯那样的清官为百姓申冤做主。克拉朋德在他的作品中虽然也塑造了一位明君的形象，但他强调的却不是依靠个人，而是依靠仁爱来治理社会，只有这样才能使社会宁静祥和。"仁"与"爱"是克拉朋德在他的作品中刻意突出的主题。"仁"的品德主要体现在皇帝和海棠身上。面对辱骂自己的张林，皇帝并未恼怒，而是念其心系百姓疾苦，敢于抨击时弊，不但宽恕了他的罪责，还让他接替了法官之职，在审判罪犯时，海棠被赋予了审判罪人的权利，令人意外的是她却选择了原谅罪犯，让他们接受良心的惩罚。"仁慈之心"最终战胜了"复仇之心"，这被看作是克拉朋德接受中国文化及老庄哲学的最直接休现。在人性面前，极易被滥用的律法便显得黯然失色。另一个主题"爱"主要围绕海棠展开。作者表现了海棠与皇子包之间的爱情，可谓情投意合，郎才女貌，这样的感情在原作中是没有的。毫无疑问，浪漫的爱情是按照西方人的审美口味设置的。[1] 其次，海棠对自己亲人的爱也得到了渲染，例如她为了母亲甘愿卖身到茶楼；面对蔑视和殴打自己的哥哥，她不但不怨恨还劝解母亲将自己的卖身钱多分一些给他。当张林想要杀死马员外时，海棠耐心地向哥哥分析了马员外的为人，认为他既不算坏也不算好，正如丛林中生活的猎豹，一切都是他的本性而已，这里表现出一位妻子对丈夫的爱，它未必是真正的爱情，但却包含了亲情和彼此敬重的情感。正因为这个原因，马员外最后也真正地爱上了海棠，甚至想要将她扶为正妻。最后一个有关"爱"的主题，便是海棠的母爱。在受到马氏陷害时，海棠曾明确表示只要能够得到自己的孩子，所有的财产她可以分文不要；"灰栏断子"时，她三番两次松手，只为不要伤害到孩子。只有在最后一个

---

〔1〕 Wenwei Du, *The Chalk Circle Comes Full Circle: From Yuan Drama Through the Western Stage to Peking Opera*, Asian Theatre Journal, Vol. 12, No. 2 (Autumn, 1995), p. 310.

关于"爱"的环节上，原作与改编是相同的。由此可见，克拉朋德改编的《灰阑记》中所体现出的博爱、宽恕和法制精神在原剧中是不存在的，因而在主题表现方面也比原剧显得更深刻一些。

克拉朋德对"仁"和"爱"的文学诠释表达出他对中国文化的理解以及他心目中中国应该有的模样。因此，学生通过对两部作品主题的分析，很容易理解克拉朋德在《灰阑记》中塑造的中国形象并不是真实中国的样子，而是一个符合自己以及德国观众想象中的"柔和的中国"："中国的一切都充满着童话色彩，和谐和安宁是中国的精神魅力所在"〔1〕，"它应该是人们梦想中中国的样子"〔2〕。这是因为20世纪初的欧洲经历了第一次世界大战，旧的秩序和旧的宗法被彻底打破，战争给人民带来巨大灾难，知识分子普遍对资本主义的价值体系和伦理体系产生严重的怀疑，出于文化重建的社会心理诉求，以卡夫卡、德布林、克拉朋德为代表的德国表现主义作家在东方的文化中，尤其是中国古典文化中找到了反思自我以及表现自我境况的途径，以老庄哲学为代表的中国文化获得了西方社会的高度重视，使得世纪之交的德国乃至欧洲都掀起了一股"中国热"思潮。通过与元杂剧《灰阑记》主题的对比，可以水到渠成地引导学生理解德国表现主义文学创作的特点以及这一时期作家与中国文化的渊源关系，并可以进一步引出另一位深受中国文化影响的德国作家卡夫卡。

（二）两部作品中的人物性格是否一样

为了迎合德国观众的审美情趣，克拉朋德在改编的过程中对剧中主要人物的个性也进行了重新塑造。中国传统戏曲中，角色的个性往往是固定不变的，他们固定地代表着某一类型的人物，如"红脸"代表忠臣，"白脸"代表奸臣，固定的脸谱在整个演出中是不会变换的，因此人物个性的发展是不能够展开的。这一特点在克拉朋德的时代人们已经认识到了，然而克拉朋德正是想要改变这一点："应当去塑造人物的个性。"〔3〕因此，海棠、包拯、马员外以及张林在克拉朋德笔下被赋予了新的内涵。

---

〔1〕　曹卫东：《中国文学在德国》，花城出版社2002年版，第430页。

〔2〕　曹卫东：《中国文学在德国》，花城出版社2002年版，第430页。

〔3〕　Jen-te Chen, *Der Kriedekreis in der deutschen Dramenliteratur*（德语文学中的《灰阑记》），Frankfurt a. Mein: Peter Lang Verlag, S. 10.

李行道笔下的海棠是个典型的中国传统妇女，老实本分，对正妻言听计从，不敢反抗，时时处于被动的境地。克拉朋德在塑造海棠时着力突出她的纯洁善良，甚至赞其为"圣洁的女神"（Göttin der Reinheit），她用自己完美的人格感化了为富不仁的马员外。面对命运的磨难，她既不怨天尤人也不完全逆来顺受。当她的母亲迫于生计将她卖到茶楼时，她默默地接受了这一事实，因为她觉得儿女就应当为母分忧，保护母亲，而她那没有能力赡养母亲的哥哥却觉得海棠丢了他的颜面，并且大言不惭地表示：作为儿子最重要的职责乃是维护家族的名誉。可是，这样一个"有骨气"的男人却要求将海棠的卖身钱分给自己一份，与她的哥哥相比海棠的品德显然要高尚许多。当她的哥哥加入白莲教想要杀死马员外为父报仇时，海棠极力加以劝阻，这时候她已经是一个孩子的母亲了，为了孩子她尽力维护家庭的完整，表现出一个母亲的责任感；在受到冤屈时，她不卑不亢地为自己辩护，坚信正义的存在；当皇帝在法庭上试探性地提起他们之间的旧情，要求她说出情人的名字时，她明确地表示只求正义（Gerechtigkeit），不攀人情："如果我现在说出他的名字，他就会相信，我是为了减轻我悲惨的命运奉承他、乞求他缓减我的痛苦，求得法律的宽恕。我不会说出他的名字。我要求的是正义，别无其他。"[1]这段义正词严的宣言使一个自尊自爱，具有独立自主意识的妇女形象跃然纸上。

包拯在克拉朋德的笔下彻底变换了身份，由一个代表正义和律法的法官变成了一位风流倜傥的皇子，后来又登基做了皇帝。他热情而富有浪漫气息，热爱艺术、对爱情专一，自称为冒险家、饮者和爱幻想的英雄。作为皇子，他竟然半夜潜入马员外家与睡梦中的海棠共度春宵。对待权力他没有什么兴趣，更愿意做一个浪迹天涯的流浪汉。在皇子包这个人物身上我们可以看到诗人李白和克拉朋德自己的身影。李白在克拉朋德的诗集中被描绘为"永远的醉汉"和"流浪者"，而克拉朋德的笔名 Klabund 正是由两个德语词 Klabautermann（船魔）和 Vagabund（流浪汉）拼接而成，意为

---

〔1〕　Klabund, *Der Kreidekries. Spiel in fünf Akten nach dem Chinesische*（《灰阑记》，改编自中国的五幕剧），Köln：Verlag Kiepenhauer und Witsch，S. 52．

"魔幻流浪汉",〔1〕由此可见克拉朋德对李白的喜爱和对中国文化的痴迷。当通过抽签成为皇帝后,皇子包成为一位渴望依法治国的开明君主,他追求正义,视正义为皇帝最高的律法和美德。同时他也拥有过人的智慧,巧用"灰栏记"为海棠伸张正义。面对谩骂自己的张林,皇帝也能宽宏大量地原谅,体现了克拉朋德心目中理想的君主形象。马员外最初被刻画成冷酷无情,专门剥削穷人的资本家。他逼死海棠的父亲,用高价买了海棠做妾,开始只是因为海棠长得漂亮,后来受到海棠纯洁品格的感染,逐渐产生了心理上的变化,与之前那个只知收租赚钱的马员外相比,现在的马员外竟然真正地爱上了海棠,体会到了"爱情"的滋味。海棠的哥哥张林在元杂剧中是个连自己的生计都没有着落的无能之人,时不时还需要妹妹接济。克拉朋德笔下的张林则经历了一个蜕变的过程,在第一幕中他是一个有几分懦弱的人,不能勇敢地挑起赡养母亲、照顾妹妹的生活重担,嫌妹妹卖身为妓太丢脸,于是选择逃避,拿着妹妹的卖身钱出去闯荡。在经历了风餐露宿、衣不蔽体、食不果腹的艰辛后,现实的黑暗使他逐渐觉醒,由此他加入了白莲教,变成了一名想要改变穷人命运的革命者。然而,在受到皇帝的赏识后,张林对待皇帝的态度发生180度的转弯,他自愿褪下了革命者的外衣变成了一个保皇派。作者这样的安排,一方面为了突出了包拯仁君的形象,另一方面也表达了他本人的一种和平主义思想:反对用暴力解决社会问题,追求宁静安详的社会生活。

通过对人物性格和身份的对比分析,我们可以看出克拉朋德打破了原剧现实主义的特征,赋予了《灰阑记》浪漫的、童话般的色彩。德国知识分子的人文主义理想也通过对剧中几个主要人物的刻画得到了充分的体现。可以说,在人物情感刻画方面克拉朋德比李行道的元杂剧要深刻及鲜明许多。

(三) 改编作品对中国元素的运用

克拉朋德本人从未到过中国,并不了解现实中的中国是什么样子,他只能尽其所能地调动所有在书本中得来的有关中国的信息,刻意表现对中

----

〔1〕 谭渊:《克拉朋特的中国情结与〈灰阑记〉》,载《德语文学与文学批评》(第9卷),人民文学出版社2016年版,第383页。

国文化的认知，以便在《灰阑记》中创作出充满异域情调的中国风情，例如剧中经海棠之口所强调的子女对父母的恭顺、女子应当遵守的品德（丈夫说话时妻子要沉默，丈夫指责时妻子要微笑，丈夫恼怒时妻子要乞求，丈夫责打时妻子要感谢，丈夫鄙视仇恨时妻子要爱）、对观世音的崇拜、磕头的礼节以及一些中国的谚语：父母在，不远游；各人自扫门前雪，休管他人瓦上霜等。

当然，克拉朋德在尽力营造东方氛围时也不可避免地夹杂了许多并不符合中国实际情况的细节，比如喝茶要加糖，大约是因为喝咖啡要加糖的缘故吧；法庭上证人需要宣誓；马员外常常去教堂，并且按时交纳教会税等。更让中国观众不能接受的是，当马员外和皇子包在茶楼竞价买海棠时，皇子包竟然因为出的价钱不如马员外高而败下阵来，这在"普天之下莫非王土"的中国封建社会是根本不可能发生的事情，但对于生活在资本主义社会的克拉朋德来说却是很有可能发生的。克拉朋德还在他的剧中加入了茶楼老板佟掌柜这个角色，在开场的自我介绍中观众了解到这个佟掌柜竟然是个阉人，这与中国古代阉人多为皇宫中宦官的实情相差甚远，克拉朋德想要以此为这个人物增添喜剧效果。另外，海棠身上所体现出的博爱与宽容也与中国古代社会的道德要求有所出入。在自己的父亲被马员外逼死后，海棠不但能够继续做杀父仇人的妾，而且宽容了马员外的过错，还劝说哥哥张林不要杀死马员外替父复仇。杀父之仇在中国传统文化中通常被称为"不共戴天之仇"，[1] 在古代国家法律机制不能很好发挥作用的情况下，凭借个人力量进行复仇甚至是封建伦理道德所提倡的正义行为。[2] 因此，海棠对马员外的态度与中国古代社会的现实情况完全不符。

所以说，克拉朋德对《灰阑记》的改编更多的是一种全新的创作，不但中间有些情节是完全按照德国人的日常生活设定的，而且原剧中表现出的对社会的批判意义也被克拉朋德通过浪漫、爱情、宽容和善良等主题完全冲淡了。虽然主人公海棠也同样遭受了苦难，但通过她的苦难她让身边的人在道德上得到了升华，她自己的人生也通过博爱与宽容趋于圆满。这

---

〔1〕 出自《礼记·曲礼上》："父之仇，弗与共戴天。"
〔2〕 这一点在另一部元杂剧《赵氏孤儿》中体现的很明显。

显然带有非常明显的人文主义理想色彩。

通过对以上三点的考查学生可以深切感受到，当他国文化进入一国文化场域时，接受者并不是机械地、全盘被动地接受外来的影响，而是根据本土需要吸收、接纳、改造外来的影响因素。只有在与"他者"的比较中，"我"才能知道自己是谁；只有通过"他者"的眼光，"我"才能确认自己的独特价值和意义。[1]克拉朋德对元杂剧《灰阑记》的创造性改编一方面体现出他深受道家思想影响，意图在剧中创造一个和谐安宁的"柔和的中国"，另一方面通过仁君包拯和革命者张林这两个人物的设定曲折表达了自己的政治理想：期待贤明的统治者，反对暴力，主张和平，认为社会问题应该通过改良的方式进行解决。这种思想意识与他所处的战争不断、时局动荡的时代密切相关。

三、结语

近年来，高校外国文学课程一直处于一种尴尬的境地：一方面这门课对学生提高外语阅读鉴赏能力、了解外国文学发展脉络、认知外国文化及其精神内涵有着重要意义；另一方面却是学生普遍不愿选修文学课，觉得它枯燥、难懂且没有立竿见影的实用价值。如果教师在讲授外国文学作品时只是简单、孤立地对文学作品进行讲述和分析，缺乏多元思维能力，不能把外国文学作品与中国文化、中国作家和作品结合起来进行分析，就很难开拓学生的文学视野，使学生对中外文学作品有深刻的理解和整体的把握，进而使他们形成跨文化比较意识。跨文化比较的视角可以让文学课变得更加生动活泼，层次丰富。学生在了解外国文学和文化的同时也加深了对自身文化的认识，提升了他们的文化认同感，可谓一箭双雕。

---

〔1〕 曾艳兵：《跨文化语境中的外国文学教学研究》，载《外国文学研究》2006 年第 2 期。

影视文学的教学案例分析

——以《午夜巴黎》中的美国人形象与怀旧为例*

潘　珊**

一、引言

《午夜巴黎》[1]是美国导演伍迪·艾伦（Woody Allen）于2011年上映的影片，无论从人物还是场景都展现给观众两个别样的巴黎——20世纪的午夜巴黎与现代的白日巴黎。20世纪20年代的午夜巴黎，文人墨客云集，艺术家齐聚，上演着一场场文化的盛宴，是一段艺术的黄金年代；而21世纪白日下的巴黎则似乎更多了几分浮华和躁动，成了一个典型的消费文化时代。

观众随着主人公吉尔·彭德（Gil Penter）的视角，穿梭在白昼与黑夜这两个迥然不同的巴黎之间。然而，在这种时空的交错之中，我们感受到的除了巴黎前世今生的转变之外，还有浓浓的怀旧气息，这些借助在巴黎逗留的美国人的视角得以展现，而在这种展现中，当代中上层社会美国人的消费观与影片怀旧题材的与众不同之处都得以体现。

为便于后文对影片展开论述，现将《午夜巴黎》的剧情梗概

*　本文系作者2017年中国政法大学校级青年教师学术创新团队项目"德治与法治"（18CXTD06）的阶段成果。

**　潘珊，中国政法大学人文学院讲师。

[1]　Woody Allen, Midnight in Paris, USA: Gravier Productions, 2011.

简要介绍如下：该片讲述了一位美国文人陪未婚妻一家来到巴黎的种种遭遇。男主角彭德是一位正在迈向成功的好莱坞电影编剧，一位梦想成为伟大作家的美国人。他的未婚妻伊妮兹（Inez）出身富裕家庭，因为多金的准岳父母要来巴黎谈生意，他也借机随同前往。在巴黎，伊妮兹整日忙于购物和与朋友寻欢作乐，吉尔则喜欢在雨中漫步，为正在撰写的小说寻找灵感。一天晚上，被未婚妻撇下的吉尔独自徜徉于巴黎街头，迷路的他在午夜钟声敲响时意外搭上了一辆老爷车，并由此时光倒流被带往 1920 年代的巴黎。在那里，他邂逅了菲茨杰拉德（F. Scott Fitzgerald）、海明威（Ernest Hemingway）、斯泰因（Gertrude Stein）、T. S. 艾略特（T. S. Eliot）等令他崇拜的文学大师，还有毕加索（Pablo Picasso）、达利（Salvador Dalí）等艺术大师。在影片的结尾，吉尔与未婚妻分了手，决定留在巴黎。

影片开始是巴黎街景的蒙太奇，从凯旋门到圣心教堂，再到男女主人公在湖边的亲吻，随着画面的远移，一幅酷似莫奈的《睡莲》的风景呈现在我们眼前。阳光、雨水或暮色中的巴黎总能让人一见倾心，这是一座与浪漫毗邻、与艺术同居的城市。在白天，我们随着彭德穿梭在凡尔赛宫罗浮宫、罗丹美术馆等高雅的艺术场所，午夜来临时，才是真正的奇异旅程的开始。在巴黎的白昼与黑夜之中，艾伦营造了两类截然不同的美国人的形象。

二、影片中的美国人在巴黎

艾伦在《午夜巴黎》中不仅塑造了现代社会形形色色的在巴黎的美国人形象，他还同时呈现出 20 世纪 20 年代来到巴黎的海明威、菲兹杰拉德夫妇、斯坦因以及美国爵士乐大师——波特（Cole Porter）等杰出人物的形象。前者的人物形象借助后者得到了跨越时空的凸显与呈现。

（一）白日巴黎中的美国人形象

在《午夜巴黎》中，吉尔的未婚妻伊妮兹和她富有的父母构成了一种类型的美国人，他们到巴黎来的主要目的是消费和娱乐。伊妮兹因为父母来巴黎谈生意的关系而随同前往，影片中的她终日无所事事，寻欢作乐。她不是购物就是跳舞；不是参加酒会，就是去美容院。她的母亲对巴黎的艺术文化似乎全无兴趣，身在巴黎的她依然去电影院看美国电影，而且看过就忘。她的父亲也将在美国的社交习惯照搬来了巴黎，打高尔夫、陪妻女看电影和吃饭。伊妮兹的母亲最常挂在嘴边的就是用来讽刺准女婿的"便宜货就是便宜货"，仿佛"低价物品是本质上不光荣的，是生来无价值的"[1]，即"低价无好货"。在她看来，物品的魅力就在于其高价，"某一物品既然具有光荣的高价特征，就令人觉得可爱，而由此而来的快感，却同它在形式和色彩方面的魅力所提供的快感合二为一，不再加以区别"[2]。所以，当她与伊妮兹和吉尔逛古董店时，面对一款要价一万八千欧的木椅时，母女俩都啧啧赞叹这件商品之"美"，她们的理由是这件商品很漂亮，而且在美国根本找不到，而一旁的吉尔却大煞风景地直言其标价的荒谬。另一个有趣的例子是：吉尔为了向准岳父母吹嘘自己的博学，引用了海明威将巴黎称为一场"移动的盛宴"（a moveable feast）的经典比喻，而他的准岳母却说："就这交通，没东西动弹得了。"这一简短的对话首先解构了海明威那部描写巴黎的名作的标题，在海明威看来，巴黎的"移动的盛宴"主要是"文化的盛宴"，因为他在《移动的盛宴》中描写的主要是他与各式文人墨客的交往。但是，这一比喻在这位准岳母那里不仅没能产生任何共鸣，反而被认为是毫无意义的。而且，她还进一步将"移动"指向巴黎的交通，并用她那美国式的快速高效的准则来衡量巴黎的交通状况，言语中流露出不满与不屑。这一喜剧性的片段不仅表现出这位准岳母的文化无知，也体现出她所奉行的美国消费社会的"时间至上"的价值观。

对于伊妮兹母女而言，巴黎的全部魅力似乎就在于这里的奢侈品，满足了她们炫富的偏执需求。正如法国社会学家布尔迪厄（Pierre Bourdieu）所言："选择物品和消费可以为我们提供微妙的线索，确定社会等级的性质和一个文化内部的权利。"[3]对伊妮兹母女来说，消费行为早已不再是具有消极意义的满足衣食住行需要的行为，而是一种积极的身份建构方式，是文化意义上的消费、符号消费，即"操纵符号的系统化行动"[4]。她们借此

---

〔1〕 ［美］凡勃伦：《有闲阶级论》，蔡受百译，商务印书馆1964年版，第113页。

〔2〕 ［美］凡勃伦：《有闲阶级论》，蔡受百译，商务印书馆1964年版，第96页。

〔3〕 转引自毛凌滢：《消费伦理与欲望叙事：德莱塞〈美国悲剧〉的当代启示》，载《外国文学研究》2008年第3期，第60页。

〔4〕 ［法］让·波德里亚：《消费社会》，刘成富、全志钢译，南京大学出版社2000年版，第67页。

体现自己的社会地位与身份，因为"物品在其客观功能领域以及外延领域之中是占有不可替代的地位的，然而在内涵领域里，它便只有符号价值，就变成可以多多少少被随心所欲地替换的了"。[1]从这个意义上讲，伊妮兹母女来到巴黎的目的是借助符号消费彰显自身的尊贵与荣耀。由此可见，伊妮兹母女代表的是这样一类富裕的美国人，他们"对物品所注意的是它所具有的浪费性标志，对一切物品所要求的是它们能够提供间接的或歧视性的某种效果"。[2]这也多少解释了吉尔在准岳母和未婚妻那里会受到百般数落和鄙视的原因。

与伊妮兹母女相似的是以富有商人形象出现的父亲约翰，他经常与准女婿吉尔讨论政治，但两人因政见相左，每每不欢而散。影片开始不久，在一次用餐时，约翰就说："对与法国公司的合并，我感到非常高兴，但除此之外，我完全算不上是一个'法国迷'。"这时，在一旁的准岳母接着说这是因为"约翰讨厌他们的政治，显然他们从来就不是美国人的朋友"。身为作家的吉尔，对法国、对巴黎都有着高度的认同感，所以他站出来为法国辩护道："但你不能责怪他们不愿跟着我们和布什一起去伊拉克冒险。"不过，约翰对准女婿这番话显然没有丝毫认同，他出于礼貌没有反唇相讥，而是向吉尔投去空洞而严肃的眼光，以示自己对他言论的鄙视。其实，准岳父对布什的拥护体现出他所代表的中上层阶级的利益的拥护。作为共和党的拥护者，他很清楚美国发动伊拉克战争的目的是转嫁经济危机以及掠夺石油，而这场战争的受益者正是以他为代表的金融资本家。因此，拒绝参与攻打伊拉克的法国才成为这位老共和党人眼中的"敌人"，很显然，后者所代表的利益与价值观与他的格格不入。另一方面，准岳父对布什总统的拥护也反映出他在政治上的保守态度，而这种保守正是他所代表的中上层阶级的特点。因为他们对现状已经十分满意，并且知道任何改革可能引起的骚动与混乱都是他们既得利益的潜在威胁。[3]

无独有偶，伊妮兹的朋友保罗（Paul）是此类美国人的又一代表。他

---

[1] ［法］让·波德里亚：《消费社会》，刘成富、全志钢译，南京大学出版社 2000 年版，第 71 页。

[2] ［美］凡勃伦：《有闲阶级论》，蔡受百译，商务印书馆 1964 年版，第 114 页。

[3] ［美］凡勃伦：《有闲阶级论》，蔡受百译，商务印书馆 1964 年版，第 138~153 页。

受邀来索邦大学（La Sorbonne）教书，表面满腹经纶，饱读诗书，实际却是个徒有其表的假文人，套用吉尔的话说，"他是个彻头彻尾的'伪知识分子'。"在保罗携妻子与吉尔和伊妮兹一同参观罗丹博物馆时，保罗对着《沉思者》这座雕像侃侃而谈，说"罗丹（Auguste Rodin）有众多作品都受到他的妻子卡米尔（Camille Claudel）的影响。"这时，博物馆的女讲解员上前纠正他道："卡米尔只是罗丹的情人，罗斯（Rose Beuret）才是他的妻子。"这位"假道学"顿时面露窘态，但还故作镇定坚持己见，认为是讲解员搞错了，这倒让伊妮兹认定是讲解员搞混了罗丹的妻子和情人的姓名。在影片中，保罗在不同场合多次炫耀自己"渊博"的学识，比如他在伊妮兹父母举办的酒会中卖弄自己高超的品酒能力；在美术馆，他对印象派和野兽派的绘画讲着自己空洞的理解。在他的种种表现中，我们看到的是一个卖弄学识的浮夸文人的形象。这位教授注重的是古典的或徒有其表而不切实际的学识，而不是与社会生活有关的任何实用技能与科学；他更关注荣誉、功绩、名望与地位，而非真正的学识。《午夜巴黎》并没有充分展现保罗的巴黎生活，但是通过伊妮兹经常与他郊游、参加舞会等活动，我们很容易产生这样一种印象：这位大学教授似乎生活得颇为闲适，而他的一切消费方式都是建立在"按照传统的礼仪标准与德行标准进行的对真善美的欣赏和享受"。[1]作为一位人文学者，他所坚持的实际就"含蓄在'人是为消费世上的产物而生存的'那句老话里的观点"。[2]

与上述形象不同的是男主角吉尔，虽然他对未婚妻充满感情，但他还是清醒地意识到伊妮兹与她的家人的势利和浅薄。在影片开始时，他忍气吞声，敢怒而不敢言；到影片结尾处，他终于勇敢地与未婚妻分手，决定留在巴黎追逐梦想。吉尔对美国古板、势力的社会氛围感到厌恶，他转而逃到欧洲去寻求灵感，同时也借此挣脱由"伦理道德"构成的"枷锁"的束缚。受够了未婚妻及其一家的庸俗与虚伪的吉尔做出留在巴黎的最后决定，这不仅意味着他与未婚妻一家的决裂，也意味着他与美国上层社会弥漫的浮华与虚伪之风的决裂。

---

〔1〕 ［美］凡勃伦：《有闲阶级论》，蔡受百译，商务印书馆1964年版，第279页。
〔2〕 ［美］凡勃伦：《有闲阶级论》，蔡受百译，商务印书馆1964年版，第279页。

（二）午夜巴黎中的"迷惘的一代"

相比这些 21 世纪来到巴黎的充满铜臭味的美国人，吉尔穿越到的 1920 年代的巴黎则聚集了一批才华横溢而生活潦倒的"迷惘的一代"（The Lost Generation）。斯泰因（Gertrud Stein）的客厅成了这些文人墨客的聚会之所，他们中的大多数都并不富有，但醉心文艺。比如"硬汉"海明威，穿着邋遢，晚上坐在廉价的街头酒馆会友、创作；捉襟见肘却依然整日流连于奢华的社交活动中，尽情享乐的菲兹杰拉德夫妇；还有醉心收藏的斯泰因在客厅里宴请她的文艺圈朋友。正如海明威在《移动的盛宴》中所描述的那样，他本人、他的朋友菲茨杰拉德夫妇以及庞德（Ezra Pound）都是因为经济原因选择到巴黎躲避财务纠纷，因为就生活水平而言，巴黎的生活开销要远低于美国。[1]事实上，《午夜巴黎》中描绘的场景在相当程度上借鉴了《移动的盛宴》，两者也因此形成一种"互文性"（intertextuality）。可以说，影片中的一些文人墨客是海明威笔下人物的影像复现，他们迷惘而不失真诚，颓废而依然醉心创作。与那些 21 世纪的美国同胞相比，后者的庸俗与浅薄更显露无遗。

可以说，《午夜巴黎》生动地塑造了两个时代的在巴黎的美国人形象，而与 20 世纪在巴黎的美国人相比，这些 21 世纪的"富裕"后代并没在文化艺术上超越前辈，反而在浮华与奢靡上远远赶超了前人。我们在影片中看到的伊妮兹一家及其朋友保罗的古板、庸俗与势利，都是处于消费社会前沿的美国上层社会人士的心态与价值观的生动展现。

三、《午夜巴黎》的怀旧与消费社会的怀旧电影热潮

呈现 20 世纪 20 年代浪漫至极的影片——《午夜巴黎》无疑是怀旧的，这种怀旧体现在影片人物、"穿越"情节的设置、背景音乐、场景设置以及画面色彩等多个方面。

（一）电影中的怀旧手法

男主角吉尔意外闯入了 20 世纪的巴黎，由此跻身以斯泰因为核心的文艺圈中，并在那里遇到了许多文化名人。在情节上，男主角吉尔除了从现

---

〔1〕 C. f. Ernest Hemingway, *A Moveable Feast*, London：Arrow Books, 2004.

代到 1920 年代的穿越之外,他还跟随毕加索的情人阿德里亚娜(Adriana)从 20 世纪穿越到了 19 世纪的巴黎,并由此结识了高更(Paul Gauguin)、德加(Edgar Degas)、塞尚(Paul Cézanne)和劳德雷克(Henri de Toulouse-Lautrec)等艺术家。影片的背景音乐主要来自科尔波特(Cole Porter)的作品,他那风趣浪漫的爵士乐曲也为该片增添了几分怀旧色彩。20 世纪巴黎街头的酒馆、红磨坊等场景的设置也将我们推向上个世纪那浪漫而放荡的花都。除此之外,在展现午夜巴黎的魅力时,影片中相当一部分的摄影是蜂蜜色的,有着一种泛黄的甜蜜。所以这一切都仿佛将观众带回了 20 世纪乃至 19 世纪的巴黎,令我们醉心不已,然而,这真的就是《午夜巴黎》希望带给观众的观影快感吗?导演艾伦又是否是在迎合消费社会中日益受到青睐的怀旧影片潮流呢?

(二)怀旧的能指与消费的所指

《午夜巴黎》中的巴黎看上去好像把我们带回了过去的巴黎,但正如詹明信(Fredric Jameson)所言,它并不能真正捕捉到那段"真实的历史",而仅仅是一种对过去的模仿与戏谑。[1]这种模仿来自片中蜜色的画面与背景音乐这些视觉表象(比如载着吉尔穿越到过去的老爷车、科尔的爵士乐、20 世纪的巴黎时装等),它们就好像能指符号一般,指向 20 世纪那个文人雅士云集的巴黎。于是这个过去的巴黎在电影中成了一个可供消费的所指意象,观众也在有意或无意中"消费"了这段历史的表象。[2]

1. 开放的时空与观众的"参与"

作为一位特立独行的美国导演,此前艾伦的多部影片一向是"墙里开花墙外香",即在美国本土好评寥寥,而在欧洲颇受追捧。然而,《午夜巴黎》却一反常态,在美国本土收获了超出以往的关注度。与艾伦此前的多部文艺片相比,《午夜巴黎》的受众似乎更为多样,这其中除了艾伦的拥趸者外,还有广大的文艺爱好者与醉心巴黎这座时尚之都的人士。

这种反差固然与导演个人兴趣与选题喜好的转化有关,然而,我们也不可否认这其中隐藏的更深层的原因。其一,作为怀旧片的《午夜巴黎》

---

〔1〕 姜申:《电影怀旧与消费社会》,载《电影艺术》2008 年第 6 期。

〔2〕 [美]詹明信:《晚期资本主义的文化逻辑:詹明信批评理论文选》,张旭东编,陈清侨等译,生活·读书·新知三联书店 1997 年版,第 408~411 页。

提供了更为开放的情节设置与结局，当观众看完此片后，男主人公的去向未定，而两个时空的众多人物何去何从也是未知的，这就为读者预留了充足的个性思考空间和自我解读与创造性理解的余地。

其二，作为怀旧片，《午夜巴黎》的电影叙事手段徘徊在真与假、虚与实之间，是一种模糊与折中，它既不像风景片或纪录片那样用纯粹客观的镜头语言记录巴黎的现实境遇，也不像历史剧或科幻剧那般具有绝对的虚构色彩与对历史的主观想象。可以说，《午夜巴黎》中的怀旧更易唤起观众对黄金时代的巴黎的自主回忆与构拟，它带给观影者的不仅是引人入胜的爱情故事，借助对巴黎历史的、色彩斑斓的、表象的重现，它还营造出一个足以以假乱真的黄金时代的巴黎幻象，也借此将观众带入对这段历史的个体经验中去。在这一过程中，导演无疑会起到引导作用，但是观者的参与性同样得到了强调。而且，这种"参与"远非一般意义上对导演意图的"机械式"接纳，而是一种渗透了观影者的个体经验的主观接受与共鸣，此二者的区别在于：前者把导演的初衷与影片的立意看作是至高无上的、永恒的唯一；而后者却将影片甚至历史背景放置于观影者的接受过程之中，并由此产生多样化、个性化和自由化的理解与阐释。[1]正如诠释学大家伽达默尔（Hans-Georg Gadamer）所言，"'真理'存在于对艺术的参与性体验之中……它是由作品实现的、并被参与其中的读者所接受和影响了的现实显示"[2]，就观众而言，这种个体的"怀旧体验"正是对"读者接受"的一个直接实践。

从这个意义上讲，我们今天所处的影视文化语境也隶属于"消费社会"的环境之下，这种归属并非简单的因为电影市场与商业电影及其票房的相互倚重，也不仅仅出于观众对光影的"消费"，而是由于消费文化对观众（消费者）及其接受、参与和反馈的日益关注，这也是"个性"与"多元化"得以生根发芽的根本原因。于是，法国后现代理论家波德里亚（Jean Baudrillard）才认为，消费社会的根本特征在于个性与差异。[3]那么，这种

---

〔1〕　姜申：《电影怀旧与消费社会》，载《电影艺术》2008 年第 6 期。

〔2〕　转引自王岳川：《后现代主义文化研究》，北京大学出版社 1992 年版，第 49 页。

〔3〕　[法] 让·波德里亚：《消费社会》，刘成富、全志钢译，南京大学出版社 2000 年版，第 80~88 页。

"个性"和"差异"从何而来呢？它恰恰来自观众的个体"怀旧体验"，正因为如此，我们才看到如此大规模地、大众化地将"怀旧"作为观众的个性经验进行加工处理的运用模式，这恐怕是在前消费社会中令人难以想象的。

2. 嵌套的穿越与怀旧的陷阱

但是，《午夜巴黎》与同类题材的"穿越剧"与广义上的"怀旧"影片相比，有着它的与众不同之处。从影像叙事的时空层次来看，这部影片的观看视角是层层推进的：观众的注视是最外围的一层；我们又透过男主角吉尔看到了 20 世纪初巴黎酒馆中的文人墨客，这是第二层；而处于第二层中的阿德里娅娜又带着吉尔走入了 19 世纪的巴黎，这是又一层的穿越与注视。当阿德里娅娜告诉吉尔自己决定留在 19 世纪时，我们可以推想很可能 19 世纪中的某个人又会穿越到更早的时空中。正如吉尔听到这个决定后所做出的应答那样，"时空穿越是一件棘手的事情，你只能选最好的。那个年代很多妇女因难产而死，很多人死于结核病，如果你去看牙医，他们的钻子足以活活疼死你。但是想到那里有童话般的马车、香槟……我还是很乐意时空穿越的。来到美好年代的巴黎，漫步在香榭丽舍大街上，路过卖明信片、纪念品的小亭子，这个画面实在是太美丽了"。这样，导演艾伦实际上借助主人公之口道出了这种怀旧的"陷阱"，因为现实的可怕，我们向往穿越，似乎这样就可以回避现实中的种种痛苦，但穿越之后呢？如此，影片里"穿越中的穿越"和"巴黎中的巴黎"都为现实赋予了这样一层深意：完美是不存在的，它只存在于我们的幻想和想象之中。

3. 对传统怀旧电影的解构

不论是今天还是历史，不论是黄金时代还是失落的一代，巴黎的浪漫都并非禁锢在对逝去时光的悲叹缅怀之中。恰恰相反，它是现在时的，正如片中斯泰因对吉尔所言，"我们都惧怕死亡，对自己在宇宙中的位置迷惑不解，但一个艺术家的角色并非向绝望低头，而是寻找对抗空虚存在的解药。"导演艾伦也在一次访谈中谈到自己对"怀旧"的看法："人们总是以为自己生活的时代糟糕透顶，总以为如果能够回到过去，自己会更快乐。但在我们如今认为是身处黄金年代的那些人看来，他们当时所处的世界同样是苍白无力的。"[1]所以，在影片结尾，吉尔走出了与阿德里娅娜共同闯入的黄金时代，选择了我们的时代。由此可见，这一结尾是对传统意义上的怀旧影片的一种解构。与此前的众多怀旧影片单一的过去时叙事轴相比，艾伦的《午夜巴黎》不仅拓展了过去，而且延伸到了现在。他给予影片的叙述视野以更为广阔的纵深，并在现实与过去的交织与切换中为过去"祛魅"，让故事外的观众在现实与过去的短暂抽离中对两者增加了几分理性的思考。

四、结论

作为一部以巴黎为题的电影，《午夜巴黎》借助美国人的视角讲述了巴黎这座浪漫之都的前世今生。该片塑造了几位中上层社会的美国人形象，将处于当下消费社会前沿的美国上流社会人士种种虚伪、庸俗的嘴脸刻画得淋漓尽致。与此同时，作为一部将"多元化"与"个性"巧妙摄于一身的影片，《午夜巴黎》所采用的怀旧题材也在一定程度上"迎合"了当下广受追捧的怀旧与穿越题材的电影主流叙事模式。然而，导演艾伦并没有沿用怀旧电影的一般套路，而是通过对其的戏谑，嘲讽并解构了传统意义上的怀旧片叙事模式。一方面，他巧妙地营造出回避了现实中的种种痛苦与弊端的梦幻般的巴黎黄金时代，另一方面，他又借主人公吉尔之口指出这种怀旧的"陷阱"，为我们对过去与未来的幻梦"祛魅"。

---

[1] 朱炜：《伍迪·艾伦：纽约客在巴黎相逢"爵士时代"》，载 http://www.chinadaily.com.cn/hqyl/dyneidigangtai/2011-06-02/content_2800583.html，最后访问日期：2011 年 12 月 10 日。

教师支架理论视域下的跨文化交际课程教学实践

杜洁敏*

根据最新的《大学英语教学指南》，"大学英语的教学目标是培养学生的英语应用能力，增强跨文化交际意识和交际能力，同时发展自主学习能力，提高综合文化素养"，这既是教学目标，也是重要的教学理念。[1]教师作为课程教学的设计者、课堂教学的促进者和组织者以及学习过程和结果的评价者在整个学生学习过程中扮演着"支架"（scaffolding）的角色，在创建良好的学习情境、设计张弛有度的学习任务、优化多元学习评价来驱动学生建构知识方面发挥重要作用。本文旨在通过跨文化交际课程的实践探讨教师的中介作用。

一、教师支架理论

支架理论最早源于20世纪60年代的"最近发展区"概念，苏联心理学家Vygotsky提出能力较弱的儿童需要借助成人或能力较强的同伴的帮助才能达到其可能发展的水平。[2]20世纪70年代，Bruner将这种类似"脚手架"的帮助称为"支架"（scaffolding），

* 杜洁敏，中国政法大学外国语学院副教授。

〔1〕 教育部高等学校大学外语教学指导委员会：《大学英语教学指南（2017）》，载 http://www.360doc.com/content/17/0203/14/413468_626210661.shtml.

〔2〕 Vygotsky L . S . , *Mind in Society*：*The Development of Higher Psychological Processes*，Cambridge，Harvard University Press，1978.

支架教学模式孕育而生。[1]如果把学习者的教育和成长过程想象成一栋从无到有的摩天大厦的建筑过程，教师无疑是这一过程中的脚手架或支架。支架教学模式是以学习者现有的水平为基础，运用系统的方法引导他们主动建构知识技能并逐渐提升学习能力的教学策略。教师支架是一个向学习者提供帮助的交互过程，作为一个权宜的或暂时性的支持，教师采用有助于学习者发展自身学习能力的教学方案或策略，随着学习者学习能力的逐步提升，支架逐渐解除，他们能积极主动地开展学习，实现自我调节，构建新的知识，从而达到"最近发展区"。

支架教学理论得到了建构主义学习观的呼应。建构主义认为：知识不是经外部传授而获得，而是学习者主动建构，从而获取知识。学习者的这种主动建构不仅涉及客观的知识，也涉及大量主观的理解和感悟。任何学习活动都是学习者与同伴或教师在互动的情境中发展能力的必要途径，教师不能放任自流，而是要承担积极引导的责任。学习者是学习的主体，但同伴的互助协作以及教师的中介同样不可或缺。教师支架是促进学习者学习能力形成和发展的重要媒介。因此，在学习方法上，建构主义强调学习者的认知主体以及知识的主动建构者的作用，提倡在教师的指导下，以学习者为中心的学习。

集合了建构主义学习观和最近发展区理论，近年来支架教学日益成为外语教学和研究的热点。外语教育的研究和实践发现支架教学在激发学习者的学习兴趣和提升课堂参与度、明确学习目标和任务、提高语言机能和帮助知识的转化、构建良好的师生互动关系、提供有效反馈等方面起到重要作用。[2]

---

〔1〕　Bruner J. S., "The Ontogenesis of Speech Acts", *Journal of Child Language*, 1975, 2 (1), pp. 1–19.

〔2〕　Hall J., *Methods for Teaching Foreign Languages*, New Jersey: Merrill Prentice Hall, 2001. Meyer D. K & Turner J. C., "Using Instructional Discourse Analysis to Study the Scaffolding of Student Selfregulation", *Educational Psychologist*, 2002, 37 (1), pp. 17–25. 李淑静：《Scaffolding in adult ESL classrooms》，载《中国外语》2005 年第 6 期。尹青梅：《"支架"理论在 CAI 英语写作教学中的应用》，载《外语电化教学》2007 年第 1 期。李丹丽：《二语课堂互动话语中教师"支架"的构建》，载《外语教学与研究》2012 年第 4 期。赵妮莎：《基于"支架"视角的英语专业课堂中教师提问的探讨》，载《外国语文》2012 年第 5 期。Muhonen H. et al., "Scaffolding through Dialogic Teaching in Early School Classrooms", *Teaching and Teacher Education*, 2016, (55), pp. 143–154. Kim S & Cho S., "How A Tutor Uses Gesture for Scaffolding: A Case Study on L2 Tutee's Writing", *Discourse Processes*, 2017, 54 (2), pp. 105–123.

支架教学的核心是培养学生解决问题的能力和自主学习能力，这是一个教师通过支架把管理学习的任务逐步转交给学生，待时机成熟时再撤去支架的过程。其实施过程包括"搭建支架、创建情境、独立探索、协作学习和效果评价五个环节"。[1]搭建支架即教师根据具体的教学目标，结合学科特点和教学内容要求对教学方案进行设计，建立相应的概念框架；创建情境是提出一个能够引发学生认知需求以及兴趣和动机的特定学习任务，也就是设立一个问题情境，有助于学生在他人的帮助下通过自身的学习和建构去解决问题；在独立探索环节，教师帮助学生确立目标，为他们解决问题提供方向，随着教学的深入和学生自我监控和管理能力的不断增强，教师的引导逐渐减少；协作学习强调了支架教学情境中同伴之间的交往、合作和互助，提倡在交流、沟通和讨论这样的群体互动中建构意义；效果评价是问题探索过程的必要环节，因为建构性的学习是诊断和反思性的学习，其基本特征是评价内容的全面性和评价主体的多元化。

二、跨文化交际课程中的教师支架构建

(一) 跨文化交际课程的特点

跨文化交际课程的一个主要目标是培养学生的跨文化交际能力，但"跨文化交际能力是个综合的、多向度的概念，因为除知识向度外，还有思维向度、行为向度、情感向度和个性向度"。[2]如果只强调文化外显、既有的一面，在教学中则侧重于跨文化交际能力中的"知识向度"，在教学内容和方法上，则突出文化事实和现象的讲授，如目的语民族的价值观、风俗礼仪、禁忌等。但这样的教学势必忽略了文化本身存在的不断流动和改变的特质，因为令人深思的一个问题是，学生们在经过课堂学习，获得了关于文化的客观知识后，当他面临具体的跨文化交际场景时，那些书本化、刻板化了的文化特征和行为规范难以保证他交际的成功，因为跨文化交际能力不仅仅包含知识向度。跨文化交际面临的挑战是交际者感知和应对现

---

〔1〕 顾卫星：《大学英语"驱动-促成-评价"教学流程中教师中介研究》，载《外语测试与教学》2018 年第 2 期。

〔2〕 刘学惠：《跨文化交际能力及其培养：一种建构主义的观点》，载《外语与外语教学》2003 年第 1 期。

实的能力，而不仅是了解和记忆一些书本的知识。因此，当我们看到文化的现实、变化、主观这一特性时，就会关注这样一些能力，例如交际者是否对文化现象有敏锐的观察、是否能够进行分析判断从而通过表象看到本质、是否能够跳出理论，实事求是看待问题、是否能换位和逆向思考等。

对文化的释义过程也是对文化的反思过程。跨文化交际学就其本质是一种文化比较，学习者需要关注文化差异，分析差异带来的交际问题及交际失败的原因，课程要培养学生对外来文化的批评态度。因此学习者在学习知识的过程中需要自己的经验背景来主动建构现实和理解现实，学习如何进行独立的思考和研究，并做出自己对文化现象的解释和判断。英国学者 Byram 曾指出：文化意识的教育应该涉及两种观点，使学生同时成为研究者和被研究者，让他们通过比较和分析获得一种视野。[1]他认为外语学习不能必然导致文化理解，如果缺少对文化的研究和解释，学生就无法在目的文化的框架下去思考和理解目的文化。因此，课程需要培养学生的研究能力。这就意味着在教学中要打破传统的以课本为主的单纯知识讲授，引导和培养学生提出问题、收集资料、调查研究、并对文化现象做出自己的解释，即解决问题的能力。

（二）教师支架构建

笔者根据课程特点和具体的教学目标将支架教学分为以下三个部分：创设问题情境、构建学习模式、优化学习评价。

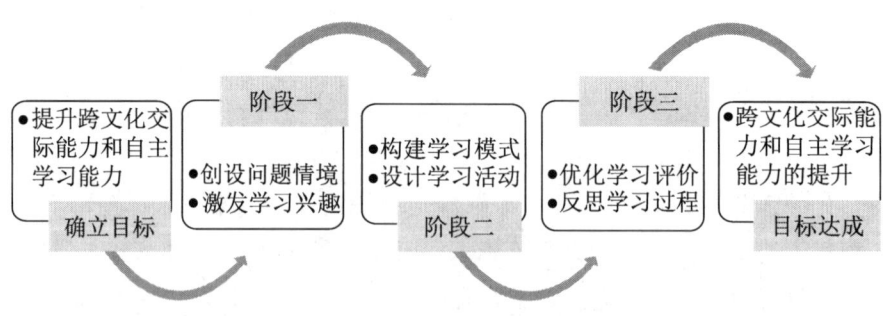

图 1　跨文化交际课程教师支架构建

---

〔1〕　王玉萍、王茜：《跨文化交际学教学现状与学生创造力的培养》，载《运城学院学报》2009 年第 6 期。

在跨文化交际课程中，教师实施支架教学，以提升学生跨文化交际能力和自主学习能力为目标，创设问题情境以激发学生的探索和学习兴趣，构建以问题为导向的学习模式帮助学生设计相关的学习活动，优化学习评价以鼓励学生反思学习过程（如图 1 所示），几个环节环环相扣，依次递进。其中情境的创建是整个支架的基础和前提，构建学习模式是支架的主干和核心，优化学习评价是支架的升华和提升。

三、教师支架在跨文化交际课程中的应用

如表 1 所示，笔者将三个阶段的教师支架分解为 12 个具体步骤。

表 1　跨文化交际课程教师支架分解图

创设问题情境／激发学习兴趣	1. 布置学生预习／学生带着问题上课	构建学习模式／设计学习活动	5. 课后学生与教师讨论／确立课题	优化学习评价／反思学习过程	9. 学生以 PPT 口头报告的形式在课堂展示研究成果
	2. 教师课堂上就课程重点进行讲解		6. 教师就该课题的研究方向和重点与学生交流		10. 教师和学生共同对研究成果进行评价
	3. 学生课堂上分享疑问／教师分析问题／学生讨论		7. 学生组内分工对课题进行研究		11. 每个学生以 300 词短文的形式对自己的研究部分进行阐述／教师评价+学生互评
	4. 两组学生初步选择本单元研究课题		8. 学生完成该课题的研究		12. 学生完成学期论文

（一）创设问题情境，激发学习兴趣

创设问题实际上是问题的导入阶段，教师将学生引入一定的问题情境，学生已有的经验知识与新的情境产生冲突矛盾，由此激发学生进一步探索的兴趣和愿望。

教师在学期之初就跨文化交际课程的特点、课题研究学习模式的教学方法以及课程评价标准向学生作了详尽说明，要求学生自愿分成 4~5 人的小组，每个单元由两个小组进行课题研究。每次课堂讲授之前，教师要求学生对相关内容进行预习，并且把问题记录下来，特别是要求参与本单元研究的两个小组每组准备两个问题/课题。课堂上教师就单元重点进行讲

解，为学生的学习和研究进行理论和知识的准备。授课结束前，教师会留出 20 分钟的时间，学生把预习中遇到的问题提出来与大家分享，因为有些问题通过教师的课堂讲解已经得到解决，教师着重解答未涉及的问题。两个计划本单元做课题研究的小组将他们的问题/课题投放到屏幕上，邀请下面的同学进行讨论，对选题的意义、可行性以及具体内容提出建议。这往往是课堂上最热闹的时候，学生们见仁见智，献言献策，研究小组的同学快速记录大家的建议，初步选定本单元的研究课题。教师在每个单元教学开始之前将与学习内容相关的视频（包括影视片段）的下载地址告知学生，方便他们自取所需。

学生自己提出的问题能够引发他们的认知需求、兴趣和动机，这样他们就处于"最近发展区"的问题情境，而解决问题就成为将课内知识学习自然拓展到课外实践和研究的有效途径。学生具备解决问题的知识经验以及能力的可能性，创建问题情境是教师支架的前提和保证。

（二）构建学习模式，设计学习活动

以目标为导向是构建学习模式的基本原则，跨文化交际课程的特点决定了支架教学的学习活动设计不能像传统教学那样照搬教材，而是要培养学生批判性比较和研究能力。学习者是知识和能力建构的主体，因此，学习模式的设计要"体现以教师为主导、以学生为主体的教学理念，使教学活动实现由'教'向'学'的转变，使教学过程实现由关注'教的目的'向关注'学的需要'转变，培养学生的跨文化交际能力和以主动探究为特征的自主学习能力"。[1]在建构学习模式环节，教师首先要帮助学生确立研究目标，为学生探索问题情境提供方向。此外，还需要向学生提供完成该学习任务的理论和概念支持。

确定课题方向之后，学生需要制定基本的实施计划，包括小组的分工、课题的可行性、研究的途径、计划完成的时间等几个方面。在研究正式开始之前，课题小组就拟选课题的研究意义以及可行性与教师沟通，教师就学生提交的计划提出意见，最终确立研究课题。例如，一个小组提交的研

---

[1] 教育部高等学校大学外语教学指导委员会：《大学英语教学指南（2017）》，载 http://www.360doc. com/content/17/0203/14/413468_626210661. shtml.

究课题是有关"中西方教育的比较研究",教师在听取了学生的研究计划后指出:中西方本身是个很宽泛的概念,况且,不同历史时期、处在人生不同阶段的教育均不一样,甚至参与教育的主体也存在很大的差异,要想在短短的 20 分钟里把方方面面讲清楚并且探究这种差异背后的文化因素,几乎不可能为之。经过沟通,这个小组最后的课题定为"中美家庭教育观之比较研究",实践证明,因为缩小了论题,这个小组的 PPT 课堂报告取得了更好的效果。在这个过程中,学生能通过电话、微信或面谈等方式随时与教师取得联系,就出现的一些问题进行沟通。

在赋予学生独自探索、解决问题空间的同时,支架教学强调问题情境中活动的互动性、合作性和互助性,即学习者需要通过相互间的交流、沟通、讨论等群体互动方式完成对知识的建构。课题确定下来后,小组成员分工合作,从各个渠道去查找资料、收集信息、分析信息、汇总信息,还要一起商议如何把成果以最生动的方式呈现出来。在这个阶段,教师的职责是要促成师生之间、生生之间的共享和交流,使原本纷杂无序的情境变得明朗清晰,学生在独立探索过程中遇到的问题能获得各方的帮助,并在共享集体思维成果的基础上达成对概念的正确理解,最终完成意义的建构。

(三) 优化学习评价,反思学习过程

知识建构的过程同样也是诊断和反思的过程,因此,学习评价是问题探索过程中不可分割的一部分。学习评价的本质是学习的过程而非结果,是改进和深入学习的重要保证。评价应该注重学习的过程,从"对学习的测试"转向"促进学习的测试"。[1]支架教学的基本特征包括评价主体和评价方式的多元化、评价内容的全面性。评价主体包括教师、学生;评价方式包括教师对学生的评价、学生之间的相互评价等;评价的内容包括学习态度是否端正、学习内容的掌握程度、课堂活动的参与度、对小组活动的贡献、是否完成知识的意义建构等。在评价内容上,支架教学评价强调学生的实践能力、创新能力以及学习态度方面的综合考察;在评价方式上重视过程评价,关注学生在不同学习阶段取得的进步;在评价标准上用开放、多元的评价充分考量学生的个体发展差异。

---

〔1〕 王守仁:《〈大学英语教学指南〉要点解读》,载《外语界》2016 年第 3 期。

表 2   跨文化交际课程多元评价体系

总成绩（100%）									
形成性成绩（50%）								终结性成绩（50%）	
平时成绩（35%）					课题研究（15%）			期末测试（30%）	学期论文（20%）
出勤（5%）	作业（5%）	课堂互动（10%）	案例分析（10%）	经典阅读（5%）	学生评价（5%）	教师评价（5%）	研究阐述（5%）		

如表 2 所示，多元化评价体系在评价方式上既重视学生课程学习的效果，也把他们在整个过程中的参与和努力考虑在内。在评价内容方面，既考查他们的学科知识的掌握，又要考察他们的学习态度、自主学习能力、合作能力、研究能力和口头表达能力。每个课题研究小组最终需要在课堂上用 15 分钟以 PPT 口头报告的形式阐释他们的研究成果，每个成员按照事先分配的内容作口头报告。对同伴的作品进行反馈，对展示中出现的问题和疑问提出有建设性的意见是同伴反馈的一个特点。每个小组展示后，他们有 5 分钟的时间就报告内容接受台下老师和同学的提问，为了鼓励生生互动，学生们的口头评价和提问会记入平时成绩。教师和同学将从报告内容、PPT 制作、流利程度和答辩满意度四个方面为他们打分，教师和学生各有 5 分的打分权利。教师作为"支架"对口头报告提出中肯、公正的评价和建议，反馈虽指出问题和不足，但强调积极和正面的信息，被评价者不仅能看到问题所在，也能获得教师的赞赏和鼓励，因此有了更强的学习动力和热情。

教学界对同伴评估的信度和效度已有不少研究，大家普遍赞同的一点是"制定评价标准或评价量规会大大提高有效性"。[1]相比教师，学生无论在知识的掌握程度还是在评价的经验技巧方面都有较大差距，因此，在评价之前，教师制定详细的评价标准，学生按照标准对号入座，判断同伴是否或在多大程度上达到了标准，学生们在评价同伴作品的同时也反思自己

---

〔1〕 马玉慧、赵乐、刘晴：《在线同伴评价的影响因素及其促进策略研究》，载《电化教育研究》2016 年第 3 期。

的学习，如何扬长避短，在今后的展示中做出调整和改进。因为小组的每个学生都有具体分工负责的研究内容，他们在口头报告后需要在批改网上提交一篇300字左右的短文，阐述自己的研究过程和结果。因为这个网络平台具有学生互评的功能，教师在最终给分的时候会参照其他同学的评价。按照要求，学生在期末需要提交一篇800字左右的学期小论文，由于小组研究的内容是占总成绩20%的学期论文的基础，学生们都很重视。

四、教师支架在跨文化交际课程中的意义

在课程实践中，教师通过创设问题情境、构建学习模式和优化学习评价改变了更多反映"接受性"学习模式的传统教学理念，其意义在于：

（一）体现了以学习者为中心的教育理念

教师作为学习支架，其作用不单单是作为信息的传播者，在课堂上讲授跨文化的理论和文化间的差异，而是要制定体现"探究性"学习模式的规则，引导学生作为学习的主体有序、有质地参与。学生不仅仅是信息的接受者，按照教师的讲解和教材的安排去记忆、理解各种文化现象和理论，更多的是要作为知识的主动建构者，在教师的引导下学会提出问题、收集材料、分析问题、解决问题。灵活的学习模式和多元的评价方式让学生能够按照自身的学习基础和节奏去安排学习内容和任务，学生有了更多的施展空间，他们真正成为自己学习的主人，参与教学的整个过程。

（二）培养学生自主学习习惯和能力

在教师支架模式下，学生不再是被动的接受者，教师通过创设问题情境和构建学习模式激发学生的学习兴趣，培养学生的自主学习习惯，引导学生学会学习，让他们具有管理自己并对自己的学习负起责任的能力。学生带着问题去学习，课程学习不再是盲目、无序的，而是带着问题、有准备而来；小组课题研究有助于学生自主学习习惯的养成，因为无论是课题的选择、资料的收集、文献的阅读、课堂报告的构思，还是学期论文的撰写无不是学生们主动探究的结果。

（三）培养学生合作学习能力和社交技能

自主学习并非学习者孤立的学习，学生间的合作学习能更好地提升他们的学业成就，建立一种积极的人际关系，形成一种良好的心理品质，减

少焦虑感，增强处事的自信心。[1]学生在课堂上的互动、评价，以及小组课题研究过程中的分工、协商、妥协、支持无不有助于合作学习模式的养成。合作的过程也是一个社会交往的过程，这一过程鼓励学生之间互相交流意见，表达观点，这些意见、观点有助于同伴在将来的学习中进一步改进不足。学生之间相互学习，取长补短，学生们在不断的沟通、磨合中培养了社会交往技能。

（四）培养学生跨文化交际能力和批判性思维能力

跨文化交际学的核心是探究文化间的差异和不同文化的比较，因此学生的跨文化交际能力包括透过文化现象看本质的能力，教师"要培养学生对外来文化的批评态度"。[2]单纯的课堂授课和理论学习有助于学生从宏观上把握文化模式，但其负面影响是学生容易产生"文化定势"，看不到文化动态和变化的特点。在小组研究模式和多元化评价的框架下，学生的课题研究和学期论文占总成绩的35%，在研究过程中学生会不断遇到新的问题，学会如何分析并解决问题将伴随整个学习过程。研究的过程同时也是个批判反思的过程，学生在这个过程中不断发现跨文化交际理论和现实之间的差距，从而逐渐从文化定势的樊篱中跳出来。

五、结语

在学生学习方式不断个性化、学习需求日益多元化的今天，教师已不再是学生知识的唯一来源，也不是学生学习效果的唯一评判者。教师的角色"已从教学的主体和主宰转变为学生构建知识、创造意义、培养能力的促进者和推动者"。[3]支架教学作为教与学之间最佳的契合点既考虑了学生在学习过程中的实际感受和对知识的积极建构，同时也强调了教师在这个

〔1〕 Cohen, E. , "Restructuring the Classroom: Conditions for Productive Small Groups", *Review of Educational Research*, 1994 (64), pp. 1–35. Slavin R. E. , *Cooperative Learning: Theory, Research, and Practice*, Boston, MA: Allyn and Bacon, 1995. Jensen M. D. W. Johnson & R. T. Johnson. , "Impact of Positive Interdependence during Electronic Quizzes on Discourse And Achievement", *Journal of Educational Research*, 2002 (3), pp. 161–166.

〔2〕 王建平:《语言习得与文化习得》，载《外语与外语教学》2001 年第 12 期。

〔3〕 顾卫星:《大学英语"驱动-促成-评价"教学流程中教师中介研究》，载《外语测试与教学》2018 年第 2 期。

过程中的作用。教师是课堂教学的策划者、组织者和参与者，同时也是学生自主学习的引导者和促进者，"逐步培养自主型、探索型、协作型、研究型的学习方式，通过学习方式的变革带来学习成果的飞跃"。[1]支架教学和跨文化交际课程的结合有助于学生在跨文化领域培养独立探索精神和批判性思维能力，学生们有机会从不同的视角去审视和思考一些传统的跨文化理论。笔者曾与几名选修这门课的学生访谈，其中一个学生的话让笔者难以忘怀："在课堂上我知道了什么是高语境文化（High-context culture）和低语境文化（Low-context culture），但是课下的研究让我明白了学术大家的理论也并非无懈可击，没有什么是一成不变的"（这个学生和她的小组的研究选题是有关"文化定势"方面的）。

如果我们能在教学设计上强调授之以渔，用先进的教学理念去引导学生发挥主观能动性，我们的收获一定是丰厚的。

---

〔1〕 龚嵘：《大学英语自主式课堂教学模式中教师角色探微》，载《外语界》2006 年第 2 期。

积极心理学取向的大学生心理健康教育：《心理学与我》课程思政模式的建构

高　钦[*]

习近平总书记在全国高校思政工作会议中提到了"课程思政"的概念，做出了利用课堂时间进行思政教育的指示，强调各类课程的教学应当与思政教育相结合，二者同向而行，构筑协同效应。近年来，我国各大高校为了贯彻这一教育理念，不断展开了对课程思政的研究。在众多的课程中，大学生心理健康教育课程受到了广泛的关注，一方面，心理和人格的健康发展是新时代人才的素质基础，《高校思想政治工作质量提升工程实施纲要》中更是明确指出应重视"心理育人"，"把心理健康教育课程纳入学校整体教学计划"，"实现心理健康知识教育全覆盖"[1]。另一方面，心理学在历史上属于哲学范畴，与思想政治教育有千丝万缕的联系，大学生心理健康教育课程与"课程思政"有着极高的契合度。《关于深化新时代学校思想政治理论课改革创新的若干意见》中就明确将心理健康教育纳入为"统筹推进思政课课程内容建设"中的重要内容[2]。在这样的背景下，本文将探讨积极心理学取向的大学生心理健康教育课程《心理学与我》的课程思政模式建构。

　　* 高钦，中国政法大学社会学院副教授。
　〔1〕《中共教育部党组关于印发〈高校思想政治工作质量提升工程实施纲要〉的通知》，载 ht-tp://www. moe. gov. cn/srcsite/A12/s7060/201712/t20171206_320698. html.
　〔2〕《中共中央办公厅国务院办公厅印发〈关于深化新时代学校思想政治理论课改革创新的若干意见〉》，载 http://www. gov. cn/zhengce/2019-08/14/content_5421252. htm.

一、《心理学与我》课程与"思政课程"的契合度分析

（一）《心理学与我》课程介绍

《心理学与我》是一门积极心理学取向的、面向全校学生的选修课程。基于对大学生心理健康的重视，目前各大高校都积极开设了心理学类的选修课程。一般而言，这样的课程主要包括两种类型：一类是以《心理学导论》《社会心理学》为代表的心理学导入类课程，一类是心理健康中心开设的《大学生心理健康》课程。这些课程在加深大学生对心理学的认识和理解的同时，也存在着一定的局限。对诸如《心理学导论》和《社会心理学》的心理学导入类课程而言，授课内容都是按既有的学科知识框架来组织的，这让零心理学基础的学生们学起来会有一定的距离感，他们很难将课程内容与自身建立起联系，更难以将其应用于改善自己的生活。《大学生心理健康》课程则往往侧重于心理教育的调适性和矫正性，重点关注对疾病、偏差和异常的筛查和矫治，强调从"病"到"无病"的过程。这样的课程显然更适合那些少量的、真正具有心理问题的学生，而对大多数的、心理健康但同时又常常被各种学习生活的问题所困扰，以困惑、迷茫、缺乏动力为主要心理特征的大学生而言，这种聚焦于心理问题的课程定位不但很难让他们受益，甚至反而有可能在向他们传达一种消极的心理暗示。

课程《心理学与我》就是在上述对已有心理类选修课程的分析的基础上诞生的。该课程指向大多数的、心理健康的大学生群体，采用积极心理学的视角，通过引导和鼓励学生体验幸福、意义、友谊、成就等心理和行为的积极面，帮助学生建立一个"强大的心理免疫系统"，最终实现学生内在潜能的开发和人格的全面发展，达到"繁荣"而非仅仅是"无病"的目的[1]。具体而言，《心理学与我》旨在完全以学生为中心，打造一门兼具专业性和实用性的心理学通识课程，通过专业的心理学的视角帮助大学生更好的认识自己和周围的世界，促进其个人成长，并最终实现个人潜能的发挥和心理健康、幸福感的提升。因此，该课程在内容上打破了传统的心理学的学科边界和组织框架，以大学生成长和发展过程面临的最重要、最

---

[1] 刘翔平主编：《当代积极心理学》，中国轻工业出版社 2010 年版。

困惑的问题为中心，一个专题解决一个问题。在每一个专题中，从了解到掌握到运用，其间插入最新的研究发现、最贴近的大学生生活的案例，提高学习的动机和教学效果。具体而言，《心理学与我》的课程内容由以下11个专题构成：

第1讲 我，我们，和心理学——关系建立与课程概览

第2讲 我喜欢我自己吗？——自我评价的核心：自尊

第3讲 我为什么那么衰？——自我效能感、控制点与习得性无助

第4讲 我和你有何不同？——个体差异：能力和人格

第5讲 我为什么而学？——学习动机与驱力

第6讲 我适合做什么？——发现优势与职业生涯探索

第7讲 我现在感觉如何？——情绪与情绪调节

第8讲 从"我"到"我们"——社会认同与群体心理

第9讲 我们做朋友吧？——人际吸引与友谊

第10讲 我爱你——爱与浪漫关系

第11讲 说话之道？——人际沟通与理解

(二)《心理学与我》与"课程思政"的融合性

《心理学与我》作为一门基于积极心理学视角的大学生心理健康教育课程，与"课程思政"有着极高的契合度，可融合性强。第一，《心理学与我》与思政教育有着相同的人才培养方向和培养目标。《心理学与我》与思政教育均以学生为服务对象，均强调"以人为本"的理念，使教育惠于人、道德植于人，让人成为一个大写的、有个性的幸福之人。两者均为培养与提升学生全面综合素质发展服务，均旨在提高完善大学生的情感、认知，帮助大学生正确认识自我和社会，以便更好地调整自我、适应社会，达到促进大学生顺利成长、健康发展的目的。另一方面，不同于以往心理健康教育侧于心理教育的调适性和矫正性、过度关注疾病、偏差和异常，强调从"病"到"无病"的取向，《心理学与我》采用积极心理学的视角，以前沿的积极心理学研究结果为基础，通过引导和鼓励学生体验幸福、意义、友谊、成就等心理和行为的积极面，帮助学生建立一个"强大的心理免疫

系统"，最终实现学生内在潜能的开发和人格的全面发展，达到"繁荣"而非仅仅是"无病"的目的。这与课程思政"立德树人"的教育理念不谋而合，与思政教育"不仅仅注重对学生道德的培养，还要注重对学生内在潜能的开发，从德、智、体、美、劳等方面培养'四有'新人，提高大学生的基本素质，使他们成为国家需要的人才"这一培养目标也相当一致。

第二，《心理学与我》与传统的思政教育相辅相成、相互补充。思政课程强调引导大学生树立科学的世界观、人生观和价值观，形成良好的道德品质，侧重于以马克思主义为指导的理论知识的系统性讲授；而心理学作为一门应用自然科学的方法考察心理和行为的科学，它强调通过收集和分析客观的数据来论证个体的心理和行为的前因和结果。因此，《心理学与我》作为思政课程存在以下三方面突出的优势。

首先，对相关心理学研究结果和理论的介绍、各种互动教学活动的参与能很好地将思政教育"隐身"在心理健康教育中，潜移默化地影响学生，不仅避免了学生的抵触情绪，也有利于学生真正理解并形成良好的人生观、价值观，将所学所知内化为稳定的心理和行为模式。

其次，课中所有的问题解决和干预方案都经过实证研究数据的反复论证和支持，有效且实际操作性强。

最后，学生对心理学、心理测验、心理学研究普遍持有浓厚的兴趣，不易产生传统思政课程可能会出现的逆反心理。

二、《心理学与我》"课程思政"的教学设计

(一) 教学目标

总体而言，课程《心理学与我》的德育目标在于通过培养大学生在自我认知、人格发展、情绪调节、自我管理、生涯规划、人际沟通与理解、群体认同、团队合作等方面的能力，引导大学生树立正确的、科学的世界观、人生观、价值观，增强大学生的心理健康水平和心理素质，帮助大学生更好地学习、交友、恋爱，使大学生成为积极向上、人格健康、适应环境、能充分发挥自己潜能的德、智、体、美、劳全面发展的人才，积极为和谐社会、幸福社会做出应有的贡献。具体而言，课程《心理学与我》的目标包含以下三个方面的内容。

1. 培养大学生积极向上的健康心态

打破心理学只关注"心理问题和障碍"的刻板印象和误区，立足于积极心理学的视角，强调潜藏在每个人身上的积极向上的巨大力量，强调积极心理品质的可塑性，鼓励和引导学生形成健康积极的世界观、人生观和价值观，以及积极向上的社会心态，激励学生积极追求获得感和幸福感。

2. 引导大学生认识自我，悦纳自我，发挥潜能

以科学的心理测量工具为依据，帮助学生客观、全面、深入的认识自我，发现自我的独特优势和价值，悦纳自我，提升自尊自信；引导学生挖掘并激活自身的学习动机，以积极向上的态度面对学习；帮助学生认识自己的情绪体验，探索和发现适合自己的心理调适技能；引导学生形成"敬业""诚信"的社会主义核心价值观。最终降低学生的迷茫感、空虚感，提升学生的幸福感、获得感，使其对未来抱有希望和乐观的态度，促进其个人潜能的充分发挥与自我实现。

3. 帮助大学生建立和谐的人际关系

引导学生在认识个体差异的基础上尊重差异，接纳并欣赏他人与自己的不同，求同存异，良性互动；帮助学生形成对宿舍、班级、学校、民族、国家等不同层级的群体认同，感受群体认同对个体心理和行为的积极影响；培养学生的人际沟通与理解能力，帮助其建立和谐健康的友谊、恋爱关系，养成平等宽容、团结协作的合作意识；引导学生形成"爱国""友善""诚信"的社会主义核心价值观。

（二）教学内容与过程

如前所述，课程《心理学与我》由11次专题课组成，其中，每一个专题中都隐含了特定的思政元素要点，旨在随着课程的推进，实现自然的、潜移默化的思政教育过程。具体而言，课程中每个专题下的教学主题、教学过程、教学目标以及融入思政元素的要点均在"表1：《心理学与我》课程思政计划"中做出了细致的说明。

（三）教学方法

《心理学与我》课程思政模式在教学方法上也别具特色，该课程以非指导式教学和建构式学习的教学理论作为基础，并采用了线上线下相结合的方式，力求通过全方位的教学设计和充分的教学参与，收获最大的教学

效果。

1. 非指导式教学

著名的人本主义心理学家罗杰斯认为,教学的关键在于让学生通过主动参与和积极体验充分的发展其丰富的个性。据此,他提出非指导性教学,强调教学的起始基础不是课程内容,也不是思维过程,而是人际关系。积极的人际关系使人成长。因此,非指导性教学要求以学生为主体,教师充分信任、了解和尊重学生,在良好的师生关系中促进学生学习,使学生充分发挥自己的潜能[1]。

基于此,《心理学与我》非常重视学习共同体的建立。在第一次课中专门设计了关系建立和团队建设的环节,在之后的每一次课上也采用团体模式进行,重视师生之间、生生之间的沟通与分享,营造一个安全私密而内心开放的课程氛围,每个学生的经验、故事不仅丰富了课堂,也让其他学生可以进行同辈学习,有利于深化学生对于学习内容的理解和感悟,让全体成员在积极的人际联系中共同成长,让课堂产生更大的课程思政效果。

2. 建构式学习

建构主义认为学习是学习者基于原有的知识经验生成意义、建构理解的过程。因此,教师应当从学生实际出发,创设有利于学生学习的环境,通过提供适当的问题情景或实例促使学生反思,促进学生主动建构知识的意义,并适时提供适当的鼓励、引导、帮助、支持,进一步促进学生的建构活动[2]。

基于此,《心理学与我》打破了以往心理学类通识课程以学科框架为结构、以知识的传授为中心的授课方式,完全从学生的日常学习和生活经验出发,以他们面临的最重要、最困惑的问题为中心组织专题,一个专题解决一个问题,在充分激活了学生的学习动机的基础上,让学生在对"真问题"的探索中建构认知、发展能力、更好地发挥自身的潜能。

3. 线上线下相结合

《心理学与我》还积极应用教学平台"雨课堂",将教学从线下拓展到

---

[1] 程荣旺:《罗杰斯"非指导性教学"思想浅析及其启示》,载《文教资料》2011年第25期。

[2] 陈琦、刘儒德主编:《教育心理学》,高等教育出版社2005年版。

线上。"雨课堂"是学堂在线与清华大学在线教育办公室共同研发的智慧教学工具,其目的是全面提升课堂教学体验,让师生互动更多,教学更为便捷。课前,"雨课堂"可以将相关预习资料通过微信推送给学生,有利于将部分准备性的学习资料的处理分散到课堂之外完成,让学生在课前形成对课程的合理预期。课上,学生可以实时答题,弹幕互动,投票表决。一方面可以在课堂上瞬间实现考勤签到、投票统计等活动,另一方面,弹幕讨论等形式可以极大地促进学生参与、活跃课堂气氛。课后,学生可以回顾所学内容、完成作业以及相互交流,学生的测验结果以及在课上课下做的难点标记都可以以数据形式及时反馈给老师,便于教师了解学生的学习情况并不断改进。

(四)教学评价

课程《心理学与我》的教学评价结合了过程性评价和结果性评价两方面的内容。过程性评价方面,课程对"雨课堂"平台的应用使得学生的测验结果及其在课上课下做的难点标记都可以以数据形式及时反馈给老师,这种随时随地发生的过程性评价可以为教学过程提供细致的、全面的反馈信息。结果性评价方面,一方面将采用基于"雨课堂"的学生课程前、后心理品质的测量结果对比来直接量化课程的教学效果,考查学生在心理健康水平、幸福感、生活满意度、自尊水平、学习动机、人际沟通技能等心理素质的重要方面的变化情况。另一方面,本课程还将以学生的上课体验反馈作为报告的补充内容,请学生通过"雨课堂"平台将其在这种新型教学模式下的体验以问卷形式进行反馈,考查学生在其中的具体感受。

以上这些结合了过程性评价和结果性评价、学生主观体验和心理测量客观评估的全面教学评价体系一方面能够直接反映课程的教学效果,另一方面也能够为今后的教学设计的改进提供精准的依据,对今后在教学中如何更好地建设基于大学生心理健康教育的课程思政模式提供参考依据。

三、结束语

心理健康教育和思想政治教育是当前大学生教育中必不可少的重要部分。心理健康教育与思政教育的融合与协同存在天然的良好基础,各大院校在探索心理健康类"课程思政"的过程中,还需深入的对两者之间的联系作进一步分析,不断发掘和建构思政元素在心理健康类课程中的"生长点"，切实提升大学生的心理健康和幸福感水平，使大学生形成正确的世界观、人生观、价值观，不断提升大学生对思政课的获得感，培养德智体美劳全面发展的社会主义建设者和接班人。

表1 《心理学与我》课程思政计划

教学主题	教学过程	教学目标	融入思政元素要点
一、我，我们，和心理学——关系建立与课程概览	1. 热身阶段 • 活动"同心圆面对面"：所有成员相互认识。 2. 建组阶段 • 分组："报数分组"，随机分为5人组； • 破冰："3个问题"，迅速建立组内关系； • 团建：设计组名、标志，拟定团体契约。 3. 课程预期 • 交流选择"心理学与我"的原因和自身预期。 4. 课程概览 • 心理学是什么？它与我的关系？ • 课程内容设置与安排； • 介绍教学工具"雨课堂"。 5. 课下延伸——综合心理测验 • 登录"雨课堂"，熟悉平台，并完成"《心理学与我》课前测查"。	课程准备，为后续课程的顺利开展奠定基础。 1. 关系建立 • 促进生生、师生间的关系建立，创建安全、平等、接纳的沟通氛围，搭建良好的学习共同体。 2. 了解需求 • 了解学生对课程的预期和需求，作为后续课程优化的依据。 3. 形成预期 • 打破心理学只关注"心理问题和障碍"的刻板印象和误区； • 基于积极心理学视角，关注成长、潜能和幸福，提高生命质量。 4. 前测调查 • 客观认识学生在情绪、自尊、生活满意度、幸福感、意义感等方面的初始状态，也为课程效果评估确定基线水平。	1. 培养积极向上的健康心态 • 打破心理学只关注"心理问题和障碍"的刻板印象和误区，立足于积极心理学的视角，强调潜藏在每个人身上的积极向上的巨大力量，强调积极心理品质的可塑性，鼓励和引导学生形成健康积极的世界观、人生观和价值观，以及积极向上的社会心态，激励学生积极追求获得感和幸福感。 2. 引导和谐健康的人际关系 • 帮助学生认识个体与集体的关系，感受团体的力量、集体的智慧，体验良好的关系带来的积极情绪感受。 3. 形成全面客观的自我认识 • 通过科学的心理测量及结果反馈帮助学生全面客观的了解自己。

教学主题	教学过程	教学目标	融入思政元素要点
二、我喜欢我自己吗?——自我评价的核心:自尊	1. 引入环节 • 大学生的"空心病",你有吗? 2. 讲授环节 • 自尊、高低自尊的概念; • 高、低自尊的影响结果; • 自尊与自恋; • 高自尊的培养和塑造。 3. 案例分析 • 心理咨询室的三个大学生来访者。 4. 课下延伸——自尊分析实践 • 分析自身自尊水平及其成因,然后实施提升自尊的方法3周,分析结果,最终形成一份完整的个人自尊提升报告。	理解自尊这一核心心理学构念,并最终服务于自身自尊水平的提升。 1. 理解自尊的内涵和形成 • 理解自尊的内涵,高、低自尊的差异及其对个人发展产生的巨大影响; • 理解高、低自尊的形成过程,尤其是父母教养方式在其中起的重要作用。 2. 实践自尊的提升方案 • 学习 Nathaniel Brandon 提出的提升成人自尊的"六大支柱"; • 将自尊提升法用于实践,切实提升自己的自尊水平并感受其带来的变化。	1. 培育自尊自信的社会心态 • 帮助学生在了解自尊的重要性的基础上,认识自己当前的自尊水平,并通过学习和践行自尊提升方法,最终提升自身的自尊水平,达到培育自尊自信的社会心态的目的。 2. 引导"诚信"的社会主义核心价值观 • Nathaniel Brandon 认为诚信正直是提升自尊的"六大支柱"之首,强调为提升自尊,个体需要做到言行一致、遵守诺言、保持道德前后一致。这与诚信的社会主义核心价值观不谋而合。
三、我为什么那么丧?——自我效能感、控制点与习得性无助	1. 引入环节 • "丧文化":今天你丧了吗? 2. 讲授环节 • 自我效能感的内涵和影响; • 控制点的内涵、测量和影响; • 习得性无助:实验、现象与解释。 3. 讨论分享 • "丧文化"的利与弊?	理解知觉到的自我控制的三个主要方面:自我效能感、控制点与习得性无助,并能运用其分析生活中的现象。 1. 理解知觉到的自我控制的内涵和形成 • 理解自我效能感的内涵和表现; • 理解内控、外控型控制点的区别; • 理解习得性无助的现象和成因。	1. 通过控制感的提升促进心理健康 • 个体生而具有控制需求,只有感受到自己对于外部世界是有掌控的,个体才会形成积极向上的健康心态,遇到挫折时才会积极应对而不是轻言放弃,而积极主动的应对又会反过来进一步提升控制感。在如此的良性循环中,个体的心理健康水平逐渐提升、潜能得以充分发挥。

教学主题	教学过程	教学目标	融入思政元素要点
	4. 课下延伸——案例收集与分享 • 课下收集反映自我效能感、控制点和习得性无助的案例，源自新闻报道、书籍、影视资料、自己或周围人物事例等均可，并进一步提出干预方案。	2. 理解知觉到的自我控制的重要作用 • 控制感是心理安全感的直接来源，也是心理健康的重要指标。 3. 设计提升知觉到的自我控制的方案 • 基于对特定个案知觉到的自我控制的分析，设计改进方案。	2. 应用所学，促进人际理解和互助 • 运用所学知识分析和改善生活中他人的控制感，促进人际理解和互助，体验意义感和成就感。
四、我和你有何不同？——个体差异：能力和人格	1. 引入环节 • 你看到了什么裙子：蓝黑还是白金？ 2. 讲授环节 • 能力：认知能力（智力）、身体能力与情绪智力； • 人格：气质类型、16PF、大五、MBTI、AB型人格； • 能力和人格的测量方式。 3. 心理情景剧 • 宿舍里的多样人格 4. 课下延伸——人格测验 • 登录"雨课堂"，完成"16PF人格测验"。	理解个体差异的两大重要来源：能力和人格，理解相关的心理学理论，并能运用其分析自己和他人。 理解能力的概念和理论 理解什么是能力，重点理解智力和情绪智力的内涵和理论。 1. 理解人格的概念和理论 • 理解什么是人格，理解不同的理论框架对人格的分类和解释方式。 2. 运用能力和人格理论认识自我和他人 • 运用学到的能力和人格理论分析自己、他人的心理特征，并据此深化对个体差异的认识。	1. 尊重差异、引导求同存异的人际交往原则 • 帮助学生在认识个体差异在能力和人格两方面的体现的基础上，学会尊重个体差异的存在，引导其在人际交往中学会接纳并欣赏他人与自身的不同，求同存异，良性互动，相互促进。 2. 引导"友善"的社会主义核心价值观 • 在人际交往的过程中尊重彼此的差异、接纳包容、和而不同，弘扬了友善的社会主义核心价值观。
五、我为什么而学？——学习动机与驱力	1. 引入环节 • 高三那么拼命的你，为什么到了大学却学不进去了？ 2. 讲授环节 • 动机的概念和作用；	理解个体行为的驱动力：动机及动机理论，并能运用其分析和提升自己的学习动机。	1. 激活学习动机，引导积极向上的学习态度 • 面对大学生中普遍存在的"学不动"、"不知为何而学习"的问题，分析缺乏学习动机的原因，澄清"为

续表

教学主题	教学过程	教学目标	融入思政元素要点
	• 内部-外部动机与德西效应； • 行为主义强化理论； • 马斯洛的需要层次理论。 3. 案例讨论 • 谷歌20%的自由时间。 4. 课下延伸——学习动机分析 • 分析自己当前学习动机的强度和类型，并提出学习动机的激励方案。	1. 理解动机的概念和理论 • 理解什么是动机，以及动机对行为的重要影响； • 理解不同的动机理论对行为的解释。 2. 运用动机理论分析和提升学习动机 • 运用学到的动机理论认识自己当前的学习动机状态，强度如何？以哪种动机为主？ • 基于动机理论进行自我管理——提升学习动机、激励学习行为。	何而学"的问题，引导学生探索提升学习动机的方法，以积极向上的态度面对学习。 2. 引导"敬业"的社会主义核心价值观 • 对以学习为主的大学生而言，有动力、能持续坚持的学习便是"敬业"的体现，不仅如此，积极的学习也为未来在工作岗位上的优异表现打下了良好的基础。
六、我适合做什么？——发现优势与职业生涯探索	1. 引入环节 • 3个缺点与3个优点。 2. 讲授环节 • 什么是真正的幸福； • 8种美德； • 24种品格优势； • 美德、优势与幸福的关联。 3. 心理测验 • 登录雨课堂，填写优势调查问卷（VIA），了解自己的最强的五个品格优势。 4. 课下延伸——职业生涯探索 • 基于优势测查结果，探索自己适合的工作领域、岗位类型、组织文化、	认识个体的美德优势及其与幸福的关联，了解自身的优势并据其进行初步的职业生涯探索。 1. 理解幸福和优势的关联 • 理解什么是真正的幸福； • 理解8种美德、24中品格优势的来源和内涵； • 理解发展美德和品格优势是获得幸福的最有效、最根本的途径。 2. 认识自身优势 • 通过测查，客观、全面的了解自身的优势并进一步运用优势。 3. 基于优势的职业生涯探索 • 基于对自身优势的认识初步定位适合自己的工作领域、岗位类型、组织文化、工作关系等。	1. 形成积极的自我认识 • 通过优势测量帮助学生认识自己的优势，塑造积极的自我认知。 2. 通过发展优势来对抗逆境、获得幸福 • 根据积极心理学的观点，发现和利用自身的优势是应用自身人格力量来获得积极心态、对抗逆境的最佳方法。引导学生认识自身的美德、力量与长处，并利用这些人格力量来获得积极的心态、收获幸福。 3. 引导"敬业"的社会主义核心价值观 • 引导学生对自身优势的认识来进行职业生涯探索，

续表

教学主题	教学过程	教学目标	融入思政元素要点
	工作关系等，形成基于优势的职业生涯探索报告。	为职业生涯规划提供参考。	初步思考和定位适合自己的工作领域、岗位类型、组织文化、工作关系等。做好职业生涯探索是提高入职后敬业度的重要基础。
七、我现在感觉如何？——情绪与情绪调节	1. 引入环节 • 情绪小怪兽。 2. 讲授环节 • 情绪的概念和基本类型； • 对情绪的积极认知； • 情绪调节：对情绪的感受、管理、利用和理解。 3. 分享交流 • 针对自己最困扰的一种消极情绪（焦虑、嫉妒等），分析自己对该情绪的原有认知，重塑积极认知。 4. 课下延伸——情绪日记 • 感受到强烈的消极情绪体验时，不急于抗拒，而是仔细感受，澄清该情绪的具体类别和可能原因，并记录下来。	认识情绪及其积极意义，塑造积极的情绪认知，掌握和运用情绪调控的技能。 1. 理解情绪及其意义 • 理解什么是情绪； • 认识情绪的意义和价值。 2. 塑造积极的情绪认知 • 改变以往对消极情绪的负性认知，以积极的视角接纳和体验每一种情绪。 3. 提升调节自身情绪的实践技能 • 掌握从情绪的感受、管理、利用和理解四个方面有效调节自身情绪的方法和技能； • 通过写情绪日记的方法澄清自己的情绪体验，拉近自身与情绪之间的距离，接纳而不排斥情绪。	1. 通过形成积极的情绪认知提升心理健康 • 引导学生改变对消极情绪的负面认知，认识到每种情绪都存在其积极的意义，这样消极情绪的影响才不会被主观放大，是情绪调节的第一步。 2. 通过掌握情绪的感受、管理、利用和理解技能提升心理健康 • 情绪的感受、管理、利用和理解是个体情绪智力最重要的四个方面，掌握上述情绪应对技能是提升心理健康的重要渠道。 3. 通过情绪日记提升心理健康 • 情绪日记属于表达性写作，是一种能有效提升个体情绪调节能力方式，为学生提供了一个安全、积极、健康的抒发和表达情绪的平台。
	1. 引入环节 • 观看建国70周年庆典片段，交流感受；	理解人的社会属性，认识社会认同对个体心理和行为的重要影响。	1. 引导个体与群体的健康和谐的关系 • 帮助学生认识个体与

续表

教学主题	教学过程	教学目标	融入思政元素要点
八、从"我"到"我们"——社会认同与群体心理	2. 讲授环节 • 人的社会属性； • 社会情境对个体行为的影响； • 社会认同与身份认同； • 群体决策与行为。 3. 讨论与交流 • 我的群体认同。 4. 课下延伸——研究前沿 • 登录"雨课堂"，阅读《流动儿童身份认同感及其影响研究》。	1. 理解人的社会属性 • 认识人的归属需求； • 了解社会情境对个体的影响。 2. 理解社会认同、身份认同的影响 • 理解社会认同、身份认同的内涵； • 理解社会认同、身份认同对心理和行为的影响。 3. 分析自身的群体认同状态 • 运用所学知识分析自身的群体认同情况。	群体的关系，感受群体对个体的包容和接纳，形成对宿舍、班级、学校、民族、国家等不同层级的群体认同，感受群体认同对个体心理和行为的积极影响。 2. 引导"爱国"的社会主义核心价值观 • 爱国主义就是一种社会认同，包括个体对自己的国家的认知、情感和行为三个方面。通过对社会认同的积极影响的认识，激发学生对中国这个大群体的认同感和自豪感。
九、我们做朋友吧？——人际吸引与友谊	1. 引入环节 • 观看《老友记》《爱情公寓》和《武林外传》片段，突出共同的主题：友谊。 2. 讲授环节 • 人际关系是幸福的根本来源； • 人际吸引的影响因素； • 友谊的特征； • 友谊的性别差异； • 同性友谊与异性友谊。 3. 讨论与交流 • 男女之间是否存在真正的友谊？	认识人际关系对提升幸福感的根本性作用，理解友谊的形成过程，掌握和运用提升友谊质量的技能。 1. 理解关系及其意义 • 理解什么是人际关系； • 认识人际关系的意义和价值。 2. 理解人际吸引的影响因素 • 理解友谊源自人际吸引； • 认识影响人际吸引的因素。 3. 了解提升友谊质量的原则 • 从增强人际吸引力、温暖友善、诚实可信、增强互惠、适当的自我表	1. 建立和谐健康的人际关系 • 习近平总书记在多次讲话中都强调要不断增强人民的幸福感，心理学研究表明，决定个体幸福感的最关键因素并非经济、社会地位，而是和谐健康的人际关系。建立良好的关系是切实有效的提升幸福感的方式。 2. 引导"友善""诚信"的社会主义核心价值观 • 为了获得高质量的人际关系，个体需要遵循一系列的人际交往

续表

教学主题	教学过程	教学目标	融入思政元素要点
	4. 课下延伸——友谊关系分析 • 分析和最好的朋友间的友谊，包括形成过程、关系特点和你的收获，并写下来。	露等方面有效提高自身的友谊质量。	准则，心理学研究证实了温暖友善、诚实可信是影响友谊持续时间和质量的重要因素，这很好的契合了友善、诚信的社会主义核心价值观。
十、我爱你——爱与浪漫关系	1. 引入环节 • 观看剪辑视频《爱》。 2. 讲授环节 • 爱的类型说、爱的三元理论； • 不同文化、不同时代的择偶标准； • 爱随时间的发展变化； • 亲子依恋对恋爱的影响。 3. 讨论与交流 • 我的择偶标准。 4. 课下延伸——案例分析 • 应用爱的三元理论分析影视作品中的爱的不同成分。	了解爱的心理学理论，运动理论分析生活中的不同的爱。 1. 理解爱的心理学内涵 • 理解爱的不同类型； • 理解爱的不同成分。 2. 认识影响爱的关键因素 • 了解不同文化、不同时代的择偶标准； • 了解时间对爱的影响； • 了解儿时与养育者的依恋关系对恋爱的影响。	1. 树立健康的爱情观，引导和谐的恋爱关系 • 在大学生众多的人际关系类型中，恋爱关系是他们当前阶段最关心、也是精力投注最多的重要关系类型，树立健康的爱情观，引导和谐的恋爱关系是促进大学生心理健康和幸福感的重要先决因素。 2. 引导"友善""诚信"的社会主义核心价值观 • 恋爱关系中，双方均需要跳出固有的自我中心思维，学会换位思考、理解包容，共同建构起温暖可靠的恋爱关系，契合了友善、诚信的社会主义核心价值观。
十一、说话之道？——人际沟通与理解	1. 引入环节 • 真有"说话之道"？ 2. 讲授环节 • 沟通的定义； • 沟通的意义和功能；	认识沟通及其重要意义，理解沟通的心理学理论，掌握有效沟通的技巧。 1. 理解沟通及其意义 • 理解什么是沟通；	1. 提升人际沟通与理解技能，促进人际交往 • 沟通占据了个体清醒时间的70%，沟通质量是关系质量的核心，

续表

教学主题	教学过程	教学目标	融入思政元素要点
	• 沟通分析理论； • 有效沟通的技巧。 3. 讨论与交流 • 观看《人人都爱雷蒙德之积极倾听》，总结积极倾听的原则。 4. 课下延伸——案例分析 • 分析案例"最牛女秘书"中导致沟通失败的原因。	• 认识沟通的意义和价值。 2. 理解沟通的心理学理论 • 理解沟通分析理论并运用其对沟通有效性进行分析。 3. 掌握有效沟通的技巧 • 掌握积极倾听、简化信息、站在对象的角度、增强信息可信度、正确表达、有效提问、有效反馈等沟通技能。	沟通能力是团队合作的关键基础。因此，基于人际理解的沟通技能训练能够切实提升学生的各种人际关系质量，让其人际交往过程更加顺畅、收益更多。 2. 引导"友善"的社会主义核心价值观 • 比起说什么话、怎么说话，沟通中更重要也更根本的问题在于理解：真正站在对方的立场去理解，而不是先入为主的对他人做消极的揣度。这契合了友善的社会主义核心价值观。

专门用途外语教学探析

高 莉[*]

索绪尔开创的结构主义语言学重在探索语言结构的规律，语言被界定为抽象的、自主的系统，由相对独立的模块组成。在当时的语言研究状况和社会历史背景下，这种排除任何社会的、物理的、个人意志等的非语言因素，就语言而研究语言的方法为语言学的独立奠定了基础，有助于我们了解人类语言内部复杂的结构形态、各个层级的组合及运作规则。随着语言研究的不断深入，人们逐渐意识到，语言并非存在于真空，而是与人和世界构成一个相互交织、不可分割的整体。在真实的交际场景中，我们所运用的语言手段会因地域、场合、时间的不同以及语用者的个体差异如年龄、性别、社会阶层、职业背景等而在形式或语义层面上有所不同。比如相同的语义可由不同的语言形式得以表达；同一语言形式在不同的语用领域有着不同的内涵；某些专门领域内的语言表达无论从形式还是语义上都带有强烈的专业性特征，因而不具备可通用的潜力等等。这些语言现象被统称为语言变体，是语言复杂性的表现。

在各种语言变体中，专门用途语言（简称"专用语"或"专业语言"）对人类社会发展无疑具有最为显著的作用。自人类社会产生以来，人们就是在社会分工中相互协作，相互依存。作为

---

* 高莉，中国政法大学外国语学院副教授。

人们专门活动领域内的语言交际手段，专用语协助人们记录观察，思考论证，提出假设，确立概念，制定理论体系，提出与解决专业问题等，推进人类各项事业不断向前发展。在国际交流日益频繁的当代社会，对外合作，学习国外技术和先进经验，从事各种涉外事务的活动中，专门用途外语亦发挥着越来越重要的作用。基于政治、经济、科技、法律等领域的国际交往与合作性特征，国家对于涉外人才的外语交际能力有着特殊的需求——他们要能够在国际交流中以专用语/专门用途外语为媒介获取必要的专业信息及直接参与专业交际进程。因此，高校为国家各项事业培养能够运用专门用途外语、具备专业交际能力的涉外人才的任务，显得愈发迫切。

教育部将外语教学改革、国际化涉外人才培养提高到了国家战略高度，多次召开外语教学改革工作会议，探讨如何培养学生的"专业+外语"综合应用能力，为国家培养和储备"一精多会、一专多能"的国际化复合型人才。在"一带一路"、"双一流"建设背景下、在国家提出高校要培养大学生在各自专业领域内具有国际竞争力和国际话语权的要求下，专业外语人才培养已经由业界许多院所的争论、摇摆和观望逐渐进入了实质推进阶段。包括中国政法大学在内，先后有 60 多所高校被批准进入五年试点改革规划中，纷纷探索根据学校办学定位，培养专门用途外语人才的途径。[1]经由"卓越法律人才培养计划"的导向性作用，国内法学教育界已经纷纷展开多样的涉外人才培养模式变革。中国政法大学外语学院秉承学校特色兴校的治校之本，依托中国法科教育强校的优势，坚持外语与法律相结合的特色化办学模式，为外语专业学生开设系列法律英语课程、法律德语课程，为全校学生开设的学术英语课程等均非传统意义上的通用外语教学，而属于专门用途外语教学。高校外语院系只有把基础外语教学扩展到适用于特定语言场合的专用语教学，使学习者能用外语作为工具从事专业学习、学术研究与职业实践，才符合国家战略发展需要、社会需求以及学习者自身的学习需求。

高校的专用语课程对于教师和学生的"教与学"都提出了很高的要求，并且还未发展出统一的教学模式。目前国内外的讨论主要围绕某具体专业

---

〔1〕 蔡基刚：《十字路口的我国公共外语教学》，载《中国大学教学》2019 年第 4 期。

领域内专用语教学法展开，整体上仍处在探索阶段。什么才是"外语+专业"复合型人才培养的有效途径是当下外语教育中亟待讨论的问题。本文结合中国政法大学外语学院的教学实践，以法律外语为例，依据德国专用语研究的相关成果，重点讨论如何在高校有限的课时范围内，结合学生的学习需求科学合理地确定教学目标和教学内容。

一、专门用途外语教学概念解析

作为普通语的一种功能变体，专用语是某一专业领域内所运用的所有语言手段的总和，为该领域内从事活动的人们相互理解而服务。[1]这里谈及的专用语具有双重属性，可以是某一具体专业领域内的专业语言，如法律语言、医学语言、经贸语言等；也可以从抽象化、普遍化的层面上，谈及所有专业语言的共性特征。德国专用语（教学）研究者弗拉克认为："专用语教学是一个整体概念，包括教授和学习专业（母语或外语）语言运用方式的理论与实践。它的理论基础为专用语语言学的研究成果及教育学、心理学、语言教学研究成果等。它的目的是优化实际教和学的活动从而使学习者获得专业交际能力，并反思传递专业知识和专业语言的前提条件。"[2]专门用途外语课程虽然含有通用外语要素和专业课程要素，但与通用外语课程、用外语讲授的专业课程既有联系又有区别，具有自己独特的教学目标和教学内容。

首先，通用外语教学以全民共通语为教学对象，从听、说、读、写四个方面培养学习者的外语基础语言技能。教学中往往强调语法的重要性，要求学习者在尽量保证语法正确的前提下能够用外语进行日常交际。专门用途外语与通用外语并非截然不同的两种语言，恰恰相反，专用语并没有自己特殊的语言符号，它根植于通用语中，由专业领域内的专门词汇、词义专门化的通用语词汇以及通用语语言成分组成。专用语也没有自己特殊的语法规则，所有的组词造句规则都遵从通用语语法体系，其特殊性来源

〔1〕 Hoffmann, Lothar: *Kommunikationsmittel Fachsprache. Eine Einführung.* Akademie Verlag, Tübingen, 1985, S. 97.

〔2〕 Fluck, Hans-Rüdiger: *Didaktik der Fachsprachen. Aufgaben und Arbeitsfelder, Konzepte und Perspektiven im Sprachbereich Deutsch.* Gunter Narr Verlag, Tübingen, 1992, S. 5-6.

于对某些语法规则使用频率的高或低。以专用外语为教学对象，实践中重在从语义、语法、语用、修辞和语篇等角度，探讨和分析外语各种功能语体的特殊性和规律性。专门用途外语教学的任务是要解决学生在外语学习的基础阶段没有掌握或尚未完全掌握的专用语语体知识，培养学习者的专业交际技能，帮助学生逐步具备以外语为媒介进行某专业学科交流的能力。在具体语言技能培养上，专门用途外语课程虽然也应当遵循听、说、读、写四项基本技能学习模式，但在现有课时和教学条件的制约及课程主要培养目标的影响下，对这四项基本技能的培养存在等级差异，目前的着重点在专业语篇的阅读能力。

其次，专门用途外语课程与用外语讲授的专业课程也存在区别，两者的课程属性不同。无论是用母语还是用外语讲授的专业课程，如德国法课程、法律双语课程，就课程性质而言，属于专业课的范畴。它讲授的是某一专业完整而系统的理论，以传播专业知识为目的，外语只起到一种语言媒介的作用。而专门用途外语课程的教学材料虽然也具有"专业性"的特征，但以传授语言知识和技能为目的，而并不过深、过细地探究某专业的系统知识。实践中，教学重点在专业外语语言的特点和语用规律，因而属于语言课范畴。尽管语言学习与专业科学内容学习不同，但专用语研究的相关成果表明，在学习专用语时除了参照普通语言学的概念与理论，还应当顾及专业交际和专业思维模式的特点，因此不能脱离"专业性"。某种程度上讲，专门用途外语课程能够起到"桥梁"的作用，帮助学习者更好地从外语学习过渡到涉外专业课程的学习。

最后，与通用语课程相比，专门用途外语课程学习者的学习需求和教学目标也具有自身的特殊性。以中国政法大学外语学院德语系为例，学生在校学习时间为五年。在这五年当中，他们要同时修满外语学院和法学院规定的学时学分，毕业后获得德语语言文学和法学双学士学位。德语班中有一半的学生经学校优选可进入比较法学院继续攻读法学硕士学位。从培养模式上看，这些学生走的是复合型人才培养道路。从知识储备来看，复合型学习者学习专门用途外语课程的基础是既有通用外语能力，又具备法学（国内法或外国法）基础理论知识。他们既学习了通用外语语言基础知识，又系统地学习了国内法律基础知识，而且从三年级开始参加法律外语和外国法课程的学习。他们当中有部分学生进入比较法学院开始硕士阶段学习后，还有可能走出国门，到国外学习外国法律，攻读博士学位。回国后从事教学与研究工作或从事涉外法务工作。当然，也有不少学生选择继续学习中国法律，在国内从事科研或相关法务工作。在这种学习背景下，学习者学习法律外语具有职业相关性和学术相关性的特征。他们有必要通过有效的课程学习，了解和熟悉法律外语的基本特征（语法、语用、语体等），具备一定的观察、思考和分析专用外语现象的能力；具备一定的中外语言比较和翻译转换的能力；能够阅读和评价专业外语语篇，并从中获取、阐释、复述必要的专业信息；能够参与各类型的专业交际（职业和学术），具备解决相关问题的能力。专用外语课程不仅要满足国家、社会发展的需要，同时也要促进学习者个人的学习能力及职业能力的发展。

二、德国专用语研究与专用语（外语）教学

作为专业交际领域中语言行为能力的手段和目标，专用语是专用语研究（专用语语言学）描写和分析的对象。而专用语研究通常被理解为应用语言学的研究范畴，并在此意义上可服务于专用语教学实践。其主要任务是将专业交际中的可变因素与不变因素总结为专业语篇的特点呈现出来。纵观德国专用语研究的发展历程，研究视角经历了一个从语法到语篇语用转变的过程。

20世纪50年代至70年代，受当时结构主义语言学的影响，德国的专用语研究以语符系统为导向，侧重对专用语语法，包括词法和句法的描写。专业词汇承载了专业知识的概念内容，是最早被专用语研究者关注的对象，并长期占据了重要的地位。赛比克指出："专用语的特殊性主要体现在专业词汇上。"[1]托赫特曼也认为："专业语言首先是专业词汇，在特殊情况下这些专业词汇需要结合或多或少广泛的，不可或缺的通用语一起被运用。"[2]无论属于哪一个专业领域，专业词汇都具有一些区别于通用语词汇的典型特征，体现在词形和词义两个方面。

〔1〕　Seibicke, Wilfried, "Fachsprache und Gemeinsprache", In: *Muttersprache*, Vol. 1959, No. 69.

〔2〕　Tochtermann, Helmut Müller, "Struktur der deutschen Rechtssprache. Beobachtungen und Gedanken zum Thema Fachsprache und Gemeinsprache", In: *Muttersprache*, Vol. 1959, No. 69.

对词形的研究包括专业词汇的构词和曲折变化。前者主要运用构词法中的词汇切分，组合以及直接成分分析法，并主要依据量化的特征。专业词汇中，名词所占比例最大，接着是能够对名词进行修饰限定从而加以区分的形容词，出现频率比较低的词类是动词和副词。因而早期对专业词汇词形的研究主要就是围绕着名词的各种构词法进行。这些构词法有效地满足了科技发展对新生事物不断增长的命名要求，是专用语精确性在词形方面的体现。精确性在词义方面主要体现为语义的规定性特征，即利用各种下定义的方式确定专业词汇的内涵及外延。研究者主要运用了语义学中的语义场理论、义素分析法和认知心理学理论等来对专业词汇的语义和语义关系进行描述和解释，有序地厘清专业知识内容。[1]

专业句法的研究规模虽然比不上专业词汇的研究，但已有的研究成果，如句子类型、定语叠加、名词化现象和功能动词结构、复杂句结构等依然能够显现出专业语言运用领域内的句法特点。德语专用语中，陈述句的使用比例要高于疑问句、命令句和感叹句，说明句子主要行使的是表达功能。复杂句中，最常出现的从句有条件从句、目的从句和连词 während 引导的比较从句，研究者认为专用语的这种句式选择表明其相较于共同语而言更高的精确性、逻辑性和信息密集性。除了这些句型，专用语中大量的关系从句和各种定语，如形容词定语、分词定语、介词结构定语、二格定语、定语叠加等均显示出专用语表述精确性的要求。而名词化现象和功能动词结构则因隐去动词的主语而具有匿名化，提高表述客观性的功能。

20 世纪 80 年代以来，伴随着语言研究中语用认知转向以及篇章语言学的兴起，专业语篇开始进入人们的研究视野，并被视为专业交际的基本单位。研究人员逐渐从对单个专用语结构特征的经验分析转为从广义上考虑专业交际中专业语篇的功能，秉承的是一种交际语用语篇观。在语篇层面描写专用语并没有否定语法描写的合理性，而是将观察的视角与范围扩大至语词和句式本身产出的条件和语境。霍夫曼在 20 世纪 80 年代末期已不再对专用语，而是对专业语篇进行定义："专业语篇是人们在某一特定社会生产领域内进行语言交际活动所使用的工具和活动的结果，由一系列逻辑相

---

〔1〕　Roelcke, Thorsten: *Fachsprachen*, Erich Schmidt Verlag, 1999.

关，语义和句法连贯的句子或等同于句子的语言单位组成"。[1]专业语篇的概念要求对影响专业交际的各种因素进行尽可能详尽地描写，这些因素既包括语言内因素，如语音与文字、词汇、句法和篇章，也包括语言外因素，如地理空间、社会团体、人类活动领域和历史时期。结合语言内和语言外的各种因素可以对专业篇章进行类别描写，这种描写往往带有跨学科的特征。尤其在语言外这一层面上，专用语研究有必要与其他科学领域相结合。对于专业的定义要借助各专业学科，对参与专业交际的人进行描写要结合社会学和心理学。社会学因素包括交际双方的年龄和性别、社会地位差异、社会身份（同一专业领域内专业人士之间的交际、不同专业领域内专业人士之间的交际、专业人士与非专业人士之间的交际）、专业交际的公开程度、交际者的文化背景等。心理学因素包括语用者的认知能力、专业能力、专业语用能力、心理状态、交际动因与目的等。[2]

上述所有的因素分析促使专用语研究朝着综合型跨学科的方向发展。相较于专用语的语法分析，多因素综合型分析的优势主要体现在两个方面：一是可以对专用语进行更为准确和细致的描写与解释；二是可以提高专用语研究成果的应用性，比如为专用语语言规范和专用语语言教学提供指引。德国的专用语教学实践受专用语研究的影响，很长一段时间内都以专用词汇、术语、构词法为主要的教学内容，一度将专用语等同于专业词汇。后来，随着语言功能视角的兴起，专业句法和专业语篇类型逐渐成为课堂教学内容，尤其是专门用途外语课堂。[3]在发展过程中，两种教学内容逐渐融合为两种视角：功能交际视角和语言系统视角。专用语被视为为满足特定交际功能而有意使用某些语言手段，体现为特定的词汇、句式、语篇模式等语体特征。

其间，专用语研究者与教学者达成的共识是，专用语以专用语篇的形式实现，构成研究与课堂教学的主要对象。人们呼吁专用语研究领域与专

---

〔1〕　Hoffmann, Lothar: *Vom Fachwort zum Fachtext*, Akademie Verlag, Tübingen, 1988.

〔2〕　Roelcke, Thorsten: *Fachsprachen*, Erich Schmidt Verlag, Berlin, 1999.

〔3〕　Gläser, Rosemarie: "Die funktionalstilistische Komponente in der fachsprachlichen Forschung und lehre", In: *Wissenschaftliche Zeitschrift der Humboldt - Universität Berlin. Gesellschafts - und sprachwissenschaftliche Reihe 27*, 1978, S. 463-465.

用语教学领域进行更为紧密地合作，构建面向教学的专用语研究。一方面，研究成果可付诸教学实践。另一方面，德国的专门用途语言研究致力于探索专用语的共性特征，理论色彩浓厚，而教学中实际用到的则是某个专业领域内具体的专业语篇，研究所基于的专业语篇语料规模还没有大到能够囊括一切专业语篇类型。因此，教学活动需要在总结经验的基础上，有针对性地为研究提出以应用为导向的要求或建议。在面临共同探讨的对象——专业语篇时，专用语语言学和专用语教学互相应用、检验对方的成果，并且互相提出研究问题和研究任务。[1]

三、专门用途外语课程的教学内容设计

如前所述，专门用途外语课程的教学重点从以前的专业词汇和语法逐渐转向以某专业领域内典型的专业语篇为教学基础。词汇和语法要放在语篇语境层面，从功能语体的角度才能得到更好的诠释。贝尔和摩恩指出，"专用语只能在专业语篇的基础上教和学"。[2]专业语篇是专业交际中的语言行为的体现，因而是以提高专业交际行为能力为目标的专用语课堂必不可少的组成部分。帮助学习者了解和掌握专业语篇（包括口语的、书面的、多模态的）是专用语课堂的主要任务。从教学的角度来看，专业语篇具有两个主要功能：一是为某一专业交际领域内的语言使用提供一种典范；二是构成课堂教与学活动的语言基础材料。[3]在讨论以专业语篇为基础内容的专用语教学时，还需考虑两个问题：如何理解专用语语言学与某一具体专业语篇（法律语篇）的关系；如何建构具体的教学内容，例如选择哪些具体的专业语篇类型作为教学材料。

德国的专用语语言学以所有专用语普遍具有的共性特征为描写和分析的对象，与普通语言学导论相比，除了语音，通常也是在词汇（构词法）、

---

〔1〕   Schröder, Hartmut, *Aspekte einer Didaktik. Unter besonderer Berücksichtigung sozialwissenschaftlicher Fachtexte*. Werkstattreihe Deutsch als Fremdsprache. 20. 1988, S. 19.

〔2〕   Beier, Rudolf / Möhn, Dieter: "Vorüberlegungen zu einem Hamburger Gutachten." In: *Fachsprache* 3. , 1981, S. 122.

〔3〕   Beier, Rudolf / Möhn, Dieter: "Fachtexte in fachsprachlichen Lehr- und Lernmaterialien für den fremdsprachlichen Unterricht – Überlegungen zu ihrer Beschreibung und Bewertung." In: *Fachsprache* 6. , 1984, S. 98.

句法、语义和语篇这几个基本的语言层面对专用语的特征进行规律性总结，有的还涉及专用语产生和发展的历史、专业交际，专用语翻译等方面的内容。对于基于某一专业领域内具体专业语篇，如法律语篇的教学来讲，专用语语言学起到的作用是，使我们熟悉专业交际及专业语篇的文体特征，为我们提供一种专用语分析的方式方法，即语言分析模式和思维模式。例如参照语篇语言学的概念和分析模式，主张将语篇视为一个整体单位，从功能和结构两个视角进行专业语篇分析，比以往的语法分析更能够突显语篇的信息内容。结构视角涉及对语篇内语言要素的分析，包括语法、词汇和语篇主题。功能视角也称功能交际视角，关注的是语篇的行为特征及篇章功能特征，包括交际情景、交际意图以及交际伙伴的社会可变性特征。

如果说专用语语言学以跨专业的专用语共性特征和语用规律为描写的目标，那么具体教学实践中运用的教学材料具有专业特殊性，即根据学习者的学习需求和知识背景准备某种具体的专业语篇类型。二者是一般与特殊的关系。从具体语篇的分析方法来看，通常将语篇视为一个整体，从其特定的交际功能和适用的交际情景出发，对语篇所使用的词汇、句式、篇章结构借助不同的描写手段进行分析。[1]借助这种分析思路，我们可以总结不同专业语篇类型的差异性特征，并进行比较分析，可以是同一语言内不同类型专业语篇的比较，可以判断这些语篇的典型性如何；也可以是跨语言相同类型专业语篇的比较，借此发展学习者的跨文化意识和专用外语翻译能力。

综上，法律外语的教学内容应以法律语篇为基础，教学目的是使学生了解法律语篇的语篇外和语篇内特征，即在分析法律语篇语用特征、交际功能和语言规范要求的基础上了解和熟悉法律语篇的词汇特征、句式特征和语篇结构特征。霍夫曼曾为专业语篇分析提出以下"累积"分析模式（［德］Kumulative Analyse wissenschaftlicher Texte）：[2]

---

〔1〕　Baumann, Klaus‑Dieter: "Der Versuch einer integrativen Betrachtung des linguistischen Phänomens Fachtext." In: *Deutsch als Fremdsprache* 23. 2, 1986, S. 96–102.

〔2〕　Hoffmann, Lothar: *Vom Fachwort zum Fachtext. Beiträge zur Angewandten Linguistik*. Akademie Verlag, Tübingen, 1988, S. 126.

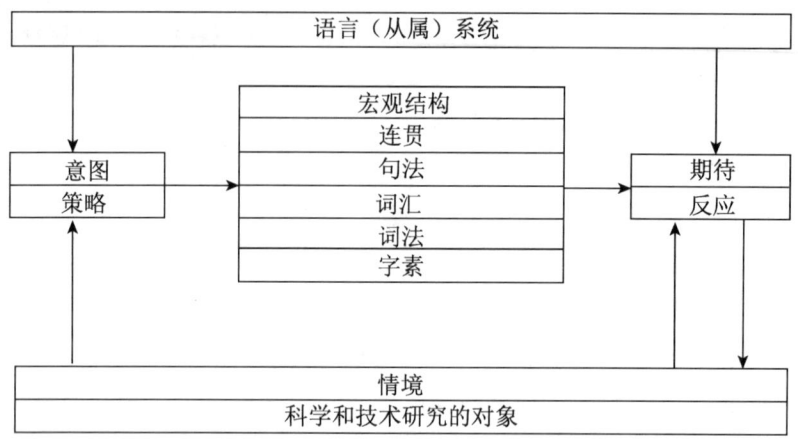

图 1   篇章"累积"分析模式

霍夫曼认为，专业语篇因使用的场景不同、交际对象不同、承担的功能不同以及所使用的语言手段的不同等等而分为不同的语篇类型。作为法律交际领域内使用的语言，法律语言具备一般专用语的共性特征，但也有自己在语用方面的特殊性。法律以语篇的形式（立法语篇）调整国家、团体、个人之间的各种法定关系和各种权利与义务，是机构性专业语篇的典型代表。立法者依据一定职权和程序，通过制定和公布法律实现了宣告言语行为，创造了机构性事实。这些事实被宣布为人们的行为准则，告知人们可以做什么，禁止做什么和必须做什么，对人们的行为进行规范和指引。法律是利益冲突的调整工具和判断标准，法律应当在出现纠纷的情况下作出对争议双方都有效的判决。因而，在法的所有功能中，裁判纠纷功能长期以来处于重要地位。但法的这一功能并非自动具备，而是需要司法实践。通过国家强制力和执行法的机构组织如法院、检察院、行政管理部门以及法律从业人员如法官、律师、警察等，依职权运用一定的方法和程序，对违反法律规范的行为依法进行制裁。立法语篇存在的目的在于使用，即将法律规定与案件事实相结合，得出具有说服力和约束力的法律判决（判决语篇）。

上述法律交际领域的特征表明，法律外语教学应首选立法语篇和判决语篇作为课堂教学材料。以提高学习者在法律交际领域的交际能力（获取与辨析法律信息的能力）为目标，结合法律语言交际的特殊性，教学内容可围绕立法语言特征，如词法、句法、语篇衔接手段、法律言语行为（判决语篇）、法律语言语义建构性和法律外语翻译展开：

1. 立法语篇语言特征

对法律词汇和句式特征的解释与学习应以功能为视角。法律词汇名词化特征，重复衔接手段的高频使用体现出法律语言精确性的要求；通过对语词下定义和赋予特定法律解释的方式体现出法律语言语义的精确性要求。功能动词结构、大量使用定语修饰语、套叠的从句等则体现出法律语言经济性、信息密集的特征。对法律语言可理解性的评估一方面要与精确性和经济性结合起来看，另一方面要引入认知心理因素，将法律语言的可理解性与具体的篇章接受者相关联。

立法语篇作为一种程式化的语篇具有固定的宏观结构特征，法条是其基本的组成要素，可以看作是微篇章。依据传统的语篇衔接概念，以法条为单位对其衔接手段进行考察，可以发现一些显著的特征：立法语篇使用的衔接手段种类比较单一，没有普通篇章丰富，而且分布不均匀。总体上最常用的衔接手段是篇章指示、连词和重复，省略和替换使用频率很低。[1]这体现的是以语言系统为导向的篇章连贯关系。法是一种实践智慧，联结着以生活事实为代表的日常真实的世界和以法律规范为内容的法律世界。适用于某个案件的法条总是不同的法条，案件使得原本并无关联的法条因为某个案件事实而聚合在一起，共同实现解决案件争议的功能，这是一种功能层面上的互文关系。这种互文关系总是随着新案件的出现而动态地生成，是一种以案件为导向的连贯关系。

2. 法律言语行为

语言个仅是法律的存在形式，亦是法律的实现手段。对法律言语行为的分析主要以判决语篇为教学材料。有关"纸面上的法律"转变为"行动中的法律"这一问题实际上关乎的是如何将事实与规范相结合，从而生成法律判断。海德堡法律语言研究学派的代表人物之一费尔德借助语用学中言语行为的概念，构建法律人最主要的言语行为类型。他认为法律就是一

---

〔1〕 高莉：《篇章语言学理论视域下的法律语言可理解性研究》，载《西安外国语大学学报》2018 年第 1 期。

种利用语言、由语言传达的行为。该行为从说者来看，"说"是一种行为，从听者来看，"说"被解读为一种行为。从"规范文本"到"规范"在他看来是言语行为的结果：即确定事实言语行为（将生活事实转变为法律事实）；对事实进行法律分类言语行为（对事实要素进行法律评价）；伴随着论证言语行为的判决言语行为。[1]法律人在实施法律言语行为的过程中，会因立场和利益的不同而采取不同的语言策略，其中对法律概念的语义特征进行不同的建构从而引发"语义冲突"值得课堂讨论与关注。

3. 法律语义的建构性

虽然法律语言具有精确性要求，法律概念也大多以法律定义的方式予以说明，但法律的语义仍具有不确定性的特征，需要法律人积极地建构。法律语义的建构性揭示的是法律争议在语言层面上的表现形式。德国建构法学的创始人米勒区分"法律文本"与"法律意义"两个法律概念，认为前者是立法者制定的文本符号，是立法者制定的"法律"，属于客观范畴；后者是解释者对前者阐发的规范观念，是司法者解释后的"法律"，属于主观范畴。建构法学把法律称作"规范文本"，把实际上的"法律规范"理解为法律人（法官）从文本出发又不拘泥于文本，在合理的范围内能动地创造的成果。法律语义因此具有建构性和可变性特征。[2]

法律诉讼的根本目的是解决纠纷。参与诉讼的各方代表具有不同的利益关系，他们所做的一切努力都是为了维护自身的利益，这些利益相互之间具有针锋相对的特征。这些争议无论是什么样的性质，都会在语言运用上有所体现，例如对生活事实要素进行不同的法律评价，或者对同一法律概念进行不同的语义解释，"语义冲突"现象由此而生。费尔德参照语言符号三角模型，将"语义冲突"分为对符号能指的冲突、对符号所指的冲突和对构建对象意义特征的冲突。[3]从更广泛地层面来讲，语言不仅是人们沟通的手段，更是建构了我们对世界的认知。交际者利用这些语言手段在

---

〔1〕 Felder, Ekkehard: "Pragmatik des Rechts", In: *Handbuch Sprache im Recht*, DE GRUYTER, Berlin/Boston, 2017, S. 45-65.

〔2〕 Müller, Friedrich: *Strukturierende Rechtslehre*. 2. Aufl., Dunker/Humbolt, Berlin, 1994.

〔3〕 Felder, Ekkehard: "Semantische Kämpfe in Wissensdomänen. Eine Einführung in Benennung-. Bedeutungs- und Sachverhaltsfixierung-Konkurrenzen", In: *Semantische Kämpfe. Macht und Sprache in den Wissenschaften*. Berlin/New York, 2006, S. 13-46.

话语中构建出具有争议性的实体，并且使自己的观点具有最大化的说服力和可接受度。

　　法律翻译是学习和借鉴对方在建设法治国家方面有益经验的必经之路。作为一种跨文化、跨语言、跨法系的交际行为，法律翻译历来被认为是对译者要求最为苛刻的一类翻译，因其结合了翻译学、语言学、比较法学、跨文化交际学等学科内容而具有明显的跨学科性。[1]然而，法律翻译终归是翻译，翻译的对象终究是语言（法律语言），语言能力才是这项交际行为的根本。如果没有足够优质的语言及相关能力的输入，就很难产出足够地道的语言输出。合格的法律翻译译者至少应当具备的语言基础有：源语的通用语基础知识、目的语的通用语基础知识、源语的法律专用语知识、译出语的法律专用语知识、相关领域内足够的法律专业知识和法律思维能力。

　　如前所述，依照目前的专用语研究成果，专业外语知识已不仅仅局限在相关专业词汇表达，尽管专业词汇翻译因各种原因仍是专业翻译中重要的一环，比如不同专用语中专业词汇的对等问题，翻译中存在术语不统一的现象以及各个专用语专业词汇系统存在差异等对于专业翻译来讲都是值得注意的问题。除了重视法律术语的翻译问题，还应逐步遵循"从全局到局部"的描述研究方法，不同语言的专用语语篇类型在微观及宏观结构层面上都有可能具有差别性特征，在语言的形式与功能对等上也略有不同。将宏观层面的翻译目的和语篇功能与微观层面的句法结构和用词原则相结合，确定合适的翻译策略，保证翻译的高标准和高质量。此外，专业文化对等的问题也应引起重视，各民族共同体的文化和世界观差异也会以一定的形式在其专用语交际中留下印记。所有这些因素都是法律翻译中值得注意的问题。

　　实际课堂教学中，语法、语用、语言对比和翻译教学内容往往不是截然分开，而是相互交织，可以同时开展。在具体法律语篇类型的选择上，也往往是多个法律语篇片段（立法语篇、判决语篇、法律语言学学术语篇等）结合在一起。练习形式以阅读理解为主，以典型的法律词汇、句式、

---

　　〔1〕　单宇、范武邱：《国内法律翻译研究图谱分析（1992—2016）——基于中国知网702篇研究文献的考量》，载《当代外语研究》2018年第4期。

语法手段和信息提取的练习为媒介，对法律交际的功能性和目的性、外语与母语的语言对比、文化对比及翻译策略进行研讨。

四、总结与展望

专门用途外语教学从国家和社会发展及学习者个人学习需求出发，以专业语篇为教学材料，以综合专业语篇分析为基本内容，将专用语研究、某具体专业语言研究（法律语言研究）的成果融入教学内容中。在总结教学经验、提出教研问题的基础上逐步发展面向专用语教学的专用语研究。

专门用途外语教学目前仍处在摸索阶段，师资力量、教学资源及教学技术手段都尚显不足，教学目标的实现任重而道远。理想的教学组织者不仅要谙熟外语、专业外语，还要了解和熟悉某专业科学的基本原理、工作方法和思维模式。如果现有的师资不能完全满足这样的条件，至少也应当朝着这个方向努力，或者寻求跨院系的教师合作，满足教学需求。专用语教学目前以书面专业语篇为主要内容，未来可通过适当的教学技术手段，增加适当的听力练习和口语练习，这也是参与各类型专业交际（职业的和学术的）所需。在社会快速发展，专业信息不断增长的当今社会，通过探究式学习最终使学习者获得汲取知识的方法和途径是教学的首要任务。

中美大学生议论文语篇中模糊限制语语用功能对比研究

张洪芹*

一、引言

模糊限制语（hedges，以下简称模糊语）是模糊性（fuzzier）修饰语（Lakoff，1972：195），呈一词、多词或句法诸项类型，是慎重表达未经证实的命题至关重要手段（Hyland，1996），有助于达成成功读写者关系（Swales et al，1998）。模糊语是二语书面语成功交际的重要指标（Conner & Lauer，1988），是二语学术写作重要特征（Jordan，1997：240；Hinkel，2005）与关键技巧（Hyland，1998：241），也是议论文的关键元器件（Conner & Lauer，1988），有助于满足命题的充分条件，达成人际的可接受性条件（Hyland，K.，& Milton，J.，1997）。概言之，英语书面交际能力与模糊限制语使用能力之间存在正相关关系，反之则易导致诎用功能障碍。然而，适当使用、熟练掌握模糊语是二语学习者的一大难点与局限（Hyland & Milton，1997：184；Hyland & Milton，1997；Hinkel，2002，2005），这在一定程度上障碍了语言交际，导致弱语用能力等问题，如误用和跨语体使用（徐江、郑莉、张海明，2014）、高频使用显性而非隐性立场表达手段（赵晓临、卫乃兴，2010）、文

* 张洪芹，中国政法大学外国语学院教授。

章主观性强有悖于书面语特征（龚玲莉，2012）等。为更直观呈现模糊语功能问题，本文有必要对中美大学生英语议论文中的模糊限制语进行语用功能实证对比研究，以增强我国二语学生书面语语篇的得体性与可接受性，并对我国学生学术英语论文写作教学有所补益。

二、模糊语的语用特征

（一）模糊语的语用现象

模糊语表征语用现象。作为空洞限制语（Millward，1980：205），模糊语可修饰缓和命题内容（Leech，1983；Levinson，1983；Quirk，Greenbaum，Leech，& Svartvik，1985）。模糊语既传递信息，也传递态度（Hyland，1996），增添读者认可的机会，使命题具有可接受性（Hubler，1983），呈消极面子保护策略或消极礼貌策略（Brown & Levinson，1987）。模糊语表征一定的语用效果：①减弱话语的精确度，既可弱化某表达式的完整语义值也可弱化言语行为的整体效力……（Fraser，2010：15），表达说话人一种不确定的态度；②增强语气的缓和度，使语气不至于过分强硬，避免或减少话语可能带来的矛盾、冲突，使交际顺利进行，遵守了礼貌原则，让听话人的面子需求得到满足，体现人际修辞（interpersonal rhetoric）策略；③达到交际目的，如自我保护、维护人际关系等。

（二）模糊语语用功能类型

模糊语用于谨慎提供信息、有意保留信息、提高信息的准确性、有说服力地使用语言等（Chanell，1994：165-195），表征多元语用功能（poly-pragmatic functions）（Hyland，1998：156），可分为变动型（approximators）与缓和型（shields）（Prince，Frader & Bosk，1982：4）。变动型模糊限制语如 *likely*，*roughly* 等影响或改变命题内容，又次化为程度变动语（adaptors）与范围变动语（rounders）。缓和型模糊语如 *I think*，*must*，*It seems that* 等一般不改变命题内容，呈现为直接缓和语（plausibility shields）与间接缓和语（attribution shields）。总之，Prince et al.（1982）侧重语用功能内容，凸显模糊语的言外行为，视模糊语为保持言者与命题间的距离策略。然而，该模式未能全然涵盖模糊语的言后效果。基于言语行为维度，Hyland（1998）提出了多元语用功能模型，把模糊语概括为内容取向（content-oriented）

（言内与言外行为）与读者取向（reader-oriented）（言外行为），内容取向类又可次化为准确取向（accuracy-oriented）与作者取向（writer-oriented）类，实施三类言语行为：陈述行为、理解行为与接受行为，如表1所示。除言外行为外，Hyland（1998）分类侧重言后行为，强调命题的说服性及可接受性，凸显人际互动特征，视模糊语为与读者协商，获取读者的接受性的策略，呈消极礼貌策略。

表1 模糊语的言语行为功能

命题范畴 命题内容	NNS/NS 言外功能 修改命题内容与范围	NNS/NS 言后功能 接受效应
准确类	言语的知识依据性 增加命题准确度	增加读者可接受性
可靠类	可能性、必要性与义务 弥补知识缺陷	减少作者行事责任 增加信度，保护面子
判断认知类	真实性评估	推断作者的行事意图
非人称表达类	施事缺席现象 防范命题错误	增加可观、委婉表达 提升可接受性与得体性
条件假设类	限定肯定性	缓和话语语气
转折类	评价作者的疑虑 使命题真值与当前知识 状态相关联	获得读者认可 维系人际关系
人际表达类	表达个人观点 让读者回应判断命题	增加作者与读者互动

三、理论框架

（一）分析框架

本文使用 Hyland（1998）多维语用功能模型，探讨中外大学生英语学习者（以下分别简称"NNS"与"NS"）议论文中的语用功能，并分析不同之所在。

表 2　模糊限制语语用功能类型及描述性指标

内容取向
- 准确取向
  - 缓和类：精确度副词、评注性副词、低调语
  - (nearly, partially, apparently, un/likely, theoretically, gracious/ly…)
  - 可靠类：情态词汇动词、认知类实词等认知类词汇
  - (could, belief, view, appear, argue, likely, almost, …)
- 作者取向
  - 证实动词（appear, seem）与判断认知类
  - (the paper/evidence discusses…; under the conditions, …)
  - 非人称表达类
  - (passive voice, abstract rhetors, empty subjects …)
  - (under these conditions, would, viewed in this way, the model
  - implies, this suggests, according to our method/x …)

读者取向
- 认知猜测动词（suppose/think/conclude/demonstrate … ）
- 条件/假设（I/if-clauses, if… (then), Let's imagine/; … ）
- 转折（al/though…, … but…, ）
- 人际表达（I/We think, … Our result, … ）

表 2 是 Hyland（1998：186）理论模式的修改版。如表 2 所示，内容取向的模糊语限制命题内容，传递作者准确表达观点看法的意愿，诠释命题与现实的相关关系，如准确取向（例 1）与作者取向（例 2）。准确取向的模糊语亦次化为两类：缓和类（attribute）（例 2）与可靠类（reliability）（例 3）（Hyland, 1998：438）。作者取向模糊语一般表征两大功能：准确呈现议论文论点，并对其命题的可靠性进行评估。（Hyland, 2005：185）读者取向的模糊语表征人际意识，融入人际因素以满足可接受的条件（例 4）。

例 1：This dictionary is *generally* conceded to be the best in China.（NNS）

例 2：*The figures indicate* that that the American tax payers have *so far* gained rather than lost money from the banking bail-out.（NS）

例 3：But it *likely will* be the lifeblood of your career.（NS）

例 4：*Our investigations also* revealed *over* 9, 000 square meters of new buildings.（NNS）

内容取向的模糊限制语（例 1 斜体部分）呈现限权功能。例 1 中作者用副词 generally 限制了动词 concede 权利，表明用有限知识陈述现实的难

度。写作者取向的模糊语（例2、例3斜体部分）一般不改变命题内容，明示对命题对立性的预测，预测对写作者的不利情况，旨在达到自我保护。例1、例2启动抽象主位（abstract rhetor）结构使作者避开责任、避免直接批评，例3启动存在主语（existential subject），表达作者言语信度，获取自我保护或避免直言所导致的职业损害。在读者取向的模糊语（例4斜体部分）中，作者通过指定个人来源，将议题公开给读者去评判。

（二）研究问题

本研究主要回答以下3个问题：

第一，NNS 在英语议论文中模糊限制语使用情况如何？与 NS 相比有何特点？

第二，NNS 英语议论文中模糊语语用功能是否得以实现？若未实现，对语篇有何影响？

第三，NNS 模糊限制语语用功能障碍的致因是什么？

（三）研究方法与研究变量

在研究方法上，本文利用 WordSmith Tools 4.0 工具检索 LOCNESS 与 WECCL 模糊语使用频率；再使用统计软件 SPSS17.0 对所得数据进行统计分析，卡方检验以确定其差异性的统计学意义（p 值在 $0.01 \leq p \leq 0.05$ 时，有差异；在 $0.05 \leq p \leq 0.01$ 时，有大差异；在 $p \leq 0.005$ 时，有差异显著）。

研究变量涉及两个对比语料库：英语本族语作文语料库 LOCNESS（Louvain Corpus of Native English Essays），其中英、美英语本族者（以下简称"NS"）议论文共387篇，总容量约307 167词，平均句子长度为24.19词；对照语料库是2008年文秋芳、梁茂成、晏小琴建成的《中国学生英语口笔语语料库》（2.0版）（SWECCL），中国英语学习者（NNS）议论文4680篇，本文随机抽取 WECCL 议论文1152篇，总容量307 169词，如表3所示。

表3 NNS 与 NS 语料信息

	篇 数	词 数	类/形符百分比	平均词长	平均句长	总句数
WECCL	1152	307 169	3.4	4.73	16.16	19 008
LOCNESS	387	307 167	5.7	4.82	24.19	12 698

LOCNESS 语料库所包含的 387 篇英美大学生议论文共有 307 167 形符，类/形符比为 42.8%，平均句子长度为 24.19，每篇约 799 字。我们在 WECCL 语料库也随机抽取 1152 篇，共 307 169 形符，类/形符比为 38.30%，平均句子长度为 16.16，每篇一般在 266 字左右。

四、调查结果

基于模糊语的多维语用模型（Hyland，1998：186），本文拟实证考察模糊语语用功能的四维频数：ROH（读者取向模糊语）、WOH（作者取向模糊语）、RH（可靠性模糊语）与 AH（准确性模糊语），如图 1 所示。

如图 1 所示，NNS 与 NS 议论文均频繁使用模糊语。LOCNESS 占 23.1%，WECCL 占 50.23%，双方均使用多种模糊语修辞手段，如语用功能类的内容取向（AH、RH、WOH）：频率副词（usually, daily）、词汇类（about, in a way）、不定指称类（someX 与 anyY）、低调语（nearly, partly）、情态动词类（would, should）等；如语用功能类的 ROH 取向；认知猜测动词（suppose, think）、转折词语类（although, in contrast）等。数据表明 NNS 议论文在书面语中频繁使用模糊语，在 ROH 与 RH 使用方面，NNS 频数远多于 NS。这一发现与吴光亭、申勇（2009）的"中国二语书面语者很少使用模糊语"发现不同。本文认为，模糊语也是 NNS 议论文语篇的显著特征。

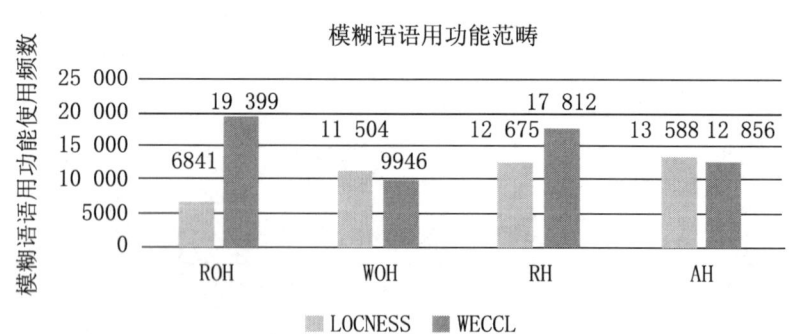

图 1　WECCL 与 LOCNESS 的模糊语语用功能分布对比

两类语料库数据均显示模糊语用例的复杂性。一命题可以使用两个或多个模糊词语（例5-1），模糊语不仅呈现词汇手段，还呈现语法手段，如条件句（例5-2）、及疑问句（例6-1和例6-2），凸显了作者知识的局限性，以吸引读者关注，明示议题的重要性或者不愿意承担对该议题的责任。

例5-1：*As everyone know*，*if* we have a *sintific* and *reasonably* sports exercise plan and carry out this plan regularly，the *possibility* we catch a cold or be attracted by some other illness *will* be very *little*. Of course，the chance we go to hospital *will* also be *little*. （NNS）

例5-2：*If* students study various myths and theories in the classroom，it *will* broaden the student's perspective of other world views，as it did with Einstein，and she/he *will* also be able to be *more* tolerant of them. （NS）

例6-1：*Maybe some* people ask me why you want to go to school. And even you will accept the *further* education. Do not you want to get the graduate certificate? Do you only want to get the knowledge? Do not you want to get a good job? Do you *only* want to walk in school? （NNS）

例6-2：However，people were worried that the money would not be *evenly* spread，*would* the North-South divide be a factor? How *would* the National Heritage decide what a good cause *would* be? *Could any* money fall into the wrong hands...? （NS）

如上例所示，if 小句与问句皆为命题的限定手段。例5-1和例5-2中的 if 小句明示了选择，同时作者的不定或知识局限则限定了命题的肯定性。例6-1和例6-2问句在言语修辞上，明显地把读者拉入演绎推理过程，视观众为讨论伙伴，为论证推理者。同时，问句明示解决问题的试探性，也真诚寻求读者回应，邀请读者参与探讨。在两类语料库中，条件句与问句也是模糊语常见的修辞方法，如 How/Why/What 等特殊问句及 can/will/have 等一般问句使用频率分别为 12 156 次与 10 183 次，词语 if 使用频率为 1375 次与 699 次，对照词 but 使用率分别为 1045 次与 1217 次。

五、讨论

为直观对比 WECCL 与 LOCNESS 频数，我们把图1数据化为表4，以凸显差异性的诸显著项：NS 的低调语、被动语态与空主语，施事缺席频数高，凸显客观性；NNS 的情态动词、认知猜测动词、人际表达等，施事频数高，凸显主观性。NNS 存在使用过多与不足现象，该显著差异可能是由于母语与外语的缘由，英语是 NS 的母语却是 NNS 的外语或中介语。

表 4　NNS 与 NS 的语用功能统计对比

	类　别	卡　方	p 值
内容取向 $P=0.000$ ***			
准确类	准确评注语	0.7789	0.377
	文体评注语	62.5581	0.000 ***
	低调语	203.1083	0.000 ***
可靠类	认知动词	44.1411	0.000 ***
	情态动词	1557.3824	0.000 ***
	认知名词	124.6600	0.000 ***
	认知形容词	44.6275	0.000 ***
	认知副词	13.9339	0.000 ***
作者取向 $P=0.000$ ***			
作者类	认知猜测动词	0.2065	0.649 **
	被动语态	314.5063	0.000 ***
	空主语	395.3310	0.000 ***
	物称主语	1.8064	0.179
读者取向 $P=0.000$ ***			
读者类	认知评判动词	1322.1040	0.000 ***
	人际表达	6275.5650	0.000 ***
	假设条件句	129.3880	0.000 ***
	转折词语	45.5037	0.000 ***
	有限知识	131.3497	0.000 ***

（一） NNS 与 NS 的 AH 对比

准确类模糊语一般通过限制命题真值范围，对命题内容进行修正，提高信息准确性与信息量。该语用功能在两类语料库中表征为不同的语言手段。

第一，在表 4 中，NNS 与 NS 在准确类模糊语使用上存在显著差异，$X^2 = 21.3690$，大于 5% 水平的临界值 3.84，$p = 0.000^{***}$。该差异主要源于双方选择偏好：①在认知名词、形容词类模糊语使用频数上，NNS 明显低于 NS，差异显著，$X^2 = 44.6275/46.8083$，大于 5% 水平的临界值 3.84，$p = 0.000^{***}$。②NS 偏好使用名词性模糊语如 probability, possibility, certainty, assumption, belief, argument, estimation 等，NNS 则用动词表达这些对等概念，如 be supposed to, argue, estimate, believe, appear, 等；③在表达上，NS 除使用原形词外，还涉及较多的派生词类，如 unclear, infrequent, uncertain, （un）likely,（im）possibly, supposedly, arguably, reportedly, seemingly, reputedly 等，NNS 使用类型有限且用例集中，如 most 占 52.3%，是其他认知形容词的 20 倍以上，maybe 与 most 分别占 72.4% 与 52.3%。此外，NNS 反复使用口语类模糊语，如 some, many, only, may, very, most, just, about, much 等，重复性很高，占低调模糊语的 62.9%。比较而言，NS 用词较为具体、丰富，体现一定的用词丰富性，产出性较高。NNS 用词较为贫乏，影响词汇产出能力。

第二，如表 4 所示：可靠类中情态动词使用频数方面，NNS 与 NS 差异显著，卡方为 1557.3824，远大于 5% 水平的临界值 3.38，p 值为 0.000^{***}，小于 0.005。对于不确定义的假设标记词来说，NS 选择 would，NNS 选择 should，频数分别为 1463/345 与 771/1923，差异显著。然而，"should 的可信度更低"（Hyland，1996：263），显然 NNS 在情态模糊语使用上存在不当之处。情态词汇动词功能类型也不同，NNS 侧重使用责任、义务的责任性情态词模糊语，目的在于建议或规劝读者，如例 4，例 5-1，例 6-1 所示；NS 侧重使用认知性情态词，提供信息或对命题进行判断，旨在客观表达观点看法，如例 3，例 5-2，例 6-2 所示，用于表示作者的观点以达到建议或规劝的目的。

（二）NNS 与 NS 的 WOH 对比

WOH 模糊语可以实施诸项功能，主要为命题不易被否定，礼貌客气，维系合作关系等。WOH 的典型表征主要是空主语与被动结构，如表 4 所示。空主语类模糊语如 it/one 可以明确地使读者介入作者的推理过程，并讨论命题的可能性（Hyland，1985：183）。被动结构的使用，作者保持自己与其断言的距离，减轻作者责任，降低命题风险及被质疑、反驳的空间，以提升论点的可接受性。

在作者倾向模糊语方面，NS 在空主语与被动语态方面均高于 NNS，$X^2 =$ 395. 3310/314. 5063，远大于 5%水平的临界值 3. 38，p = 0. 000*** < 0. 005。空主语 it 例子中，NS 频率为 2317 是 NNS 的 2 倍，非人称代词 one，NS 频率为 1028，是 NNS 的 5 倍，差异也非常显著；被动语态方面，NS 约为 NNS 的 1 倍，差异显著；NS 英语物称主语占 75.7%，比 NNS 多 26.1%倍，差异也非常显著。

比较而言，NS 倾向使用缓和型模糊语，表达对读者的礼貌态度，这类词语有 according to…，presumably，someone says that…，as is well known，the probability is…，the probability would be…，it is said that…，it is assumed that…等。NNS 倾向使用直接模糊语，即 ROH 取向模糊语，表现与读者的协商等对话关系。通过模糊语传递自己的态度、观点，影响读者的行为。这表示说话者本人对某事件的直接推测，导致语气生硬，衔接不自然，如例 7 所示。

例 7：Animals are not people's pets. *Do you know* police dogs WOH helped person catch crimers? *Do you know* letter birds WOH pass letters for person? *Do you know* WOH collect honey for people? *Do you know*…Those animals work for human being. To us, they never as pets for fun. They are our helpers, partners and friends.

NNS 一般采用主观直接论证方式。如例 7 所示，NNS 作者并反复使用 *do you know* 认知情态结构类模糊语，充分显示作者与自己头脑预设的读者进行协商的愿望与真诚，给予读者对话商讨的机会，以得到读者的接受与认可。另外，例 7 直接面质读者，易产生争论或争吵的效果，NNS 在 WOH 使用上存在不当之处。同时一些强化词语如 never 等的频繁使用，也加强了论证的主观性，使得"文章主观性强有悖于书面语特征"（龚玲莉，2012）。从表四数据看，NS 侧重使用缓和类模糊语，以软化议论语气，避免可能的异议与争论，留给读者重新思考的余地。比较而言，NS 凸显客观委婉论证，呈现一定的间接性。

（三）NNS 与 NS 的 ROH 对比

模糊语是修辞手法，用于表明作者对其命题被质疑的预期性（Hyland，2005：7）。ROH 主要涉及人际问题，作者必须关注观众的需求，既要考虑命题的合理性，也要考虑读者的接受性（Hyland，2005：184）。

在读者倾向模糊语方面，NNS 频数高于 NS，在认知猜测动词频数与人际表达频数上，$X^2 = 1322.1040/6275.5650$，远大于 5% 水平的临界值 3.38，df = 1，p = 0.000*** < 0.005，差异显著。表 4 所示，NS 侧重间接缓和语，NNS 侧重直接缓和语，频繁使用主观标记语，NNS 过度使用第一、二人称代词，一般呈现直接表达，明示个人参与特征。例如，I think 使用频率1407 次，高于 NS10 倍多，且判断性动词使用频繁，共 2398 频次，是 NS 的五倍，We/I+判断/演绎动词结构共 5109 次，约是 NS（837 次）11 倍。中国学习者过度使用第一/二人称直接缓和语（shields），如 As far as I know/can tell，I am afraid，I/We/believe/assume/think/suppose/wonder/find/wonder/conclude/feel/demonstrate/propose 等，体现高显现度的作者与读者主体性/主体间性，降低了论证的客观性。本发现间接支持了梁茂成（2008）的观点，"中国英语学习者使用 we、you、I 构成的情态序列显著多于本族语者"。另外，NNS 证据缺乏说服力。论证一般以举例为主，并以列举个人实例为主要论证手段，人称主语为泛指的 You 或 people，缺乏具体性与事实化。有时，作者将例证的任务转借给读者，如 If you…，"作者认为自己的观点显而易见，而不通过具体的证据来说服读者，因而偏离了议论文写作本身的说服目的"。（吉洁、梁茂成，2015），有违"诚实、谦虚、适当谨慎"（Swales，1990：174）、消极礼貌（Brown & Levinson，1987）等语言策略，信度与准确度低，凸显直接面质性，不利于读者亲和力提升，降低了议论文的说服力，难以达到议论文目的。

六、NNS 模糊语语用功能不当使用及溯因探索

通过数据对比，本文发现 NNS 与 NS 模糊语使用能力方面存在显著差

异。本发现不同于朱葵、夏新蓉（2011）的发现，即中国英语专业学生在书面语篇中对模糊限制语的使用有着接近本族语者的趋向，这是因为大多数 NNS 的语言表达受制于汉语文化的影响，也因为 NNS 二语习得存在一定的偏失；本发现间接支持了 Fraser（2010：15）的发现，即模糊语的低熟悉度及得体性的缺乏致使 L2 学习者不能成功完成交际目标，这主要是因为 NNS 议论文语篇存在不当之处，尤其缺乏文体与模糊语使用意识。

（一）NNS 模糊语不当使用

通过对比，本文发现 NNS 与 NS 模糊语语用功能方面存在显著差异。本发现不同于朱葵、夏新蓉（2011）的发现，即认为中国英语专业学生在书面语篇中对模糊限制语的使用有着接近本族语者的趋向。这是因为大多数 NNS 主要缺乏知识规范转型与模糊语使用意识，本发现间接支持了 Fraser（2010：15）的观点，即模糊语低熟悉度及得体性的缺乏致使 L2 学习者不能成功完成交际目标。

1. NNS 缺乏议论文知识规范转型

WECCL 语料所示，NNS 议论文凸显个人知识讲述模式，含有故事陈述元素，侧重讲述个人经验（As we know, How I…）及观点（Why…Because…，I think…people say that…），或侧重列举原因（The first reason why I think so, second, third, last but not least…）。其中，大量实例显示模糊语功能使用不当，如词语 can 传递允许（permission）而非能力（ability）功能，possible 用作表语而非定语的模糊语。NNS 被认为认知简单、幼稚的写作者（Hinkel，2004）。与陈述个人知识思维模式不同，议论文写作要获取知识规范并转化认知模式与实践策略（Hinkel，2004：11）及知识规范转型，而读者期待、语类规范与形式表达、修辞组织方式等知识转型模式是 NNS 所忽略的，如表5所示。

表 5　NNS 高频模糊词语不当的语用功能

Categories	WECCL 高频率模糊语					
	WECCL	LOCNESS	Significance（p）	function	Pragmatic level	Style
W（w）e/I + judgmental/ deductive verbs	5109	468	0. 000***	commissive	directness+	informal+
can	3639	1174	0. 000***	permission	directness+	informal+
more	2983	76	0. 000***	indeterminacy	directness−	informal+
O（o）ur+nouns	2146	538	0. 000***	request	directness+	informal+
so	1941	723	0. 000***	assertive	directness+	informal+
should	1923	1923 771	0. 0000. 000***	request	directness+	informal+
if…（then）	1792	1375	0. 000***	request	directness−	informal+
will	1736	1116	0. 000***	prediction	directness−	informal+
but	1713	1298	0. 000***	argument	directness+	informal+
some	1577	526	0. 0000. 000***	possibility	directness−	informal+
think	431 559	%382	0. 000***	possibility	directness−	informal+

2. NNS 缺乏模糊语使用意识

如表 4 所示，NS 语用功能呈现不同的模糊语类型，除原形词外，NS 还使用较多的派生词类模糊语，如 perhaps，maybe，（un）likely，（im）possibly，supposedly，arguably，reportedly，seemingly，reputedly 等。NNS 频繁使用有限的模糊语，且重复频数较高，呈现 S+V，V+O，V+Adv 等表达句子结构形式的语用功能，凸显认知动词与副词类的模糊语，表征信息的主观性。NNS 模糊语的使用呈现直接性、面质性、强加性等效果。该特征与 Hinkel，1997；Swales，1990；Swales & Feak，1994 的理论相违背，即书面语使用词句模糊语旨在降低作者对命题内容及观点的责任，表征出犹豫、不确定、不直接和礼貌，减少对读者的强加。我们可以认为，NNS 议论文写作中缺乏使用模糊语意识，凸显直白主观性，缺乏委婉客观性，如例 8 所示。

例 8：*If you can choose*，you want to live outside，alone or in a dormitory with three persons. I *will* choose the first one. I *can* spend some time with my friends happily and I *can* also have my private space. Just like a home living outside. *Sometimes if you feel lonely*, you *can* invite your friends to your apartment and have a little party. You *will* all have a good time. So *why must* live together? There's so *much* advantages. *If you worried* about the safety problem, *you can* rent a room near your friends! Enjoy your personal life by living out! (WECCL)

在例 8 中，作者用条件句与特殊问句模糊语手段作为论证事例，掩盖了作者的知识缺乏与词汇不足。此外，例 8 含有 10 个独立句，涉及两施事 you 与 I，NNS 一共使用了 9 个第一、二人称代词情态结构，几乎每个小句中就有一个，表现一定的指令性与主观性。这间接证明了"学习者过度使用第一、二人称代词结构的现象"（王立非、张岩，2007）及"高频使用显性而非隐性立场表达手段"（赵晓临、卫乃兴，2010），出现"误用和跨语体使用"（徐江、郑莉、张海明，2014）。太过于口语化，且连贯性差、句子信息性低。说明作者没有使用模糊语的意识。这不仅影响议论语气的缓和度，甚至影响议论文的说服力，导致 NNS 书面语交际能力较低。

（二）简要溯因分析

NNS 在汉语文化语境下习得英语表达，其书面语必然会存在过少或过多使用某些语用功能，如表四中的诸高频项：施事主语、认知动词与情态动词等。NNS 大多缺乏模糊语意识，或缺乏使用模糊语的知识与技能。例如，NNS 不清楚词语的权力范围，未使用模糊语限权的名、动、形等词语会导致命题不可接受，如 Smoking is injurious. 等论点易被读者推翻，会导致跨文化语用失误。NNS 不能恰当使用模糊语语用功能，这可追溯至认知不足与教材空缺等主客观因素。

1. NNS 认知与元认知不足

文章写作要有明确的目标，观点的有效语言表征与观点本身同样重要（Hinkel，2004：10），这既涉及认知能力又涉及元认知能力。在认知层面，NNS 忽略短语、句子、语篇等书面语规范认知目标及缺少相应的认知能力。如图 1 所示，NNS 频繁使用认知动词与副词类的模糊语，呈现 S+V，V+O，V+Adv 等表达结构，凸显了信息的主观性，影响议题信息的准确性及议论语气的缓和度，甚至影响了议论文的说服力。结果，NNS 凸显了较低的跨文化意识，其表达方式远离了"写/读者低显现度、被动语态、高信息性"等书面语规范参数（Biber，1999）和得体性的谨慎手段（Hinkel，2004），难于达到认知复杂化的学术语篇水平。这一发现与 Johns（1997）一致：经过多年英语学习，本科甚至硕士 NNS 不能辨认更不能适当使用英语书面语规范。

从元认知上看，NNS 缺乏对自身写作知识、技能与水平的认知，导致较低的读者意识及文体意识。NNS 启用了多类威胁面子的言语行为，呈现一定的直接强加手段，如 should, you 等 ROH 类的过度使用，导致语篇态度礼貌性欠佳，导致多类不良效果：频繁使用人称指示语 I, you,（s）he, they 等，导致篇章连贯性差；侧重语法表达，忽略得体表达，导致可接受性差；侧重故事讲解式论证，逻辑论证能力较弱。再者，NNS 议论文语篇存在口笔语混用特征，这一观点与 Hinkel（2005：43）的发现一致。NNS 的口语特征要比 NS 更典型，如表五所示。其他口语词的使用频率也较高，如 only, any, some, occasionally, just, simply, really, pretty, bit, according to, actually, normally, most, basically, quite, few, little, seldom, rarely, sort of, I guess, I think, perhaps 等。结果，NNS 没能恰当、得体地应用认知策略完成议论文任务。

2. 教材缺乏模糊语内容

模糊语内容是大多数教材所缺乏的，也是教师授课很少涉及的。从表6可以看出，研究者对模糊语的关注与兴趣只停留在研究层面上，一般忽略从研究成果至教材的转化，参看表6。

表6　EAP 教材中的情态词语表达（Hyland，1996：12）

写作教材	情态动词	词汇动词	认知副词	认知形容词	认知名词
Academic Writing Course, Jordan (1990)	3	33	33	3	5
Assignment Writing: Developing Communication Skills, McEverdy & Wyatt (1990)	3	3	3	3	3

续表

写作教材	情态动词	词汇动词	认知副词	认知形容词	认知名词
Writing up Research：Experimental research writing for students of English, Weissberg & Buker (1999)	33	33	5	3	3
Approaches to Academic Reading and Writing, Arnaudet & Barrett (1984)	3	33	3	5	5

注：5 无覆盖，3 少量覆盖，33 覆盖广泛。

Hyland（1996：13）断言，教材的忽略也会导致教师授课的忽略。一方面，教师依赖教科书获取教学资源，从中获取启发与信心，若教材不涉及模糊限制语内容，则老师很少会教授这部分内容。另一方面，教材的忽略也引发学生的忽略。若教材没有陈明模糊语的重要性，这就预设模糊语内容对老师与学生不重要，导致师生的轻视或忽略。学生也可能认为，教科书涵盖了所有他们所需要学习的内容，足可以使他们获取学术语篇的诸规范。

同样，模糊限制语在我国高校英语教学中是待开发的"处女地"。大多数高校英语教师忽略模糊限制语这一内容，即使议论文教学也很难涉及，导致 NNS 缺乏模糊语知识及模糊语使用意识，导致命题不可接受，导致语篇态度较难接受。

七、结语

本研究以中国学生笔语语料库（WECCL）与 LOCNESS 为基础，采用定量与定性相结合的方法，调查了两者模糊语的语用功能，研究显示，中国学生议论文频繁使用四类模糊语语用功能，总频数高于本族语者，但两者存在显著差异：①与 NS 相比，NNS 模糊语类型少，词汇使用有限，重复现象严重。除在 WOH 与 RH 方面略低于 NS 15.66% 与 5.69%，NNS 在 ROH 与 RH 使用频率方面远大于 NS 37.39% 与 40.53%，实现手段凸显显著差异；②模糊语的分布从类别上看不平衡，NNS 频繁使用 ROH 最多，NS 频繁使用 AH，差异显著（$p = 0.000 < 0.005$）；3）NS 偏向使用词汇类模糊语，NNS

偏向使用语法类模糊语，如情态词语及施事主语等，差异显著（p = 0.000*** <0.005）；③模糊语语用功能也呈差异显著：如中国学生频繁使用 ROH，凸显个人参与性与主观性，NS 频繁使用 AH，凸显信息性与客观性；④议论文写作模式不同：NNS 凸显个人知识讲述式，表征简单认知；NS 凸显知识转型式，表征复杂认知。此外，本文分析了 NNS 语用功能使用的不当之处并追溯其原因，如缺乏知识转化策略及教材与教学上的偏失，往往混淆其使用的适当性、得体性。本研究对我国二语词汇学习与写作教学具有启示作用。

论犯罪心理学学科的价值范畴与方法论体系 *

刘建清 **

犯罪心理学是研究犯罪心理动力、犯罪行为特征与犯罪心理对策的学科。作为刑事科学的有机组成部分，犯罪心理学的最高位价值范畴与刑事科学存在着一致性，在下位的价值范畴中也表现为学科的差异性；而其研究方法论，则表现为既有社会学科、法律学科相通的哲学层面与一般的方法论，也具有因为其研究对象（犯罪人与犯罪心理结构）的特异性与心理学科方法的特异性而表面出来的差异性。

犯罪心理学多层次的价值范畴在顶层水平上规制、引领着犯罪心理学研究的方向，而与学科特点相适应的科学方法论在理性与具体的司法实践中实现着学科的价值追求，并且具有学科之间同阶位、多方位、多层次的相互影响力。

一、犯罪心理学的价值范畴

学科的价值范畴是学科追求的价值体系，表现为相联系的精神价值（最高层次）、实体价值（中位层次）与应用价值（最低层次）等多层次。法律的精神（价值）深深地根植于人类的理性与人类文明的历史之中，犯罪科学的价值同时也伴随着人类对抗犯

---

* 本研究得到中国政法大学重点学科建设项目（应用心理学，2018）与研究生院教学改革项目（犯罪心理学，2018）的资助。

** 刘建清，中国政法大学社会学院心理学系教授。

罪现象而进行的思辨与提升。如此，由规范刑法学所确立的"为了惩罚犯罪，保护人民"而制定的刑法（中国刑法），具有社会保护与人权保障的双层功能。[1]

在犯罪科学体系中，犯罪心理学主要从犯罪人角度入手研究犯罪心理原因与犯罪心理对策，又与刑事规范学、犯罪现象论、刑事司法学与犯罪防治学存在着密切的联系。从学科而言，犯罪科学是研究犯罪、犯罪人的学科体系。而在刑事一体化的构想中，刑事规范学（刑法学与刑事诉讼法学）的规范是全学科体系遵循的基本规范。犯罪是违反刑法规范、危害社会依法通过刑事诉讼程序加以确认与惩罚的行为；犯罪人是实施了犯罪行为的人。虽然刑法学的犯罪人、犯罪概念与犯罪心理学（与犯罪学）中的犯罪人、犯罪概念存在着一些差异，如犯罪心理学对犯罪人现象和原因的分析，甚至是包括违法者或严重违规者、潜在犯罪人（虞犯）的行为在内，但是，它们在刑事一体化的视野下，只是分支学科的侧重点的差异与补充，它们仍然是以刑法学的规范为基本前提，并最终为刑法目的服务的。相应地，犯罪心理学与犯罪科学的整体价值追求应该保持一致与协调。

犯罪心理学的价值范畴可以划分为三个层次：精神价值（最高价值）是自由与秩序、正义原则与功利目的；实体价值（中层价值）是对犯罪心理结构与犯罪心理对策的探索；应用价值（最低价值）是对犯罪心理与犯罪行为的描述、解释、预测与控制。其中，犯罪心理学的精神价值来自犯罪科学的整体目的，是最高位的价值，它在犯罪心理学中常常是以隐含或潜在的方式存在与发挥作用；实体价值是犯罪心理学学科的质的特殊性与差异性所决定的，是精神价值在学科中的具体体现，并规制着其下位的应用价值；应用价值虽然在阶位中处于最低层次，却是实现犯罪心理学学科实体、精神价值的具体落实与体现。犯罪心理学的价值范畴中三者上下相承、相互联系，形成学科的整体价值体系。

二、犯罪心理学的方法论

学科的方法论是学科研究的基本原则性的指导思想与研究策略、方法

---

〔1〕 高铭暄、马克昌主编：《刑法学》，北京大学出版社、高等教育出版社2000年版，第16页。

的有机整体。学科建设发展中的方法论问题决定着学科研究方向与研究成果的有效性与价值。

犯罪心理学的方法论是一有机联系的体系，这一体系由科学的方法论、系统方法的一般科学方法论以及适用于犯罪心理与对策研究的具体方法这三个紧密联系的层次组成。

犯罪心理学的哲学方法论是唯物辩证法思想的体现，具体体现为客观性原则、辩证法原则、理论联系实际原则与伦理性原则。[1] 唯物辩证法是科学的哲学方法论，它是方法论中的最高层次，它统率着一般科学的方法与具体方法。

犯罪心理学的一般方法论是以系统科学为代表的系统方法，是进行一种有重要价值的犯罪心理科学研究策略与手段，具体体现为结构性观点、联系性观点、分析与整合观点、犯罪人格观点。一般科学方法论的层次低于哲学方法论，高于具体研究方法，它起着中介与桥梁的作用。

犯罪心理学的具体研究方法是在其哲学方法与系统方法论的指导下，结合本学科与具体研究对象与研究课题的特点决定实施的具体方法与技术，主要包括心理分析法、行为分析法与认知分析法三个组群。

因此，科学的哲学方法论虽然处于犯罪心理学方法论的最高层次，但在研究过程中必须结合犯罪心理（结构）与犯罪心理对策的特殊性而转换成为犯罪心理现象的概念；系统方法的一般科学方法论虽然直接制约着犯罪心理学的研究，但不能代替犯罪心理学的具体研究方法，它只有实现与体现于研究方法与技术中才能发挥作用。

三、精神价值与哲学方法论

犯罪心理学的精神价值是自由与秩序、正义原则与功利目的。在本质上，其精神价值来自法律与犯罪科学的目标。作为犯罪科学的一门分支学科，犯罪心理学自然地以之为自己的最高价值高追求。同时，此精神价值也是刑事实体规范学（刑法学）所规定的"为了惩罚犯罪，保护人民"任务与"社会保护功能与人权保障功能"之刑法功能的体现。

---

〔1〕　罗大华、何为民主编：《犯罪心理学》，中国政法大学出版社2012年版，第65~66页。

社会秩序与个人自由是法律领域最为重要的一对价值范畴。在犯罪科学体系看来，社会秩序既是一种事实，也是一种价值；以犯罪与刑罚为对象的刑事法正是通过对行为秩序的控制来达到对社会结构秩序的保护。而个人自由是指不受他人专断意志的强制，即保护公民的各项基本的个人利益。犯罪心理学学科为了揭露与惩治犯罪、预防犯罪、改造罪犯因而是研究犯罪人、犯罪心理、犯罪对策，一方面正是为社会的安全与秩序而打击犯罪，为打击犯罪提供有效而科学的理论与技术，另一方面，也是在这种客观而科学的理论与技术的支持下，使得守法公民的各种权益得到保障，从而，从学科角度实现刑事领域的个人自由，即保障无罪的人不受刑事追究，保障有罪的人只是在法律内受到惩罚。

正义与功利是犯罪心理学所要追求的另一对精神价值范畴。在这对复杂的对立统一体中，没有功利，正义无所依存，没有正义必成其害。在许多情况下，正义也是一种功利。

犯罪心理学的研究活动，无论指向个体或群体的犯罪心理、犯罪行为及犯罪对策，都必须基于一定的功利的目的，它是从本学科的角度去实现犯罪科学所指向目标，这本身就是正义的体现。

为了保证犯罪心理学精神价值的实现，在学科方法论中与之密切联系的是哲学方法论的本质特征；科学的哲学方法论是其精神价值实现的重要前提保证。具体而言，在犯罪心理学的研究中必须遵循客观性原则、辩证法原则、理论联系实际原则、伦理性原则。

（一）客观性原则

所谓客观性原则就是研究者对待犯罪心理与犯罪行为的客观事实要采取实事求是的态度，既不能歪曲事实，也不能主观臆断。此原则是唯物主义哲学观的具体体现。有搜集资料的过程中，如实地、详尽地记录在研究中观察到的客观事实，切忌用研究者自己的主观体验来代替观察到的客观事实，在对资料的处理、结果的分析用客观的标准来评定，从客观事实到研究推论也建立在逻辑规则上。在犯罪活动的整个研究过程中，坚持客观性原则的重要性，体现为研究成果的科学性为社会的公平、正义、秩序提供坚实基础，也为实现个人自由与功利目的成为可能。

（二）辩证法原则

所谓辩证法原则是在犯罪心理学的研究中，辩证地看待形成犯罪心理、犯罪行为发生的各种因素的作用。此原则是辩证法哲学观的具体体现。它具体包括处理社会性与生物性的对立统一、内因与外因的对立统一的关系。在犯罪心理现象的解析与犯罪心理对策的选择中，既要注意到犯罪人的本质属性主要是其社会性，又不能忽视犯罪人的生物性。既要考虑犯罪人的内因（如人身危险性、犯罪危险性人格）的根据、决定作用，也要考虑到外因（如情境、犯罪机遇等）的条件及其相互影响力。

（三）理论联系实际原则

所谓理论联系实际原则，是既要注意基本理论研究，又要注意实际应用，在实际应用中使理论进一步得到检验与发展。犯罪心理学研究的课题来自刑事司法实践，犯罪心理学的生命力在于服务司法实践，对犯罪的揭露和惩治、预防与罪犯改造；同时，在研究中，还要注意理论工作者与实际工作者密切配合，从实践提升到理论，以理论服务于司法活动。

（四）伦理性原则

所谓伦理性原则，是指在犯罪心理学研究的设计与实施中，严格遵循伦理道德法则与人权障碍规则。由于犯罪人、潜在犯罪人与罪犯心理的隐蔽性、对抗性与间接性等特点，在犯罪心理学的研究中，常常会采用一些需要特别控制情境或被试的手段来收集数据（如犯罪模拟实验、犯罪现场法等），应该特别注意排除可能存在导致产生心理创伤，极端性消极情绪，欺骗性、威胁性、倾向性诱导，道德与伦理惩罚的刺激情境与设计方案。这是直接保障人权与意志自由的体现，也是人类理性地研究犯罪这种极端越轨行为的要求。

四、实体价值与系统方法论

犯罪心理学的实体价值是对犯罪心理结构与犯罪心理对策的探索；它既是学科的研究对象，也是学科的实体价值，实体价值是犯罪心理学学科的质的特殊性与差异性所决定的，是精神价值在学科中的具体体现。

所谓犯罪心理结构，是指行为人在犯罪行为实施前已经存在的、在犯罪行为实施时起支配作用的那些畸变心理因素有机而相对稳定的组合。它是行为人个性心理结构中社会心理缺陷的总和，是其发动犯罪行为的内部原因和根据。将犯罪心理结构作为学科的实体价值体现，是因为它揭示了犯罪心理的特殊矛盾性，揭示犯罪人产生犯罪行为的内部原因，从而建构起犯罪心理学的理论体系和开展对策研究。因而，犯罪心理结构应该作为方法论的结构观而存在。

所谓犯罪心理对策就是将犯罪心理结构的理论与技术应用于揭露犯罪、惩治犯罪、改造罪犯与预防犯罪方面的对策，包括犯罪人心理描述、犯罪人心理测试、警察心理训练、警察心理健康、罪犯心理矫正、犯罪心理预防等。

由于犯罪心理结构具有驱动性与普遍性、整体性与层次性、开放性与动态性、隐蔽性与客观性、稳定性与可变性等特点，并且由于犯罪心理对策是犯罪心理结构理论在司法实践中检验与提升的策略与技术，在研究方法论方面，就要求结构性、联系性、发展性等系统方法去适应、实现实体价值。

（一）结构性观点

犯罪心理学方法论中结构性的观点受制于犯罪心理结构的价值追求，它要求在研究中坚持整体性、层次性、动态性原则。所谓整体性研究原则，即用整体的、系统的观点研究犯罪心理结构。虽然在犯罪心理结构中，某些心理因素起主导作用，但不能忽视其他心理因素的配合、制约作用。犯罪心理结构是一独立的子系统，具有超出不良心理因素简单相加的恶性整体功能。所谓层次性研究原则，是指从不同维度和层次去研究犯罪心理结构的成因、机制与发展变化。所谓动态性研究原则，是指犯罪心理现象的研究随着机体变量（如生物学因素、身体状态）、刺激变量（家庭、社会、情境因素）与反应变量（认知因素、情绪情感因素、行为反应等）的变化而发展变化。这也就是要求在研究犯罪心理形成和犯罪行为发生原因、犯罪心理结构、犯罪人在不同情境的心理状态以及类型犯罪人的心理特点等问题时，注意到上述三种变量的影响与制约。这就要求研究中系统性地处理好犯罪心理结构的成因论、机制论与发展论的关系。

（二）联系性观点

联系性观点就是在联系与关系中探究犯罪人犯罪心理形成和发展的规律。在研究犯罪人心理原因时，必须防止"惟某种因素决定论"的现象发生，无论是生物决定论或者遗传决定论、社会环境决定论或者情境决定论，都是违背系统论观点的，都不利于犯罪心理学实体价值的顺利实现。

（三）分析与整合观点

分析与整合观点要求在研究中做到既要对产生犯罪心理的各因素（生理、心理、行为与社会、情境）区别对待与联系，又要将犯罪人的心理作为整体的结构系统加以研究；在研究犯罪人某一种心理现象产生原因及对策时，可以先分别考察某一因素的作用，进行相关分析，然后加以整合研究。

（四）犯罪人格观点

犯罪人格是犯罪人特有的导致其犯罪行为发生的心理特征的综合，是一种严重的反社会人格，也是犯罪心理作为一个信息控制的自组织系统而成为其个性心理结构的组成部分之一的具体形式。所谓犯罪人格观点，就是在研究中将犯罪心理学与人格刑法观点紧密联系，以犯罪人格的理论观点及技术结合到刑法规范体系的深刻探讨中，为前沿刑法理论与刑事政策提供科学有力的理论与技术支持。这是当代刑事一体化的要求，也是犯罪心理学学科紧密融合（包括学科支持与自身发展）于犯罪科学体系的着力途径与真正价值所在。

通过结构性、联系性、分析与整合、犯罪人格观点以实现犯罪心理学的犯罪心理结构与犯罪心理对策实体价值，犯罪心理学的研究实践中，有效的研究类型纵向研究与横向研究、整体研究与分析研究、个案研究与成组研究、常规研究与现代方法技术研究、质性研究与定量研究、质性与量性结合研究。[1]

五、应用价值与具体方法

犯罪心理学的应用价值是对犯罪心理与犯罪行为的描述、解释、预测与控制。其中犯罪心理的描述是应用价值的第一水平，犯罪心理与行为的解释是应用价值的第二水平，预测与控制是应用价值的第三水平。应用价值虽然在价值阶位中处于最低层次，却是实现犯罪心理学学科精神价值、

---

〔1〕 风笑天：《社会学研究方法》，中国人民大学出版社 2001 年版，第 10 页。

实体价值的具体落实与体现，也是验证与丰富其理论所代表的精神价值与实体价值的标志物，是犯罪心理学服务刑事司法实践的技术体现所在。

在实现犯罪心理学应用价值的研究前提中，恰当地解析犯罪与犯罪人、犯罪心理与犯罪行为的关系是至关重要的。犯罪人是实施犯罪行为的人；在犯罪科学体系中，犯罪心理学研究犯罪人与犯罪行为，但其侧重点是研究犯罪人；以犯罪人的危险性人格为核心代表的犯罪心理结构是犯罪行为产生的内部原因与根据，犯罪心理决定着犯罪行为。

学科的应用价值在研究方法论体系中直接对应的是其具体的研究方法与技术，正是通过具体的研究方法或其联合，得以描述犯罪人心理的本质特征、核心形成因素、形成的过程与阶段、犯罪动机的特性与变化，得以解释其复杂性与差异性犯罪心理的机理与形态，得以较大概率或较精确地预测某一犯罪人或类型犯罪人的犯罪心理与犯罪行为的动态变化，为预防犯罪及再犯提供科学的专业信息与策略，得以为控制犯罪现象支撑起有效的措施及科学有效地让犯罪人回归社会而改造犯罪心理（犯罪危险性人格）。

为实现犯罪心理学的应用价值，结合心理科学中应用心理技术，在研究方法技术类别中包括行为分析法、心理分析法与认知分析法三大组群。

（一）行为分析法

行为分析法是心理学进入科学主义（客观验证性规则）阶段的主要代表，也是行为主义心理学基本原理（经典性条件反射原理、操作性条件反射原理）的应用。结合犯罪心理现象与犯罪行为的特殊性，常用的研究方法有观察法、心理测验法、实验法等。[1]

第一，观察法，是有计划、有目的地通过对潜在犯罪或者已然犯罪的犯罪人言语、表情（面部表情、身段表情、言语表情等）、动作和行为等表现去了解其心理活动的一种方法。其依据是人的心理活动必然与人的行为相联系；尽管犯罪人的心理比较隐蔽，但可以通过多方面行为信息的分析与归纳，而在某种程度上揭示犯罪人的心理特质。观察法可以分为直接观察与间接观察（如对犯罪人生活成长史的观察、活动产品的观察、问卷式观察等）、自然观察与实验室观察、参与式观察与非参与式观察。

---

〔1〕 罗大华、马皑主编：《犯罪心理学》，中国人民大学出版社 2016 年，第 6~10 页。

第二，测验法，是使用标准化心理测验量表测量犯罪人心理特点的方法，是应用心理学独特研究工具与技术的应用。心理测验法的特异性在于测验的可信度、效度等标准化的确定，保证既稳定又有效地测量犯罪人或者潜在犯罪人的心理品质。常用于犯罪心理学研究的量表有智力测验（WAIS、瑞文智力测验）、人格测验（如 MMPI、16PF、CMI、Y-G）、犯罪人特质性测验（如 PDQ、中国罪犯心理测试量表个性分测验 COPA-PI、罪犯重新犯罪预测量表等）。

第三，实验法，是指在控制的条件下对犯罪人的心理品质与行为倾向进行变量观察、分析，研究其规律的方法。这是心理专门仪器与手段的应用。由于犯罪心理学的许多课题难以实验或不可实验的特点，在研究中只能在一定范围内，在精心设计的情况下进行实验法研究，包括实验室实验（如罪犯心理测试技术实验）与现场（情景）实验（如犯罪现场模拟实验、监狱模拟实验等）。[1]

（二）心理分析法

心理分析法来源于研究者对于心理与行为的思辨与经验的归纳，是质性的理性推论与实践尝试的结合体。它部分存在着难以重复验证的缺陷，但有时却是面对人类极端或者复杂心理现象的探索性途径。犯罪心理学的心理分析法起源自精神分析学派经典假设（无意识理论、本能理论、罪恶感理论、人格冲突假设与自卑感的力量等）的临床实践，却在人类这种极端越轨心理与行为的解释与"医治"中具有独特的作用，并且在新精神分析学派与修正性技术的结合下发挥其深度心理探索的力量（而不仅仅是指向变态心理的原因分析与解救）。狭义心理分析法是精神分析的创立者弗洛伊德（S. Freud）治疗精神疾病中使用的治疗技术包括心理历史法、催眠法、自由联想法、作品分析法、释梦法等。

第一，心理历史法，即将犯罪人或者潜在犯罪人的心理成长与现时的心理与行为特质相联系，从其历史中（尤其中心理生活的创伤性事件）寻找其犯罪的动机（如自我与超我及现实的冲突、罪恶感的力量、本能的作

---

[1] ［美］Frank E. Hagan：《犯罪行为研究方法》，刘萃侠等译，中国轻工业出版社 2009 年版，第 49 页。

用、自卑感的反抗等），强调犯罪人过去经历与现在及将来行为的联系。犯罪心理学常用的个案法就是心理历史法的具体体现。

第二，**催眠法**，即通过以特定言语或情境引导犯罪人或者潜在犯罪人进入特殊的意识状态，而试图发现其犯罪动机的来源与动态。此方法需要较高水准的专门技术与经验支撑。目前，仅仅探索性地应用于对潜在犯罪人的侦查与对罪犯的心理治疗过程中。

第三，**自由联想法**，即通过以证词或者案件相关的证据刺激引导犯罪人、潜在犯罪人进行无意识控制的自由回忆与想象，从而分析其反社会性冲动状态与趋向的方法。对于犯罪心理的研究而言，此方法最大的障碍在于发现犯罪人的阻抗（如强烈的控制意识与虚假联想的倾向）。

第四，**作品分析法**，即通过对犯罪人或者潜在犯罪人的作品（活动产品、日记、失误行为等）进行由行为到心理的反向分析而判断其人格特质及犯罪危险性人格。此方法可与观察法中的间接观察相结合运用。

第五，**释梦法**，即通过对犯罪人或者潜在犯罪人的梦境进行由显梦（回忆的梦）到隐梦的解析，试图揭示某些神秘心理创伤与潜在犯罪动机的方法。此方法的理论假设是梦是犯罪人犯罪愿望（动机）的表达与曲折形式的实现；犯罪人的理性心理生活与非理性心理生活的密切联系的。释梦法需要较高的分析训练与经验，此方法近二十年来在罪犯心理咨询与治疗中进行探索性的运用。

第六，**投射测验法**，即通过非标准化的测验或者情境，诱导性的揭示犯罪人、潜在犯罪人的挫折攻击动力与犯罪心理的方法，包括罗夏墨迹测验、主题统觉测验、攻击投射测验（AQ）等。如犯罪人沙盘游戏法（也称箱庭疗法）就是在犯罪心理回归措施中投射测验法的具体应用方案。

（三）认知分析法

认知分析法来自心理学认知心理学及其发展部分（信息加工心理学），它强调以人类的强大思维为代表的认知过程与理性的作用。通过以言语为中心的心理参与，去探析心理与行为背后的动机所在，并同样以认知去化解心理情结、塑造新的心理品质与行为习惯。

第一，**自陈报告法**，作为传统的认知分析法之一，是通过犯罪人或者潜在犯罪人直接、间接的陈述报告发现其社会化过程中人格发生重大偏差与犯罪动机产生机制的方法。它常常与观察法中的内省法结合使用。由于此方法依赖于报告人的主观陈述，存在着不精确、遗漏甚至故意歪曲对抗的缺陷，多数情况下仅仅作为一种辅助性方法。

第二，访谈法，是研究者通过与犯罪人、犯罪人的家庭成员、亲友及办案人员的谈话系统地收集资料，精细分析犯罪人犯罪心理的方法。它来自认知心理学学家皮亚杰（J. Piaget）与精神分析大师弗洛伊德（S. Freud）的临床试验总结。它包括结构性访谈法与非结构性访谈法。访谈法在犯罪心理的揭示中非常重要，虽然它可能受到定量分析的影响，但能收集到犯罪人心理变化的系统而精细的信息，是人类认知、理性与经验在发现犯罪心理规律进程中的重要途径。

自 20 世纪 80 年代以来，传统认知分析法与行为分析法呈现相互结合的趋势，它们发挥各自的长处，发展成为更为成熟有效的认知行为法，在犯罪心理及其犯罪心理对策研究与刑事司法实践中取得了显著的成绩，如西方司法心理学家采用的少年犯罪人道德推理判断及其训练法、合理性情绪法、犯罪人思维训练技术、错误思维模式改造方案、社会认知技能训练等方法就是认知行为法的具体运用。

由此可见，犯罪心理学作为应用心理学的分支学科，从现代心理学已有的心理学理论成果与研究方法论中得到启示与具体应用，建立起本学科从哲学方法论、系统方法论到具体方法的方法论体系。它们相互联系、相互作用，共同发挥多水平、多层次价值的功能。当然，各组群的研究方法各有侧重点，存在各自的优势。从目前而言，精神分析法的研究注重在深刻揭露犯罪人深度的犯罪动机及其形成机制方面，行为分析法在有效分析犯罪产生的社会、情境、文化、犯罪人行为倾向以及罪犯的行为塑造方面发挥作用，而认知分析法在于发挥研究分析者、犯罪人的理性与情感及正常环境的人格培养方面的作用，近来的认知行为法则更发挥出综合性的功能。但是，由于犯罪心理结构与犯罪心理对策的特殊性与复杂性，和某一具体研究方法本身的局限性，存在着固有的一些利弊，在具体的研究中应该各种方法有机结合，以某种方法为主，辅之以其他的研究方法，以取得预期的效果。同时，在整体学科价值范畴的制约与引领下，犯罪心理学的方法应该是开放性的，坚持科学有效性原则为研究的基石。在面对复杂性的犯罪人及其犯罪心理时，研究方法论应该借鉴、包容与之相适应的生物性学科、人文社会学学科与心理学科以及数理模型学等多领域的研究方法与技术。

犯罪心理学的三层次价值范畴与方法体系的各层次之间的关系体现为同位相协调作用的关系，并非完全同位序的一一对应关系，而是存在着综合性交叉影响的协同关系：哲学的方法论一方面直接为学科的精神价值服务，而学科的精神价值定向，在很大程度上左右着哲学方法论发挥作用的途径与程度，同时，哲学方法论间接地制约着系统的方法论的观点而指向实体的学科价值的实现，更间接地影响到应用价值中具体方法与技术的实施。系统的方法论观点则通过与学科的实体价值的联系，展现着哲学的方法论，并引领着具体的方法以完成应用价值目标。而应用价值与具体研究方法，作为价值范畴与方法论的最基本层次，正是在学科精神价值、实体价值与哲学方法、系统方法论的调控下，由下位向上位渐渐地、逐步地实现，由策略、途径、方法、技术到整体价值的体现。这种学科研究的方法论，也是培养犯罪心理学专业研究生，复合型、实用型人才的教育与教学实践过程中需要遵循的一致性理念、原则与策略。

从西班牙债法现代化到拉丁美洲合同法统一化

——"西班牙语国家合同法（双语）"课程教学研究初探 *

李 蕴 **

一、引言

南宋大师朱熹在《观书有感》中曾言："问渠哪得清如许，为有源头活水来"。"法是一个动态的发展过程"[1]，合同法是古老的法律，但也随着市场交易和经济全球化的发展在不断演化和发展[2]。合同法学如果想要获得生生不息的发展，必须紧跟合同法研究和立法趋势。

由于国内没有涉及西班牙语国家合同法的教材，甚至关于西班牙语国家合同法的研究成果也是寥寥无几，因此，授课教师需要根据自己的经验和学识，自行设计课程内容和组织课堂教学，在日积月累的授课经验中，自编出该课程的教材。

"西班牙语国家合同法（双语）"课程教材的编写也是不断完善与发展的过程，授课教师需要紧密关注西班牙语国家合同法的

---

　* 本成果为中国政法大学 2019 年研究生教育教学改革项目阶段性成果，项目编号为 KXKJGLX1907。

　** 李蕴，中国政法大学外国语学院讲师，法学博士，1986 年 1 月生于山东济南，研究方向：西班牙语翻译及西班牙语国家民商法研究。

〔1〕 转引自王利明：《典型合同立法的发展趋势》，载《法制与社会发展》2014 年第 2 期，第 162 页。

〔2〕 王利明：《典型合同立法的发展趋势》，载《法制与社会发展》2014 年第 2 期，第 162 页。

研究动态和立法趋势。

二、中国政法大学法学专业（西班牙语特色人才培养实验班）介绍

为培养具有厚基础、宽口径、高素质、强能力的复合型、应用型、创新型高级法律职业人才，中国政法大学于 2014 年首创设立了法学专业（西班牙语特色人才培养实验班），至今已经招收了 5 届学生，培养了一批具备法学和西班牙语复合学科背景的国际化法律精英。

（一）培养目标

中国政法大学法学专业（西班牙语特色人才培养实验班）培养具有厚基础、宽口径、高素质、强能力的复合型、应用型、创新型高级法律职业人才。学生具有广泛的人文社会科学与自然科学领域的知识基础；具有较坚实的法学理论基础，系统地掌握法学知识和法律规定，了解国内外法学理论发展及国内立法信息；具有国际视野，通晓西语国家和特定区域规则，能够参与国别化和区域化法律事务，维护我国在西班牙语国家和特定区域中的利益；具有较高的政治理论素质、较强的分析能力、判断能力和实际操作能力；能较熟练地应用有关法律知识和法律规定办理各类法律事务，解决各类法律纠纷，并具有从事法学教育和研究工作的基本能力和素质。

（二）培养要求

学生通过学习国家的法律、法规和法学的基本理论与基本知识，掌握法学基本理论和技术，能够较灵活地运用所学理论指导实践工作，具有分析问题、解决问题和组织领导法学实践活动的实际工作能力和创新能力。毕业生应获得以下几方面的知识和能力：

第一，掌握法学的基本理论、基础知识。

第二，熟悉法律工作的方针、政策和法规。

第三，具有执法的基本能力。

第四，掌握法学理论研究的基本方法，了解法学前沿理论及其研究动态，具有一定的教学、科学研究和实际工作能力。

第五，身体素质达到国家规定的大学生体育锻炼和军事训练合格标准，具备健全的心理和健康的体魄，能够胜任从事本专业范围内的各项工作的要求，能够履行建设祖国和保卫祖国的神圣义务。

第六，能独立运用西班牙语进行基本的听、说、读、写，初步具备研究生阶段能在西班牙语国家进行学习深造的语言基础。

三、"西班牙语国家合同法（双语）"课程介绍

"西班牙语国家合同法（双语）"是中国政法大学法学专业（西班牙语）特色实验班本科培养方案西班牙语法律类课程组序列表中的一门课程。该序列表中的其他课程为："拉丁美洲国家法律概况"、"西班牙语精品著作导读"、"西班牙语国家国情概述"、"西班牙语国家私法制度导论（双语）"、"西班牙语国家外国投资法（双语）"和"法律西班牙语"。

"西班牙语国家合同法（双语）"，由兼具西班牙语专业和法学专业双重学术背景的教师负责授课。"西班牙语国家合同法（双语）"课程为36课时，2学分，在本科生的第五学期或第六学期开设，修读该课程的前置课程为"拉丁美洲国家法律概况"、"西班牙语精品著作导读"、"西班牙语国家国情概述"和"西班牙语国家私法制度导论（双语）"。修读该课程的后置课程为"西班牙语国家外国投资法（双语）"和"法律西班牙语"。

第一部分：欧洲私法一体化背景下的西班牙债法现代化研究初探

在民法领域，一个国家采取什么样的法律制度，既有历史的必然，也有历史的偶然[1]。

《西班牙民法典》自1889年7月25日颁布以来，历经百年沧桑，虽经历了一些小型调整，仍以其近乎完整的原始形态屹立于大陆法系民法典大家庭，被认为是西班牙民商事领域的最高法律准则。

《西班牙民法典》受到了1804年《法国民法典》的直接影响，它将契约自由、平等博爱等理念广泛赋予民众，树立了"个人最大限度的自由、法律最小限度的干预"的立法精神，打破了封建观念和教会法的垄断，是西班牙现代意义法律体系建立的标志[2]。

---

〔1〕 齐晓琨：《德国新、旧债法比较研究》，法律出版社2006年版，第1页。

〔2〕 ［西］Carlos R. Alba Tercedor：《西班牙民法典》序二，潘灯、马琴译，载西班牙议会：《西班牙民法典》，中国政法大学出版社2013年版，第7页。

自 1994 年 9 月起，西班牙立法机关和学术界开始探讨并着手推进西班牙民法典现代化进程，旨在修订《西班牙民法典》中与合同有关的编章。这是自 1889 年《西班牙民法典》颁布以来规模最大的修改，被修改的部分主要集中在债编中涉及违约救济的内容。

一、西班牙债法现代化的历史背景

我们处在一个经济全球化和区域经济一体化的时代。随着欧洲一体化进程的推进，更加统一并且自由的贸易环境成为欧盟重要标识。协调和趋同成为私法发展的必然趋势。由于合同法在跨国贸易中举足轻重的作用，合同法在欧洲私法协调和统一进程中占据领先地位。欧盟一体化市场迫切需要调和各国合同法，欧洲大陆区域背景下合同法的发展，自 20 世纪 80 年代以来蓬勃发展[1]：欧洲各国学术界围绕着建立"欧洲私法体系"和"制定一部欧洲民法典的必要性"进行了广泛而深入的研究。这些研究旨在实现欧洲共同市场，复兴"欧洲共同法"[2]。欧洲私法一体化对欧盟成员国的内国法发挥了深刻的影响。《西班牙民法典现代化草案》（《Propuesta de Modernización del Código civil》，简称：PMCC）在这一背景下应运而生。

二、西班牙债法现代化的参考和推动因素

（一）国际合同法文件

《西班牙民法典现代化草案》编纂者们广泛参照其他国家或地区的成文法，旁征博引，这些灵感源泉为西班牙债法现代化提供了丰富的参考。

第一，1980 年《联合国国际货物销售合同公约》（The United Nations Convention on Contracts for the International Sale of Goods，简称：CISG）对西班牙民法典现代化的进程具有深远影响，为其奠定了先驱实践的基础，起到了里程碑似的作用。西班牙加入《联合国国际货物销售合同公约》是西班牙债法现代化的起点和直接契机，西班牙司法部从 1994 年 9 月起便频繁

---

〔1〕 ［德］赖纳·舒尔策：《论〈欧洲共同买卖法〉的创新特征》，金晶译，载《北航法律评论》2014 年第 1 辑，第 115 页。

〔2〕 张彤：《欧洲合同法的最新发展现状与前景展望》，载《中国欧洲学会欧洲法律研究会2008 年年会论文集》，第 390 页。

召开会议，商讨《西班牙民法典现代化草案》的编纂。

第二，国际统一私法协会（International Institute for the Unification of Private Law，UNIDROIT）于 1994 年正式通过的《国际商事合同通则》（Principles of International Commercial Contracts）。

第三，由欧洲合同法原则委员会起草的《欧洲合同法原则》（Principles of European Contract Law，简称：PECL）。

第四，《欧洲示范民法典草案》（Draft Common Frame of Reference，简称：DCFR）。

第五，《欧洲统一买卖法》（Common European Sales Law，简称：CESL）。

第六，2002 年 1 月 1 日生效的德国《债法现代化》。

以上是西班牙债法现代化的灵感渊源。立法者借助贯彻上述指导方针的契机，试图消除《西班牙民法典》所带来的不便和困难。

（二）判例和学说的作用

《西班牙民法典现代化草案》体现了西班牙立法部门对司法实践和法学研究自《西班牙民法典》1889 年 7 月 25 日颁布 129 年来的经验和教训的总结。

在司法实践方面，西班牙债法现代化过程将《西班牙民法典》实施以来的司法实践成果、判例制度进行了法典化。

在法学研究方面，西班牙债法改革中所显示的法学思考，是西班牙法学界以 Díez-Picazo，Pantaleón 和 Morales Moreno 为首的民法学家们长期以来的理论成果和实践经验的积淀。

（三）《西班牙民法典》的自身不足

第一，在《西班牙民法典》编纂过程中立法者的失误导致现行法有关法律规范分散多处，内容繁杂，难以理解，法典自身有很多不协调和矛盾，为现行法的法律适用和民众了解西班牙民法带来了诸多不便和困难。

第二，《西班牙民法典》已经生效 100 余年，随着时代的发展，大量的法律条文无法与时代共同发展，《西班牙民法典》中债编已偏离现今社会生活，体现出严重的滞后性，已不能作为"活法"来反映当今的现实生活。

三、西班牙债法现代化与《西班牙民法典现代化草案》债编改革内容 —— 以 "债务不履行" 的定义为例

如德国法学名家尤斯图斯·蒂堡所言，"对于每一项立法，我们都能够且必须提出两点要求，即该立法在形式上和实质上都要完全。也就是说，它一方面要清楚、无歧义和详尽地制定规范，另一方面又要聪明地、适当地，完全根据人民的需要来规定民事制度" [1]。

《西班牙民法典现代化草案》债编对 "债务不履行" 的定义受到了《欧洲示范民法典草案》的直接影响。《欧洲示范民法典草案》在第 III. -1：102 条（3）规定："债务的不履行是指任何不符合要求的履行，无论其是否可以免责，包括延迟履行以及其他任何与规定该债务的相关条款不符的履行。"

《西班牙民法典现代化草案》债编在第 1153 条和第 1188. I 条为 "债务不履行" 设置了一般性规定，体现出了与现行法不同的特征：

（一）统一性

在《西班牙民法典现代化草案》债编中，"债务不履行" 是作为一个统一的概念被设计的。根据《西班牙民法典现代化草案》债编所采纳的制度，"债务不履行" 指任何不符合要求履行债务的情形。对一项接受或受领另一方当事人履行的债务而说，"不履行" 包括以各种方式未按约定的要求履行债务的情形，如：完全未履行；没有在规定的时间履行（比如，延迟履行）；瑕疵履行（比如，履行与规定债务的条款不符）；免责的不履行和不免责的不履行。即在《西班牙民法典现代化草案》中只存在一个统一的 "债务不履行" 的概念。

（二）广泛性

《西班牙民法典现代化草案》债编对 "债务不履行" 定义的范围进行了扩大。

按照现行西班牙《西班牙民法典》的规定，合同订立时合同履行不能被认定为合同无效。这主要体现在《西班牙民法典》第 1184 条、第 1272

---

〔1〕 ［德〕安东·弗里德里希·尤斯图斯·蒂堡：《论制定一部德意志统一民法典之必要性》，傅广宇译，商务印书馆 2016 年版，第 13 页。

条和第 1460 条。《西班牙民法典》第 1184 条规定："债权人请求为法律禁止或实际不能的，债务人不受约束"；第 1272 条规定："不可能成就的物和行为不得成为标的物"；第 1460 条规定："若缔结合同时合同标的物已经全部丢失，则合同无效。若标的物部分丢失，买受人可选择放弃合同或根据合同约定的价格按比例确定剩余物的价金"[1]。

《欧洲示范民法典草案》（Draft Common Frame of Reference，简称：DC-FR）第 II-7：102 条规定："自始不能或欠缺处分的权利或权力：不能仅因合同订立时债务履行不能或当事人对合同所涉及的财产无权利或无权力，而认定合同全部或部分无效"。

受《欧洲示范民法典草案》第 II-7：102 条的影响，《西班牙民法典现代化草案》债编不再将合同订立时合同履行不能认定为合同无效。

除了对债务不履行的定义进行调整外，《西班牙民法典现代化草案》债编还对债务不履行的救济方式以及救济方式选择权配置进行了改革。立法部门试图将债务不履行的救济方式体系化，并赋予债权人以选择权。

四、西班牙债法现代化与《西班牙民法典现代化草案》的意义

西班牙债法现代化的推进和《西班牙民法典现代化草案》的产生遂时合理，具有如下重要意义：

第一，西班牙债法改革是《西班牙民法典》现代化的一个组成部分，《西班牙民法典现代化草案》将成为日后修订《西班牙民法典》时的基石和模板。

第二，西班牙债法现代化是西班牙债法合同法领域的革命，《西班牙民法典现代化草案》内容较《西班牙民法典》更为合理，是对既有规则体系的完善和强化。

第三，西班牙债法现代化进程是西班牙立法部门希望西班牙国内法与欧洲司法发展相接轨，依托比较法，对西班牙债法、合同法欧洲化，积极参与欧洲私法整合所进行的积极努力。

---

[1] 上述条款中文翻译版本来自 [西] 西班牙议会：《西班牙民法典》，潘灯、马琴译，中国政法大学出版社 2013 年版。

第四，对我国民法典编纂的意义：西班牙债法现代化的推进和《西班牙民法典现代化草案》将为我国民法典编纂中债权法的体系构造等带来思考源泉和灵感渊源，值得我国民法学者对此进行持续和深入的研究。

第二部分：《拉丁美洲合同法原则》

《拉丁美洲合同法原则》（PLDC）是由法国、西班牙和拉丁美洲地区法学学者联合发起的一项合作研究项目，起草该原则的目的是以比较法研究的视角，制订一部适合拉丁美洲地区的规则和原则[1]。本文将介绍编纂《拉丁美洲合同法原则》的动因及经过。

一、《拉丁美洲合同法原则》缘起

合同作为交易的一种法律形式，随着市场交易方式的不断进步和经济全球化的发展在不断更新和演化。合同法的发展呈现出国际化、协调化、趋同化、统一化的发展趋势，示范法功能日趋重要[2]。

合同历来是拉丁美洲各国民事立法的重要内容，有关合同的规定往往出现在民法典债法分则中。

近十年来，西班牙和拉美国家的民法学者希望借助联合起草《拉丁美洲合同法原则》（Los Principios Latinoamericanos de Derecho de los Contratos, 简称 PDLC）的机会全面推进拉丁美洲国家合同法的统一化和现代化。

从 2011 年起，以安东尼奥-马努埃尔·莫拉雷斯·莫雷诺教授为首的几位西班牙和拉丁美洲国家的民商法学教授开始着力起草《拉丁美洲合同法原则》，他们分别来自阿根廷，巴西，乌拉圭，智利，哥伦比亚和委内瑞拉，他们希望能结合实务与比较法的最新经验联合起草《拉丁美洲合同法原则》。

二、《拉丁美洲合同法原则》编纂中的行动者

起草《拉丁美洲合同法原则》项目的主要推动者是四位来自西班牙和

---

[1] 韩世远：《亚洲合同法原则：合同法的"亚洲声音"》，载《清华法学》2013 年第 3 期。
[2] 王利明：《典型合同立法的发展趋势》，载《法制与社会发展》2014 年第 2 期，第 162 页。

智利的法学教授，他们分别是西班牙马德里自治大学法学院[1]的安东尼奥-马努埃尔·莫拉雷斯·莫雷诺教授[2]，智利迭亚戈·波塔勒斯大学[3]的卡洛斯·皮萨诺[4]教授，智利天主教大学瓦尔帕莱索分校[5]的阿尔瓦洛·比达尔·奥利瓦雷斯[6]教授和智利迭亚戈·波塔勒斯大学的伊尼戈·德·拉曼萨[7]教授。值得一提的是，安东尼奥-马努埃尔·莫拉雷斯·莫雷诺教授是后两位教授在西班牙马德里自治大学法学院攻读博士学位时的博士生导师，他们是安东尼奥-马努埃尔·莫拉雷斯·莫雷诺教授的得意门生。

三、提出倡议

法国雷恩第一大学商法研究中心教授托马斯·吉尼康曾于《拉丁美洲合同法原则》起草前在法国雷恩组织了"法国-拉丁美洲国际研讨会"，起草《拉丁美洲合同法原则》的倡议便诞生于此。

四、《拉丁美洲合同法原则》的民间性

《拉丁美洲合同法原则》是学术交流与合作的产物，其参与者是拉丁美洲国家和部分欧洲国家（主要是西班牙和法国）的学者（主要是大学教授），这些人为共同的学术理想而走到了一起。

在资金资助方面，法国大陆法系基金会[8]在起草《拉丁美洲合同法原则》项目之初给予了有力支持[9]。

---

[1]　Facultad de Derecho de la Universidad Autónoma de Madrid（UAM），Cantoblanco，Madrid，España.

[2]　ANTONIO-MANUEL MORALES MORENO，西班牙马德里自治大学法学院终身教授，西班牙民商法学泰斗。

[3]　Universidad de Diego Portales，Santiago de Chile，Chile.

[4]　Carlos Pizarro.

[5]　Universidad Católica de Valparaíso，Valparaíso，Chile.

[6]　Álvaro Vidal Olivares.

[7]　Íñigo de la Maza.

[8]　Fondation pour le droit continental.

[9]　Antonio-Manuel Morales Moreno，《Los Principios latinoamericanos de derecho de los contratos. Un debate abierto sobre las grandes cuestiones jurídicas de la contratación》，ADC，2014，p. 229.

　　法国大陆法系基金会（Fondation pour le Droit continental）是一家致力于大陆法文化宣传和推广的机构，近年来一直积极推动和支持一些高质量的法学交流，以促进在世界上大陆法系国家，特别是法国法和其他大陆法系国家法律体系之间的合作，推进法律和经济全球化背景下大陆法的发展[1]。

　　值得一提的是，法国大陆法系基金会也积极推动法国法和中国法律体系之间的交流与合作，例如，对涉及中法比较法研究或中国法与大陆法的比较研究的博士论文，组织法国大陆法系基金会优秀博士论文奖评审、举办《中国与法律》讲座等[2]；法国大陆法系基金会还资助了日本庆应大学的金山直树教授参与有东亚地区学者自发发起的《亚洲合同法原则》合作研究项目[3]。

五、起草过程

　　在起草《拉丁美洲合同法原则》的初始阶段，《拉丁美洲合同法原则》的推动者、智利迭亚戈·波塔勒斯大学的卡洛斯·皮萨诺教授组织进行了一个由四十个合同法问题组成的问卷调查活动，旨在对拉美各国的合同法现状进行摸底调查。这四十个问题力求涵盖贯穿合同自订立至解除的整个"生命"中可能引起的主要法律问题，组织这项问卷调查的目的是收集拉丁美洲国家对本国合同法的调研并进行信息收集。这项问卷调查发给了拉美各国的法学专家、学者组成的不同国别的小组，最后，阿根廷、巴西、哥伦比亚、智利、巴拉圭、乌拉圭和委内瑞拉的法学专家、学者分别完成并上交了该国的问卷调查报告[4]。卡洛斯·皮萨诺教授将草案的初期成果交给了法国著名法学家、法国大陆法基金会学术委员会主席、巴黎第二大学资深教授 Michel Grimaldi 先生。

---

　〔1〕　信息来源：http://www.law.ruc.edu.cn/article/? 33904.html.

　〔2〕　具体评审要求和准则为：大陆法系基金会每年经评审后，遴选两篇优秀的法学博士论文予以奖励，一等奖奖金 3500 欧元，二等奖奖金 2000 欧元。参评论文必须符合以下条件：以法文或英文写作和答辩；涉及中法比较法研究或中国法与大陆法的比较研究；中国申请者须于国外某大陆法系国家研究学习至少三月，其他国家申请者须在中国研究学习至少三月。信息详见：http://www.law.ruc.edu.cn/article/? 33904.html.

　〔3〕　韩世远：《亚洲合同法原则：合同法的"亚洲声音"》，载《清华法学》2013 年第 3 期。

　〔4〕　Carlos Pizarro（coord.）：*El derecho de los contratos en Latinoamérica*，Foundation pour le Droit Continental 2012.

历经三年时间，众目期待的《拉丁美洲合同法原则》在 2013 年年底终于面世。

六、《拉丁美洲合同法原则》具有重要意义与价值

第一，它体现了充分尊重法律传承的精神，是对拉丁美洲国家合同法理论与实务经验新发展的总结。

第二，在众多具体的、实质的规则上，既保持了拉丁美洲地区合同法的传统风格，又借鉴了其他国家的先进经验，比较法的影响不容忽视。

第三，拉丁美洲国家从纷纷独立之初以法国法为模式编纂民法典，到以法国合同法改革为范例，进行拉丁美洲合同法改革并起草《拉丁美洲合同法原则》，都离不开法国法的影响。这被视为《法国民法典》及其改革在海外取得的卓越成就。

思想政治教育专题研究

Si Xiang Zheng Zhi Jiao Yu Zhuan Ti Yan Jiu

大学生思想政治教育的历史梳理及当下解读

王太芹*

什么是思想政治教育？时代不同，概念的内含和外延都有所不同。中国古典记载的"帝曰：'契，百姓不亲，五品不逊。汝作司徒，敬敷五教，在宽。'"《尚书·舜典》就是一种地地道道的思想政治教育。当然，思想政治教育是阶级社会的产物，它是各个阶级在改造世界过程中用以统一思想、凝聚力量的重要工具。虽然，在奉行不同政治制度的社会中，其表现形式有所不同，但其通过对教育对象进行有意识的思想渗透和灌输，从而使社会群体的思想达致统一的目标是相同的。中国共产党成立之后，按照苏联的指导，就开始在工农运动中开展了思想政治教育。后来，随着革命形势的需要，党在军队中也开始注重思想政治教育，"三湾改编"可以说是"中国共产党独创性思想政治教育的开端"。[1]从此，中国共产党开始了运用中国化的马克思主义指导自己的革命，也开始了利用思想政治教育这一独特的马克思主义教育方式助力中国革命胜利的探索。

当下，在思想政治教育的所有对象中，我们最重视的对象是青年人，尤其是大学生。所谓大学生思想政治教育，就是针对大学生，运用社会主义思想观念、政治观点、道德规范，对其施加

* 王太芹，北京大学学生公寓中心副主任，副研究员。

[1] 何一成、杨湘川主编：《中国共产党思想政治教育史》，湖南大学出版社 2011 年版，第 92 页。

有目的、有计划、有组织的影响，使其成为社会主义事业的合格建设者和可靠接班人的教育过程，是高等教育的一个重要组成部分，也被称为高校德育。对这一教育形式进行历史梳理和当下解读，既是一种作为教育学研究的需要，也是对实践工作进行的路径指南。

一、大学生思想政治教育历史发展的三个阶段

现在，学界部分学者把大学生思想政治教育的发展历史划分为五个阶段[1]。本文从简化角度出发，把新中国成立后大学生思想政治教育的发展分为三个阶段：

第一个阶段是批判创建时期，从 1949 年到 1966 年。在这一阶段，在批判旧中国的大学生思想政治教育体系的过程中，我国大学生思想政治教育以全新的思路和视野在大学生思想政治教育的体制建构、目标确立、内容设定、课程设置、队伍建设等方面不断探索，初步建立了新中国的大学生思想政治教育体系。比如，1949 年 10 月 12 日，新中国成立伊始，华北高等教育委员会就颁布了《各大学专科学校文法学院各系课程暂行规定》，开始了大学生思想政治教育课程探索和建设；1951 年 11 月 30 日，中央人民政府教育部通过了《关于全国工学院调整方案的报告》，创立大学生政治工作制度，开始辅导员队伍建设。在 20 世纪 50 年代，随着社会主义建设，我国大学生思想政治教育积累了一些宝贵的经验，比如，大学生"全面发展"思想的提出、社会主义教育课程的集中开设、农村社会主义教育运动的组织、高校政治机构的改革等。

第二个阶段是曲折前进时期，从 1966 年到 1989 年。在此阶段，十年"文化大革命"时期，大学生思想政治教育工作进行了一些新的探索，如强调"开门办学""教育与生产劳动相结合"（这种探索事实也是目前在教育中"开放观""实践观"的探索）。改革开放后，大学生思想政治教育的理念、体制、目标、途径、内容、方法、环境等方面进行了一系列大胆创新的尝试，比如，教材的编订、"四有"新人的提出、对资产阶级自由化的反对等，都使大学生思想政治教育获得了新的发展。

---

[1] 骆郁廷：《当代大学生思想政治教育》，中国人民大学出版社 2010 年版，第 2~17 页。

第三个阶段是稳步发展时期，从 1989 年至今。在这一阶段，在反对资产阶级自由化的基础上，大学生思想政治教育愈加注重对规律的探讨。大学生思想政治教育的指导思想和基本原则、主要任务、课堂教学、有效途径、党团组织、队伍建设、社会环境和组织领导等方面都得到了全面、科学的论述，大学生思想政治教育呈现出稳步发展的良好态势。尤其是 21 世纪以来，不仅学界越来越关注青年人的思想变化、心理需求和政治倾向，而且执政党更注重从政策层面给予方向性引导。

二、领袖的指示与政策的指引是做好大学生德育工作的保障

对于思想政治教育工作，党的历代领导人十分重视。通过对他们有关思想政治教育工作讲话的回顾可以看出，他们重视对包括青年学生在内的人民群众进行思想上的教育和政治上的引导。同时，通过对应政策文件梳理，也可以看出，大学生思想政治教育的内容和形式也随着时代的变化而变化。

毛泽东作为党的第一代领导人核心，在 1958 年指出："思想工作和政治工作，是完成经济工作和技术工作的保证，它们是为经济基础服务的。思想和政治又是统帅，是灵魂。"[1]当然，他尤为重视对青少年的思想政治教育。1957 年 11 月 17 日，他在苏联莫斯科大学接见中国留学生时语重心长地说：世界是你们的，也是我们的，但是归根结底是你们的。你们青年人朝气蓬勃，正在兴旺时期，好像早晨八九点钟的太阳，希望寄托在你们身上。毛泽东曾用"非此即彼"式语言指出："在我们无产阶级专政的国家里，当然不能让毒草到处泛滥。无论在党内，还是在思想界、文艺界，主要的和占统治地位的，必须力争是香花，是马克思主义。毒草，非马克思主义和反马克思主义的东西，只能处在被统治的地位。"[2]即是说，在思想领域，马克思主义不占领则非马克思主义必然占领，人民群众甚至统治阶级中部分人，就有可能被非马克思主义思想迷惑，成为"走资派"。

邓小平作为党的第二代领导人核心，要求思想政治教育要为经济建设

---

〔1〕　《毛泽东文集》（第 7 卷），人民出版社 1999 年版，第 226 页。
〔2〕　《毛泽东文集》（第 7 卷），人民出版社 1999 年版，第 197 页。

服务，提出"一个中心，两个基本点"和"四项基本原则"是思想政治教育的基本内容，"四有"新人为思想政治教育的培养目标、发扬民主和求真务实是思想政治教育的基本原则，不搞运动而以教育和引导为主是思想政治教育的实施方法。在 20 世纪 80 年代，针对在改革开放过程中，出现的一些左右对立，是非不分，光要物质文明、不要精神文明的现象，党的领导人认识到，必须重视精神文明建设，必须加强大学生思想政治教育。随后，一系列有关思想政治教育工作的政策文件的出台，为此项工作提供了有力保障。1982 年 9 月《全面开创社会主义现代化建设的新局面——在中国共产党第十二次全国代表大会上的报告》明确指出：社会主义精神文明的建设大体可以分为文化建设和思想建设两个方面。……思想建设指的是共产主义的理想、信念、道德，为人民服务的献身精神。社会主义精神文明建设的根本任务，是适应社会主义现代化建设的需要，培育有理想、有道德、有文化、有纪律的社会主义公民，提高整个中华民族的思想道德素质和科学文化素质。[1]

以江泽民同志为核心的党的第三代中央领导集体接过政治接力棒之后，他们坚持和继承了我党长期贯彻的关于思想政治工作是我党一切工作生命线的思想，而且将"生命线"作用与国际国内形势发生深刻变化、党的建设面临的一系列新情况紧密相连，从而得出思想政治工作是宣传工作的重中之重的结论。进入 21 世纪，中共中央印发《公民道德建设实施纲要》，指出"社会主义道德建设要坚持以为人民服务为核心……使之成为全体公民普遍认同和自觉遵守的行为准则。"[2]在庆祝中国共产党成立七十周年的《当代中国共产党人的庄严使命》讲话中，江泽民同志指出："思想宣传阵地，社会主义思想不去占领，资本主义思想就必然去占领。各级党委要重视意识形态工作，加强对意识形态工作的领导，牢牢掌握意识形态各部门的领导权。"[3]为了大力加强以思想道德建设为核心的社会主义精神文明建

---

〔1〕 《全面开创社会主义现代化建设的新局面——在中国共产党第十二次全国代表大会上的报告》，1982 年 9 月 1 日。

〔2〕 《中共中央关于印发〈公民道德建设实施纲要〉的通知》（中发［2001］15 号）。

〔3〕 《江泽民文选》（第 1 卷），人民出版社 2006 年版，第 160 页。

设，江泽民同志提出了"以德治国"[1]；在"四有"新人的思想基础上，提出了要重视"人的全面发展"[2]。2002 年 11 月，十六大报告指出，"要建立与社会主义市场经济相适应、与社会主义法律规范相协调、与中华民族传统美德相承接的社会主义思想道德体系。……加强和改进思想政治工作，广泛开展群众性精神文明创建活动。"[3]

思想政治教育与我们党的事业相伴随，对于我们国家的发展正是如此重要，所以，朱镕基同志在担任上海市市长时就说过："中国什么工作能达到世界先进水平？我看思想政治工作能达到。"[4]

2004 年 8 月，中共中央、国务院首次联合就大学生思想政治教育工作下发了《关于进一步加强和改进大学生思想政治教育的意见》（中发〔2004〕16 号），这个简称为"16 号文"的文件，是加强大学生思想政治教育史上一个里程碑的文件。它既是对之前有关思想政治教育工作的提炼和升华，也为以后工作指明了方向。文件指出，"加强和改进大学生思想政治教育，提高他们的思想政治素质，把他们培养成中国特色社会主义事业的建设者和接班人，对于全面实施科教兴国和人才强国战略，……具有重大而深远的战略意义。"[5]为了贯彻落实此文件精神，国家相关部门，尤其是教育部

---

〔1〕　2001 年 1 月 10 日，在全国宣传部长会议上，针对当时中国的改革开放事业进行了一段时间后，其辉煌成果充分展示，同时各种问题也不可避免地暴露出来，如贫富差距迅速拉大、反腐形势严峻、社会风气令人担忧等，江泽民在《大力弘扬不懈奋斗的精神》的讲话中提出"以德治国"。目的是要解决这些问题，使社会主义市场经济稳步推进，巩固和深化改革开放成果，仅依赖经济手段和法律手段是不够的。该文中那段被经常引用的话是这样的："我们在建设有中国特色社会主义，发展社会主义市场经济的过程中，要坚持不懈地加强社会主义法治建设，依法治国，同时也要坚持不懈地加强社会主义道德建设，以德治国。对一个国家的治理来说，法治和德治，从来都是相辅相成、相互促进的。二者缺一不可，也不可偏废。"参见《江泽民文选》（第 3 卷），人民出版社 2006 年版，第 196~202 页。

〔2〕　《在庆祝中国共产党成立八十周年大会上的讲话》中，江泽民指出："推进人的全面发展……同推进经济、文化的发展和改善人民物质文化生活，是互为前提和基础的。人越全面发展，社会的物质文化财富就会创造的越多，人民的生活就越能得到改善，而物质文化条件越充分，又越能推进人的全面发展"。这是党的历史上第一次明确把促进人的全面发展作为党建设中国特色社会主义社会所要追求的目标。参见《江泽民文选》（第 3 卷），人民出版社 2006 年版，第 294 页。

〔3〕　江泽民：《全面建设小康社会，开创中国特色社会主义事业新局面》（单行本），人民出版社，2002 年版。

〔4〕　张蔚萍：《新编思想政治工作概论》，中共中央党校出版社 1989 年版，第 35 页。

〔5〕　中共中央、国务院：《关于进一步加强和改进大学生思想政治教育的意见》（中发〔2004〕16 号）。

制定了一系列的配套文件，共有十五个，可谓泱泱[1]。这些文件的出台，使此项工作的开展确保了有"法"可依。

在胡锦涛同志担任总书记时期，全党越加认识到，一个国家和民族的强大，不仅要有雄厚的经济实力、完善的政治制度、强大的军事力量，而且也要有包含着核心价值观的先进的文化精神。只有先进的、凝练的价值观才能统一人民的思想，才能形成强大的精神力量，只有思想上的先进才能促使建设的前进。但是，"在这种思想大活跃、观念大碰撞、文化大交融的时代背景下，我们既要尊重和包容社会的多样化发展，但也绝不能动摇我们的主流意识形态，绝不能混淆社会主义核心价值观。"[2]正是在这样的背景下，党的十六届六中全会通过的《中共中央关于构建社会主义和谐社会若干重大问题的决定》，第一次明确提出"建设社会主义核心价值体系"[3]，指出社会主义核心价值观是社会主义核心价值体系的内核。学界对社会主义核心价值观的概括开始深入探讨。党的十七大进一步指出"社会主义核心价值体系是社会主义意识形态的本质体现"[4]。十七届六中全会则强调，"社会主义核心价值体系是兴国之魂"[5]。为了提炼和概括出简明扼要、便于传播和践行的社会主义核心价值观，党的十八大明确提出"三个倡导"，即"倡导富强、民主、文明、和谐，倡导自由、平等、公正、法治，倡导爱国、敬业、诚信、友善，积极培育和践行社会主义核心价值观"。[6]胡锦涛同志曾经借着给全国教师庆祝教师节的时机，要求广大教育工作者要坚持育人为本、德育为先，把立德树人作为教育的根本任务，加强爱国主义

---

[1]　中共中央宣传部宣传教育局、教育部社会科学研究与思想政治工作司、共青团中央学校部组编：《加强和改进大学生思想政治教育文件选编》，中国人民大学出版社2005年版。

[2]　《社会主义核心价值体系学习读本》编写组：《社会主义核心价值体系学习读本》，中共中央党校出版社2010年版，引言第1页。

[3]　《中共中央关于构建社会主义和谐社会若干重大问题的决定》（中发［2006］19号）。

[4]　《高举中国特色社会主义伟大旗帜 为夺取全面建设小康社会新胜利而奋斗——胡锦涛同志代表第十六届中央委员会向大会作的报告摘登》，载《人民日报》2007年10月16日，第2版。

[5]　《〈中共中央关于深化文化体制改革推动社会主义文化大发展大繁荣若干重大问题的决定〉辅导读本》编写组编著：《〈中共中央关于深化文化体制改革推动社会主义文化大发展大繁荣若干重大问题的决定〉辅导读本》，人民出版社2011年版，第9页。

[6]　《坚定不移沿着中国特色社会主义道路前进 为全面建成小康社会而奋斗——胡锦涛同志代表第十七届中央委员会向大会作的报告摘登》，载《人民日报》2012年11月9日，第3版。

教育，深入开展理想信念教育，加强和改进学生思想政治工作，把社会主义核心价值体系融入国民教育体系，引导学生树立正确的世界观、人生观、价值观、荣辱观，努力培养德智体美全面发展的社会主义建设者和接班人。他说："伟大的时代召唤着青年，辉煌的事业期待着青年……祖国的未来属于中国青年！民族的光荣属于中国青年！"[1]这事实上为新时期如何做好大学生思想政治教育，添加了与时俱进的内容。

三、十八大之后有关大学生思想政治教育的新论述

当新的一届中央领导集体走上前台，掷地有声地提出要复兴中华民族，要实现"中国梦"，要实现"小康社会"。这是一个令人耳目一新、有所期待、精神大振的宣言，这个宣言将中国特色的社会主义发展推进到一个新的重要阶段。这个阶段虽然仍处于社会主义初级阶段，但它已是发展的一个新阶段。在这个阶段上，我们的经济体制要进行深刻变革，社会结构要进行深刻变动，利益格局要进行深刻调整，生活方式要进行深刻变化。在这样的转折之秋，因多种因子的对冲、缠绕和碰撞，民众的思想既有了推动的活力，也有了拍打的冲击。同时，随着中国对外开放步伐的迈进，西方的文化和价值观念对我们的影响也显得无处不在。人们的思想活动的独立性、选择性、多变性和差异性不断增强，尤其是年轻人的价值观念愈加呈现多样化趋势。因此，引领社会成员在多元价值并存中形成价值共识，确立得到多数社会成员认同的核心价值观，是我国改革开放中的基础问题，事关国家发展的基本方向，事关改革开放的兴衰成败，事关"中国梦"能否最终实现。重中之重，大学生是国家宝贵的人才资源，是民族的希望、祖国的未来，大学生思想比较活跃，引领大学生树立核心价值观念，在大学生中形成核心价值共识，既是大学生健康成长成才的需要，也是国家教育目标的重要方向，更是中华民族复兴大业的一个大战略。

事实上，"中国梦"的提出是对新时期大学生思想政治教育新的指引。因为，它的提出，是个感人奋进的号召。那么，如何才能实现这样一种承

---

〔1〕　胡锦涛：《在纪念中国共产主义青年团成立90周年大会上的讲话》（2012年5月4日），载《人民日报》2012年5月5日，第1版。

前启后的战略部署呢？责任当然需要以习近平总书记为核心的党中央带领全国各族人民来担当，尤其是激发青年群体的智慧和责任感，为此，则需要加强对青年学生的教育和引导。于是，习近平同志在 2013 年 3 月就任国家主席之后，在全国人民代表大会的会议闭幕上旗帜鲜明地提出"中国梦"之后，在"五四"青年节到来之际，他到中国航天科技集团公司中国空间技术研究院，参加"实现中国梦、青春勇担当"主题团日活动时强调，广大青年要坚定理想信念，练就过硬本领，勇于创新创造，矢志艰苦奋斗，锤炼高尚品格，在实现中国梦的生动实践中放飞青春梦想，在为人民利益的不懈奋斗中书写人生华章。他要求广大青年人要认识到，理想指引人生方向，信念决定事业成败。没有理想信念，就会导致精神上"缺钙"。"历史和现实都告诉我们，青年一代有理想、有担当，国家就有前途，民族就有希望，实现我们的发展目标就有源源不断的强大力量。"[1]他在 2013 年 5 月 2 日给北京大学考古文博学院 2009 级本科团支部全体同学回信中，更是勉励广大青年"得其大者可以兼其小"[2]。2013 年 11 月，党的十八届三中全会提出："全面贯彻党的教育方针，坚持立德树人，加强社会主义核心价值体系教育，完善中华优秀传统文化教育。"[3]这种表述表明，在社会转型的关键时期，教育领域深化改革根本目的是育人，育人的关键和前提是立德。为此，新时期大学生思想政治教育的根本任务当然也是通过"立德"达致"树人"。2014 年 5 月 4 日，习近平总书记在与北京大学的师生座谈会上就社会主义核心价值观与青年人的关系更是明确谈到："我为什么要对青年讲讲社会主义核心价值观这个问题？是因为青年的价值取向决定了未来整个社会的价值取向，而青年又处在价值观形成和确立的时期，抓好这一时期的价值观养成十分重要。这就像穿衣服扣扣子一样，如果第一粒扣子扣错了，剩余的扣子都会扣错。人生的扣子从一开始就要扣好。"[4]

---

〔1〕　习近平：《在同各界优秀青年代表座谈时的讲话》，载《人民日报》2013 年 5 月 5 日，第 2 版。

〔2〕　习近平：《给北京大学学生回信勉励当代青年：勇做走在时代前面的奋进者开拓者奉献者》，载《人民日报》2013 年 5 月 5 日，第 1 版。

〔3〕　《中共十八届单中全会在京举行》，载《人民日报》2013 年 11 月 13 日，第 1 版。

〔4〕　习近平：《青年要自觉践行社会主义核心价值观——在北京大学师生座谈会上的讲话》，载《人民日报》2014 年 5 月 5 日，第 2 版。

2016 年 12 月 7 日至 8 日的全国高校思想政治工作会议上，习近平总书记明确指出："高校思想政治工作关系高校培养什么样的人、如何培养人以及为谁培养人这个根本问题。要坚持把立德树人作为中心环节，把思想政治工作贯穿教育教学全过程，实现全程育人、全方位育人，努力开创我国高等教育事业发展新局面。"[1]随后的《关于加强和改进新形势下高校思想政治工作的意见》强调，高校要"坚持社会主义办学方向，扎根中国大地办大学，以立德树人为根本，以理想信念教育为核心，以社会主义核心价值观为引领，切实抓好各方面基础性建设和基础性工作，切实加强和改善党的领导，全面提升思想政治工作水平。"[2]2017 年 5 月 3 日，习近平在考察中国政法大学时对于如何培养高素质法治人才更是明确强调"立德树人，德法兼修"；在提到高校党委如何履行好管党治党、办学治校的主体责任时，他提出："把立德树人、规范管理的严格要求和春风化雨、润物无声的灵活方式结合起来。"[3]在十九大报告中，习近平进一步提出："要全面贯彻党的教育方针，落实立德树人根本任务，发展素质教育，推进教育公平，培养德智体美全面发展的社会主义建设者和接班人。"[4]

通过对习近平总书记对有关青年群体谆谆教导的回顾，可以发现，党的十八大以来，以习近平同志为核心的党中央愈加重视大学生思想政治教育工作，大学生思想政治教育的内容和形式一直在与时俱进因此，立德树人作为教育的中心愈加被摆在突出位置。所以，教育部明确要求："立德树人是发展中国特色社会主义教育事业的核心所在，是培养德智体美全面发展的社会主义建设者和接班人的本质要求。"[5]

总之，回顾新中国成立 70 年来，我国在大学生思想政治教育方面走过的不平凡的发展道路，让我们得出启示：执政党的领导人必须重视此项工

---

〔1〕 习近平：《把思想政治工作贯穿教育教学全过程 开创我国高等教育事业发展新局面》，载《人民日报》2016 年 12 月 9 日，第 1 版。

〔2〕 《中共中央国务院印发〈关于加强和改进新形势下高校思想政治工作的意见〉》，载《人民日报》2017 年 2 月 28 日，第 1 版。

〔3〕 习近平：《立德树人德法兼修抓好法治人才培养 励志勤学刻苦磨炼促进青年成长进步》，载《人民日报》2017 年 5 月 4 日，第 1 版。

〔4〕 习近平：《决胜全面建成小康社会 夺取新时代中国特色社会主义伟大胜利——中国共产党第十九次全国代表大会在京开幕》，载《人民日报》2017 年 10 月 19 日，第 1 版。

〔5〕 《教育部关于全面深化课程改革落实立德树人根本任务的意见》（教基二〔2014〕4 号）。

作并有相关政策支持。因为，由于历史文化心理的不同，现行政治体制的不一，尤其在中国当下，相比西方发达国家来说，在一项政策的制定及落实过程中，如果最高领导者重视某项工作，就给了此项工作最好的助推力量，则此项工作较易得到推进，并有可能获得理想结果。事实上，世界上各类政党都很重视思想教育和意识形态的引导工作，但相比资产阶级政党的偷偷摸摸、不敢公开承认，无产阶级政党的立场是公开的、鲜明的，并且在理论上逐渐形成了完整的系统。尤其是随着思想政治教育学这一门学科的进一步发展，不管是在理论上还是实践上，大家都已经认识到，宣传是灌输，教育是启发。"说教"式和"填鸭"式强制性的教育方法——强迫受教育者接受，已经不可取；与时俱进提出新的内容，建立新的载体，坚持有计划、有目的、旗帜鲜明地将社会主义意识形态输送给受教育者则是可取的。

四、结论

在新形势下，对于思想政治教育，有学者主张在学科概念的表述上不要凸显"政治"二字，通过突出思想政治教育中的道德教育或者思想教育的功能[1]，从而淡化思想政治教育的政治性教育功能。为此，有人提出要用"思想道德教育"、"公民教育"或"道德教育"等来表示这一学科名称。但本文认为，思想政治教育的核心功能其实就是"政治教育"功能，千万不能淡化。思想政治教育其实有广义和狭义之分，前者包含思想教育、政治教育、道德教育，内涵丰富，层次较高；后者事实上就是指政治教育。但是，此政治教育不能等同于"紧绷阶级斗争之弦"的"斗争教育"，而是一种信仰教育、政治价值教育，是一定的统治阶级依据一定的政治理想和政治规范对教育对象施加影响，以便在全社会形成一种核心力量的教育。大学生思想政治教育作为载体的育人就是这样的教育。

随着我国在经济发展上巨大成就的取得和对外开放力度的加大，我们

---

〔1〕 比如，曾有观点提出："国际上'思想道德教育'是比较通用的术语，开展思想道德教育活动也是普遍的做法，用'思想道德教育'作为本学科的名称，有利于同国际接轨，适应'全球化'的需要。"参见胡斌武：《关于思想政治教育学科名称的思考》，载《当代教育论坛》2005年第21期。

在意识形态领域面临的斗争越来越尖锐。思想政治教育作为社会主义意识形态建设的重要载体，是引导社会成员形成价值共识的重要手段。对整个社会意识形态建设能起到示范和引领作用的高校，是进行大学生思想政治教育中的重要场域，生活、学习于其中的大学生——社会青年群体中的精英，既是各种非社会主义思潮争夺的对象，也是社会主义意识形态需要"掌握"的群体。社会主义核心价值观作为马克思主义价值观中国化的最新理论成果，是当代中国的主导价值观，是社会主义核心价值体系的大众化、通俗化、凝炼化表达，是先进的理论表现，是主流意识形态。因此，用社会主义核心价值观"掌握"大学生是必然选择。因为，想要把大学生这个群体塑造成我国现代化事业的合格建设者和可靠接班人，除了知识的灌输、技能的培训，也需要对其加强知识的引领与思想的教育，只有这样，才能够实现由"大学生掌握先进理论"向"先进理论掌握大学生"转变的目标。可见，社会主义核心价值观融入大学生思想政治教育，既是社会主义意识形态自身发展的需要，也是思想政治教育实践完善的需要；既是大学生思想政治教育与时俱进顺应主导思想的需要，也是马克思主义理论中国化探索实现新方式的需要；既是大学生健康成长成才的需要，更是国家增强软实力的需要。

论五四时期马克思主义理论教育的历史回溯和当前启示 *

袁 芳 **

  青年是时代和社会的产物，是推动社会发展的继承者和开拓者。马克思曾深刻地指明，"最先进的工人完全了解，他们阶级的未来，从而也是人类的未来，完全取决于正在成长的工人一代的教育"。[1]在青年群体中开展马克思主义理论教育不仅具有可能性，更具有必要性。马克思主义理论建立在唯物史观和剩余价值学说的基础上，科学揭示了人类社会发展的一般规律。马克思主义理论只有为广大民众尤其是广大青年所掌握并运用到实践之中，才能变成物质力量。同时，青年群体具有突出的创造性和可塑性，只有掌握马克思主义的思想武器，才能将个人理想和国家发展联系在一起，更好实现伟大的人生价值。100 年多前的五四运动作为一场伟大的爱国革命运动、社会革命运动、思想启蒙运动和新文化运动，促使初步具有共产主义思想的中国先进知识分子和先进青年自觉接受了马克思主义的引领，开辟了青年运动的新篇章，为中国共产党的成立奠定了重要的思想基础和组织基础。深入探析五四时期马克思主义理论教育的宝贵经验、鲜明特征和重要启

  * 本文为北京高校中国特色社会主义理论研究协同创新中心（中国政法大学）阶段性成果，2019 年度教育部高校优秀教学科研团队建设项目重点选题"'思想道德修养与法律基础'课教学资源建设研究"（19JDSZK037）和中国政法大学"课程思政"示范课程中期研究成果。

  ** 袁芳，中国政法大学马克思主义学院副教授。

 〔1〕 《马克思恩格斯全集》（第 16 卷），人民出版社 2006 年版，217 页。

示，不仅对深化五四运动历史经验的总结、研究五四时期广大青年在何种逻辑之下认同马克思主义具有重要的理论价值，而且对当前高校思想政治理论课引导广大青年担当新时代伟大复兴的历史使命，真正成为中国特色社会主义事业建设者和接班人具有深刻的实践意义。

一、五四时期马克思主义理论教育的宝贵经验

20世纪初的中国正处于军阀混战、列强肆虐的内忧外患之中，中国思想界普遍将中华民族复兴重任寄托于青年一代。随着五四时期马克思主义传入中国后，先进知识分子注重运用马克思主义引领青年思想和青年运动，推动马克思主义理论教育，启发了青年群体的思想觉醒，形成了宝贵的历史经验。

（一）开设课程，向青年大学生系统讲授马克思主义理论

五四时期，高校充分利用课堂教学主阵地，组织具有深厚理论素养的知识分子向广大青年大学生系统讲授马克思主义理论，发挥了思想引领的重要作用。从1920年起，在北京大学李大钊正式讲授《唯物史观》《史学思想史》《史学概论》《社会主义与社会运动》《工人的国际运动》等课程，[1]成为向青年大学生传播马克思主义理论的先驱者。在上海大学，瞿秋白讲授《社会科学概论》《社会哲学》、蔡和森讲授《社会进化史》、李季讲授《资本论》《马克思主义》、安体诚讲授《科学社会主义》《现代经济学》。[2]李大钊在讲授《唯物史观》这门课程时，将教学内容分为唯物史观在现代史学上的价值、马克思的经济历史观、物质变动与道德变动、原人社会于文字书契上之唯物的反映、东西文明根本之异点、由经济上解释中国近代思想变动的原因、中国古代经济思想7个部分。[3]围绕课程内容，李大钊发表了一系列理论文章，阐述马克思的唯物史观，体现了深厚的马克思主义理论功底。他在《由经济上解释中国近代思想变动的原因》一文中明确指出，

---

〔1〕 萧超然等编：《北京大学校史（1898—1949）》，北京大学出版社1988年版，第96~97页。

〔2〕 黄美真等编：《上海大学史料》，复旦大学出版社1984年版，第88~92页。

〔3〕 北京大学图书馆、北京李大钊研究会编：《李大钊史事综录》，北京大学出版社1989年版，第208页。

"新思想是应经济的新状态社会的新要求发生的"。[1]在《物质变动与道德变动》一文中阐述了经济发展和上层建筑之间的辩证关系，提出："直到19世纪后半期，这最高道德的要求之本质才有了正确的说明，为此说明的两位学者就是达尔文与马克思。"[2]还在《我的马克思主义观》一书中完整阐释了马克思主义理论的三大组成部分，明确指出"马克思的学说完全自成一个有机的有系统的组织，都有不能分离不容割裂的关系"。[3]由此，五四时期先进的知识分子非常注重向青年讲授系统完整的马克思主义理论，彰显了马克思主义真理的说服力。正如马克思指出，"理论只要说服人，就能掌握群众；而理论只要彻底，就能说服人。所谓彻底，就是抓住事物的根本"。[4]五四时期先进知识分子能够通过抓住问题的根本以理服人，实现对广大青年的思想引领。

（二）成立社团，引导青年主动学习和传播马克思主义理论

五四运动爆发后，爱国青年认识到个体力量的有限性，社会理想的实现需要依托科学理论和先进组织。在先进知识分子的倡导和带领下，各地成立了马克思主义理论学习社团和研究会，以马克思主义教育引导和团结广大青年。最具代表性的学生马克思主义社团有北京大学的马克思学说研究会、南京马克思学说研究会、成都高等师范学校马克思主义读书会、上海广学会、湖南的新民学会、天津的觉悟社、浙江新潮社等。毛泽东在参与组织湖南新民学会的过程中，曾在1920年11月25日给罗章龙的信中提出："我想我们学会，不可徒然做人的聚集，感情的结合，要变成主义的结合才好。主义譬如一面旗子，旗子立起了，大家才有所指望，才知所趋赴。"[5]由此，先进青年在组织马克思主义社团的过程中，充分认识到马克思主义引领青年的重要性。学生社团定期开展理论学习和讨论活动，还不定期邀请知名进步人士做报告或演讲，促进了青年学习马克思主义的积极

---

〔1〕 李大钊：《由经济上解释中国近代思想变动的原因》，载《新青年》1920年1月第7卷，第2号。

〔2〕 李大钊：《物质变动与道德变动》，载《新潮》1919年12月第2卷，第2号

〔3〕 李大钊：《我的马克思主义观》（上），载《新青年》1919年第6卷，第5号。

〔4〕 《马克思恩格斯选集》（第1卷），人民出版社2012年版，第9~10页。

〔5〕 李锐：《毛泽东早年读书生活》，万卷出版公司2005年版，第317页。

性和主动性。更为重要的经验在于，爱国青年开始致力于到劳工群众当中传播马克思主义。比如北京大学马克思学说研究会的青年学生在李大钊等人的带领下开办补习班，在工人中宣传马克思主义，深刻揭示了工人的生存境遇和革命途径。青年学生宣传的"财产公有""剥夺剥夺者""劳工神圣"等马克思主义的核心观点，契合工人对摆脱剥削压迫的现实需要，在工人阶级中产生了广泛的号召力。正如瞿秋白提出，"如果时拿自由平等去提倡民气，便是离事实太远，和人民没有切肤之痛。他们便没有感觉，没有感觉，一定不来附和"。[1]由此，马克思主义以其鲜明的阶级立场和实践品格在广大民众中焕发出强大的感召力，广大青年在向工人宣传马克思主义的过程中赢得了广泛认可，这种认可又加深了青年对马克思主义的理解和认同。

（三）创办报刊，拓展马克思主义宣传阵地

五四时期，中国的先进报刊如雨后春笋在各地创办，形成了思想启蒙的热潮，拓展了马克思主义的宣传阵地，增强了马克思主义在青年群体中的影响力。比较有代表性的刊物有北京的《晨报》副刊、《京报》副刊、《每周评论》、《新青年》；上海的《劳动界》；天津的《时事新报》副刊、《星期评论》、《觉悟》、《天津学生联合会报》；浙江的《教育潮》、《杭州学生联合会报》；长沙的《湘江评论》；武汉互助社出版的《互助》等。由毛泽东担任主编的《湘江评论》在湖南青年中产生了巨大的社会影响，毛泽东共计发表文章41篇，促进了马克思主义理论在湖南青年中的传播。李大钊在1918年11月在《每周评论》上发表《庶民的胜利》一文，运用马克思主义的基本原理对现实问题展开了针砭时弊的分析，深刻揭示了第一次世界大战的起因和性质；1919年5月18日又发表了《秘密外交与强盗世界》，提出中国的解放要靠自己的力量。[2]由此，马克思主义理论在青年群体中广泛传播，激发了广大青年的思想觉醒。加之中国在巴黎和会上的外交失利，促进青年深刻认识到中国走上革命道路的必然性，即"用革命的手段建设劳动阶级（即生产阶级）的国家，创造那禁止对内对外一切掠夺

---

[1] 瞿秋白：《俄乡纪程》，载《瞿秋白选集》，人民文学出版社1959年版，第20~21页。

[2] 李大钊：《秘密外交与强盗世界》，载《每周评论》1919年5月18日，第22号。

的政治法律，为现代社会第一需要"。[1]广大青年在科学理性认识帝国主义和封建主义的基础上，形成了前所未有的革命态度和决心。

（四）开展论战，运用马克思主义引领社会思潮

五四时期中国向何处去的问题一直萦绕于先进青年的头脑之中，一时间新村主义、基尔特主义、无政府主义、民粹主义、自由主义等各种思潮对青年产生重要影响。先进知识分子通过撰写文章、举办讲座、开展演讲等多种方式批判各种反马克思主义和非马克思主义的错误思潮，在破立结合的过程中宣扬正确思想，澄清青年的思想误区，经过长期的曲折斗争实现了对青年的教育引导。比较有代表性的论战包括"问题与主义之争""社会主义论战""科玄论战"等。"问题和主义之争"主要围绕如何解决中国社会政治问题的根本方法展开，形成了马克思主义与自由主义的正面交锋，首次提出运用马克思主义的思想武器解决中国问题。"社会主义论战"即社会主义和反社会主义的论战，形成了中国走社会主义道路和走资本主义道路的思想交锋，引导广大青年辨识了真假社会主义的区别。"科玄论战"则围绕人生观问题展开，形成了科学派和玄学派的论战，促进了思想交流，达成了不少思想上的共识。比如广大青年认识到，"人生观虽不能统一，但是人生观由于遗传与教育而定这一个原理是统一的"。[2]通过一系列论战，激发了广大青年对马克思主义的深入思考，加速了马克思主义的传播，提高了马克思主义的接受度。1923年北京大学对于"现代中国流行的各种主义你相信哪一种"这一问题的民意调查结果显示，426名男生中有203人选择社会主义；30名女生中有22人选择社会主义。对于"中国之外谁是最伟大的人"这一问题的回答，列宁在497票中独得227票，比威尔逊多176票，而杜威仅位列第11位。[3]由此，马克思主义通过与各种思潮的论战逐步被广大青年所理解、接受和信仰。

---

〔1〕　彭明：《五四运动史》，人民出版社1984年版，第522页。

〔2〕　王星拱：《科学与人生观》，载张君劢、丁文江等：《科学与人生观》，山东人民出版社1997年版，第16页。

〔3〕　朱务善：《本校二十五周年纪念日之"民意测量"》，载《北京大学日刊》1924年3月4—7日，第2版。

二、五四时期马克思主义理论教育的鲜明特征

五四时期马克思主义不仅能够说服青年，得到青年的认同，而且能够占领青年的头脑，引导青年的行动。青年从思想觉醒到政治觉醒再到行动觉醒，离不开马克思主义理论教育，正如毛泽东指出："自从中国人学会了马克思列宁主义以后，中国人在精神上就由被动转入主动。"[1]遵循破与立、疏与导、知与行等特殊矛盾相互作用的规律，五四时期马克思主义理论教育形成了三个"相结合"的鲜明特征。

（一）正面宣传和反面批判相结合

五四时期在青年群体中流行的无政府主义思潮，主张通过暗杀和暴动的方式推翻政府，主张废除财产所有权，契合了青年追求自由的理想，对青年产生了重要影响。但随着先进知识分子对无政府主义的迎头痛击，青年大学生开始认识到无政府主义在中国行不通。比如周恩来化名伍豪在《少年》上刊登《俄国革命是失败了么？——质工余社三泊君》一文，分析指出，三泊提出的"俄国共产主义失败论"极不合乎事实，自由观不符合中国实际，并在批判的基础上正面阐述了马克思主义的立场和观点："未来共产社会的实现，须要有共产制度为他做保障，俄国无产阶级今日的努力，乃正因要立此保障之基，所以他们的破坏才非盲目。"[2]1920年9月1日，陈独秀在《新青年》发表《谈政治》一文。随后《新青年》第9卷第4号上曾开辟"讨论无政府主义"专栏，相继发表了陈独秀的《社会主义批评》、李达的《马克思派社会主义》、蔡和森的《马克思学说与中国无产阶级》等重要文章。陈独秀批判了刘师复的完全自由观，认为无政府主义过分强调个人的自由，有可能导致一人反对而使全体之决定变得困难的事情发生。李达在《无政府主义之解剖》文中深刻指明无政府主义本质上是个人主义，在中国不现实。同时，先进知识分子还深刻论述了马克思主义理论的科学性和革命性，为当时的中国提供了务实理性的革命斗争道路。当时的青年毛泽东也曾经追随过无政府主义，但经过一番理性思考后，他坚

---

〔1〕 《毛泽东选集》（第4卷），人民出版社1991年版，第1516页。

〔2〕 伍豪：《俄国革命是失败了么？——质工余社三泊君》，载《少年》1922年12月15日，第6号。

定了马克思主义信仰,认识到无政府主义"理论上说得好听,事实上是做不到的"。[1]总之,经过正面宣传和反面批判的紧密结合,广大青年逐步深刻认识到无政府主义在中国不切实际,转而接受马克思主义。

(二)思想引导和政治引导相结合

五四时期先进知识分子通过开设课程、组建社团、主办报刊等多种途径传播马克思主义,引导广大青年接受马克思主义的思想洗礼,壮大青年马克思主义者的队伍。毛泽东指出中国人民对于帝国主义的认识到了五四运动之后才由感性转变为理性,才真正意识到"帝国主义联合中国买办阶级和封建阶级压榨中国人民大众的实质"。[2]五四运动前,不少知识分子还对帝国主义存在幻想,试图以温和的改良主义的办法寻求救国救民的道路。随着巴黎和会上中国外交的失败,知识分子认识到"真理战胜强权"的误区。在救亡压倒启蒙的社会现实发展中,早期共产主义者引导青年运用马克思主义立场、观点、方法观察分析和思考中国的政治问题,确立正确的政治方向。政治引领主要在于引领青年运动的方向,正确的方向能引领青年走向光明,而错误的方向将青年引向歧途。

当时的青年知识分子恽代英提出,"在全社会底一种经济组织、生产制度未推翻以前,一个人或一团体绝没有单独改造底余地。试问福利耶以来的新村运动,像北京工读互助团及恽君的《未来的梦》等类,是否真实痴人说梦?"[3]先进知识分子善于联系中国的具体实际,运用马克思主义解释、分析和说明现实问题,拨开了青年思想的层层迷雾,在引导青年担负政治使命的过程中形成了对马克思主义的信仰。尤其是马克思主义在各种思潮交融交锋中最终占据主流,从而使五四时期分散的青年力量形成有序的、方向一致的群体力量。1919年5月1日,李大钊发表《五一节杂感》,提出这个日子是工人阶级"直接行动"取得成功的日子,第一次公开提出"直接行动",被称为"催生五四运动的人"[4]。尤其是1921年中国共产党

---

〔1〕 中共中央文献研究室编:《毛泽东年谱:1983—1949》(上卷),人民出版社、中央文献出版社1993年版,第74页。

〔2〕 《毛泽东选集》(第1卷),人民出版社1991年版,第289页。

〔3〕 恽代英:《关于社会主义的讨论》,载《新青年》1920年12月1日第8卷,第4号。

〔4〕 韩一德等编:《李大钊文集》(上册),河北人民出版社1984年版,第4页。

成立后，各高校党组织和中国共产党党内进步人士高度重视对青年开展政治引领。思想引领和政治引领的紧密结合，使中国青年运动摆脱了无序的、私利的政治博弈，形成基于民族大义、国家大利的有序政治参与，为伟大民族复兴谱写了壮丽的篇章。

(三) 理论学习和实践运用相结合

广大青年不仅仅作为马克思主义的理论教育的受众和对象，更是马克思主义的运用主体。五四时期马克思主义理论教育的宝贵经验之一就是引导青年在学习理论的同时运用理论改造现实，深入广大工农之中传播马克思主义理论，促进了理论学习和实践运用的结合。这不仅符合马克思主义知行观的理论逻辑，还具有深刻的历史逻辑。

马克思主义知行观深刻揭示了认识源自实践的需要，实践是认识的来源和目的，实践是主体对客体的能动反映，使人的认识活动具有公共性和社会性，是推动认识发展的重要动力和检验认识正确与否的标准。由此，理论学习是实践运用的前提，如果青年掌握马克思主义理论的程度不够，就不能掌握正确的理论武器，在实践运用中必将造成革命运动的失败。同时，先进青年在运用马克思主义理论的实践中，能够检验理论学习的效果，又促进了广大青年掌握真正的马克思主义理论，成为手中的理论武器，发挥改造世界的巨大物质力量。正如马克思提出，"批判的武器当然不能代替武器的批判，物质力量只能用物质力量来摧毁；但是理论一经掌握群众，也会变成物质力量"。[1]

五四时期先进知识分子结合近代以来中国革命失败的教训，深刻认识到知识分子的优势和不足，指出知识青年必须深入劳工阶层。陈独秀认识到知识青年的不足及作用，他提到，"在戊戌变法之后，只有少数知识青年是觉醒的，而这些觉醒的知识青年既应明白自身阶级的力量远不及劳工和商人阶级的战斗力，也应明白自身责任在于'唤醒有战斗力的阶级'和'做有力的各阶级的连锁'"。[2]李大钊更为深刻地认识到知识青年同劳工阶级相结合的必要性，明确指出，"要在中国传播马克思主义，要想把现代

---

〔1〕 《马克思恩格斯选集》(第1卷)，人民出版社2012年版，第9页。
〔2〕 《陈独秀著作选》(第2卷)，上海人民出版社1993年版，第541页。

化的新文明，从根底输到社会里面，非把知识阶级与劳动阶级打成一气不可"。[1]由此，李大钊鼓励广大青年激励知识分子去劳工阶级和农工阶级中宣传马克思主义，弄清楚"痛苦的人，是些什么人？痛苦的事，是些什么事？痛苦的原因，在什么地方？要想解脱他们的苦痛，应该用什么方法？"提出"一起消灭这痛苦的原因"。[2]正是基于对自身时代使命的理性自觉，广大青年深刻地认识到，掌握马克思主义理论归根结底是为了积极能动地运用理论改造现实，由此彻底改变了只有觉悟的革命者而缺少觉醒的人民大众的局面，推动了马克思主义理论教育从专业转向通俗、从精英走向大众，吸引了各个阶层的广泛参与，从而实现了中国革命面貌的焕然一新。

三、五四时期马克思主义理论教育对当前高校思想政治理论课的启示

青年的成长成才是一个不断运动、发展、变化的过程，引领青年是一项反复锤炼和持续发展的系统工程。新时代用马克思主义理论引领青年具有重要的战略意义，是实现中国特色社会主义现代化强国的必由之路。习近平总书记提出："我们要建设的社会主义现代化强国，不仅要在物质上强，更要在精神上强。精神上强，才是更持久、更深沉、更有力量的。"[3]十九大报告明确指出："不断增强意识形态领域主导权和话语权，……不忘本来、吸收外来、面向未来，更好构筑中国精神、中国价值、中国力量，为人民提供精神指引。"[4]2019年3月18日，习近平总书记在学校思想政治理论课教师座谈会上发表重要讲话，彰显了新时代高校思想政治理论课建设的战略意义和时代价值，为新时代高校思想政治理论课建设提供了重要指导和基本遵循。高校思想政治理论课作为塑造人的思想观念、政治观点和道德规范的教育主阵地，不仅发挥着维护和建设意识形态主导权和话语权的重要功能，而且为个体精神的形成和发展提供指引和动力。新时代

---

〔1〕　李权兴等编：《李大钊研究辞典》，红旗出版社1994年版，第216页。

〔2〕　李辛尧编：《铁肩担道义——李大钊励志文选》，中华工商联合出版社2014年版，第128页。

〔3〕　习近平：《在纪念五四运动100周年大会上的讲话》，载《人民日报》2019年5月1日，第1版。

〔4〕　习近平：《决胜全面建成小康社会 夺取新时代中国特色社会主义伟大胜利——在中国共产党第十九次全国代表大会上的报告》，载《人民日报》2017年10月28日，第1版。

高校思想政治理论课应借鉴五四时期马克思主义引领青年的重要经验和方法，引导青年淬炼强大的精神世界，加强马克思主义理论的思想引领、政治引领和行动引领，促进马克思主义更好走近青年和走进青年。

（一）加强马克思主义的思想引领，筑牢青年成长之魂

思想是行动的先导，没有思想的进步，人的认识无法超越观念的束缚，更难有行动的突破。马克思在《〈黑格尔法哲学批判〉导言》中曾鞭辟入里地揭示了思想引领的重要作用："思想的闪电一旦彻底击中这块素朴的人民园地，德国人就会解放成为人。"[1]马克思主义理论为人们提供了强大的思想武器，有力地影响和改变了人和人类社会的发展进程。习近平总书记在纪念五四运动100周年讲话中提出，"通过五四运动，中国青年发现了自己的力量，中国人民和中华民族发现了自己的力量"。[2]这里所提及的"力量"就是马克思主义真理的力量。五四运动彰显了中国青年的革命精神、爱国精神、科学精神和奋斗精神，当前引导广大青年回归五四初心，传承五四精神，最首要的任务就是进一步发挥马克思主义真理的思想引领功能，帮助青年树立马克思主义信仰和共产主义理想。正如习近平总书记指出："当前，改革发展稳定任务之重、矛盾风险挑战之多、治国理政考验之大都是前所未有的。我们要赢得优势、赢得主动、赢得未来，必须不断提高运用马克思主义分析和解决实际问题的能力，不断提高运用科学理论指导我们应对重大挑战、抵御重大风险、克服重大阻力、化解重大矛盾、解决重大问题的能力，以更宽广的视野、更长远的眼光来思考把握未来发展面临的一系列重大问题，不断坚定马克思主义信仰和共产主义理想。"[3]

理想信念是青年成长的关键素质，青年理想的高度决定了中华民族未来发展的高度，青年信念的程度决定了中国特色社会主义事业的进度。树立正确的理想信念不仅是中国特色社会主义发展对青年的内在要求，而且是青年自身发展的关键因素，为青年成长指引正确的航向，又为青年成长

〔1〕《马克思恩格斯选集》（第1卷），人民出版社2012年版，第16页。

〔2〕习近平：《在纪念五四运动100周年大会上的讲话》，载《人民日报》2019年5月1日，第1版。

〔3〕习近平：《在纪念马克思诞辰200周年大会上的讲话》，载《人民日报》2018年5月4日，第1版。

注入持久的动力。当代青年正处于世界观、价值观、人生观蜕变的关键阶段，思想活跃、乐于接受新的观念，拥有良好的想象力和创造力，但由于缺乏社会阅历和经验，认识事物容易偏激片面，因此用马克思主义理论为青年成长筑牢思想之魂，是遵循社会发展需要和青年成长需要的战略任务。由于马克思主义理论本身就是动态性、发展性、开放性的理论体系，具有与时俱进的理论品格，因此只有以马克思主义的最新理论成果武装青年的头脑，才能不断促进青年的思想解放。尤其要借鉴五四时期正面宣传和反面批判相结合的方式方法，注重运用马克思主义的立场、观点和方法批判错误社会思潮。正如毛泽东曾指出，"只能由无产阶级的文化思想即共产主义思想去领导，任何别的阶级的文化思想都是不能领导了的"。[1]同时，思想引领需要用说服的方式开展教育。毛泽东将说服提升到教育原则的高度，认为"思想改造的工作是长期的、耐心的、细致的工作，不能企图上几次课，开几次会，就把人家几十年生活中间形成的思想意识改变过来。要人家服，只能说服，不能压服。压服的结果总是压而不服"。[2]由此，对青年开展思想引领不是朝夕之功，需要遵循教育客观规律久久为攻，利用课堂教学主阵地和课外实践活动多种方式和方法，开展持续性的说服教育，发挥协同育人的合力作用。正如习近平总书记提出，"以透彻的学理分析回应学生，以彻底的思想理论说服学生，用真理的强大力量引导学生"[3]，还提出"办好思想政治理论课关键在教师"[4]，这一重要理论和实践命题的核心指向在于提高教师的教学能力。而"让有信仰的人讲信仰"[5]这一重要论断明晰了思想政治理论课教师能力建设的首要内容是坚定的马克思主义信仰，只有具备马克思主义信仰的教师才能更好地传播马克思主义理论，形成"言传身教"的良好效果。由此，思想政治理论课教师不仅要信仰真

---

〔1〕 《毛泽东选集》（第2卷），人民出版社1991年版，第698页。

〔2〕 《毛泽东选集》（第5卷），人民出版社1977年版，第368页。

〔3〕 《习近平主持召开学校思想政治理论课教师座谈会强调 用新时代中国特色社会主义思想铸魂育人 贯彻党的教育方针落实立德树人根本任务》，载《人民日报》2019年3月19日，第1版。

〔4〕 《习近平主持召开学校思想政治理论课教师座谈会强调 用新时代中国特色社会主义思想铸魂育人 贯彻党的教育方针落实立德树人根本任务》，载《人民日报》2019年3月19日，第1版。

〔5〕 《习近平主持召开学校思想政治理论课教师座谈会强调 用新时代中国特色社会主义思想铸魂育人 贯彻党的教育方针落实立德树人根本任务》，载《人民日报》，2019年3月19日，第1版。

理，还要传播真理，不仅要传播真理，更要践行真理，示范性的实际行动是赢得高校思想政治理论课引导力的内在核心要素。

（二）加强马克思主义的政治引领，涵养青年成长之根

人不仅具有自然性和情感性，更是作为社会性的存在。每一个时代的青年都要担负使命，这是由特定的时代条件和社会关系决定的。马克思深刻地指出，"作为确定的人，现实的人，你就有规定，就有使命，就有任务，至于你是否意识到这一点，那都是无所谓的。这个任务是由于你的需要及其与现存世界的联系而产生的。"[1]习近平总书记参加青年大学生团日活动时就明确指出，不忘初心，是青年的政治选择。青年人才只有树立与时代主题同心同向的理想信念，为祖国和人民服务，才能绽放光芒、成长进步。[2]由此，不忘初心跟党走，为人民的幸福贡献青春力量，成为新时代青年成长的政治航向。新时代青年要把对人民利益的维护作为自己应尽的社会责任，把实现人民对美好生活的向往作为自己崇高的奋斗目标。广大青年只有自觉奉献青春，为全面建成小康社会多做贡献，在提高为社会、为民众服务水平中建功立业，才能让自身的理想和抱负焕发出绚丽光彩，实现更有高度、更有境界、更有品位的人生。

新时代青年政治引领要在思想引领的基础上，教育广大青年把握正确的航向，做中国共产党坚定的后备力量。青年人才培养要将思想政治素质的塑造当作首要任务，引导青年真正成为国家和人民需要的人才，以夯实中国特色社会主义建设事业的核心竞争力。五四时期恽代英在回答"什么是革命的力量"这一问题时提出，"我们常说青年是革命的力量。因为青年的感情丰富，气性刚烈，他们不知道隐忍羞辱，他们不知道躲避危险。所以他们见到应当革命，便会勇猛地为革命而奋斗"。[3]青年自身革命性的优势决定了中国共产党的革命事业离不开青年，建设事业同样离不开青年。与此同时，青年成长需要党的政治引领，一旦脱离中国共产党的领导，青年便失去了"主心骨"，容易迷失奋斗方向而走向邪路。新时代中国青年的

〔1〕 《马克思恩格斯全集》（第 3 卷），人民出版社 2006 年版，第 329 页。

〔2〕 《习近平在中国政法大学考察时强调 立德树人德法兼修抓好法治人才培养 励志勤学刻苦磨炼促进青年成长进步》，载《人民日报》2017 年 5 月 4 日，第 1 版。

〔3〕 但一（恽代英）：《青年工人运动的注意事项》，载《中国青年》1924 年第 18 期。

使命，就是坚持中国共产党领导，同人民一道，为实现"两个一百年"奋斗目标、实现中华民族伟大复兴的中国梦而奋斗。没有中国共产党的政治引领，无论是青年自身发展还是青年运动，都有可能失去正确的方向，甚至被别有用心的敌对势力所操控。由此，要加强对青年思想引领和政治引领相结合，引领青年以主人翁姿态参与思想性、理论性和教育性的学习教育活动，增强广大青年的政治认同，筑牢爱党爱国之基。

（三）加强马克思主义的行动引领，夯实青年成长之基

马克思主义引领青年是一个从内化到外化的过程，不仅要求青年学习马克思主义理论，树立马克思主义信仰，更要求青年学会正确运用马克思主义改造世界，用实际行动为中华民族伟大复兴和广大人民的幸福生活担负使命。五四时期，广大青年运用马克思主义理论为贫苦群众发声，最初为群众的言论自由发声，后为群众的精神觉醒发声，最后发展成为贫困人民的物质利益而革命，这是从接受马克思主义理论到传播马克思主义理论，再到运用马克思主义理论的升华过程。在这一过程中，广大青年了解马克思主义、认同马克思主义、选择马克思主义、推广马克思主义，从而释放了马克思主义理论改造世界的强大力量。

新时代青年具备较强的行动力，但有效的行动不可缺少行动引领。青年群体具有很强的可塑性，要实现真正价值，必须引导青年在实际行动中不断打磨自己。由此，习近平总书记一贯积极支持青年人才到基层实践锻炼，实现知行合一。他指出："学到的东西，不能停留在书本上，不能只装在脑袋里，而应该落实到行动上，做到知行合一、以知促行、以行求知。"〔1〕还专门针对青年提出，"广大青年人人都是一块玉，要时常用真善美来雕琢自己，不断培养高洁的操行和纯朴的情感，努力使自己成为高尚的人。"〔2〕只有引导当代青年切实投入实践锻炼，才能帮助青年深刻地了解中国的国情，不断积累新经验、形成新认识，实现素质和能力的全面提升。正如习近平总书记提出，"广大青年对五四运动的最好纪念，就是在党的领导下，勇做走在时代前列的奋进者、开拓者、奉献者，以执着的信念、优良的品德、

---

〔1〕　《习近平在北京大学师生座谈会上的讲话》，载《人民日报》2018 年 5 月 3 日，第 2 版。

〔2〕　《习近平在中国政法大学考察时强调 立德树人德法兼修抓好法治人才培养 励志勤学刻苦磨炼促进青年成长进步》，载《人民日报》2017 年 5 月 4 日，第 1 版。

丰富的知识、过硬的本领，同全国各族人民一道，担负起历史重任，让五四精神放射出更加夺目的时代光芒"。[1]由此，担负时代使命和重任是青年价值实现的根本途径，只有引导广大青年珍惜实践锻炼机会，切实投入实践岗位当中，才能促使广大青年的内在素质和能力不断得以磨炼而快速提升，在实现社会理想的基础上实现个人理想。由此，高校思想政治理论课要注重理论学习和实践锻炼相结合，实现第一课堂和第二课堂的协同配合，打造知行合一的教学模式和学习模式，不断提高高校思想政治理论课的实效性。

---

〔1〕 习近平：《青年要自觉践行社会主义核心价值观——在北京大学师生座谈会上的讲话》，载《人民教育》2014 年第 10 期，第 6 页。

性别平等理念融入高校思想政治理论课程研究

朱晓慧 *

习近平主席在 2015 年全球妇女峰会上讲到：“追求男女平等的事业是伟大的”，“妇女是物质文明和精神文明的创造者，是推动社会发展和进步的重要力量。没有妇女，就没有人类，就没有社会”，并且同时重申承诺，“中国政府要积极保障妇女权益，妇女权益是基本人权”。习近平主席的讲话为高校在新时代将社会性别平等理念融入思想政治教育指明了方向，今天的大学生将是明天国家的栋梁，他们将成为国家政策的制定者和执行者，他们是否具有性别平等意识是会起着决定性的作用，如果培养出一大批具有性别平等意识的公民，无疑可以推动整个社会的进步。

一、高校性别平等教育的现状分析

为了更好地实行男女平等的基本国策，进一步促进妇女发展，中国政府先后制定了《中国妇女发展纲要》（分为 1995—2000 年、2001—2010 年、2011—2020 年三期）。在《中国妇女发展纲要（2011—2020）》（以下简称《纲要》）“妇女与教育”的主要目标第 6 条和第 10 条中明确：高等学校女性学课程普及程度提高；性别平等原则和理念在各级各类教育课程标准及教学过程中得到

* 朱晓慧，复旦大学马克思主义学院副教授，复旦大学国家人权教育与培训基地研究员，哲学博士，学术兴趣：性别研究，国外马克思主义研究。

充分体现。为了达到目标应该采取的策略措施第 12 条和第 13 条中指出：实施教育内容和教育过程性别评估。在课程和教材相关指导机构中增加社会性别专家。在教育内容和教育方式中充分体现社会性别理念，引导学生树立男女平等的性别观念。提高教育工作者的社会性别意识。加大对教育管理者社会性别理论的培训力度，在师资培训计划和师范类院校课程中增加性别平等内容，强化教育管理者的社会性别意识。提高各级各类学校和教育行政部门决策和管理层的女性比例。

从纲要的具体要求来看，性别平等理念应该贯彻在教育教学的方方面面，然而，实际情况不容乐观。

目前全国高校除了极少数有专门性别研究的院系，绝大多数高校都没有设置相关专业。当今学术界，性别研究不再是社会学的附庸，而是成为一门跨学科的研究对象，日益得到学术界的重视。在欧美的很多大学中，与性别研究相关的课程已经成为基础必修课的一部分，开课的院系几乎涉及各个学科和领域，可以很好地满足不同层次学生的需要。性别研究之所以重要，并不在于仅仅是几个学分的问题，而是性别平等的理念不是自然而然的产生的，是需要培养和教育的。一个和谐的社会需要一大批具有性别平等理念的建设者。国内高校的性别平等教育理念与中国梦的实现、与《纲要》的要求、与学生的需求还有比较大的差距。

第一，就指导理念来说，现状与《纲要》要求的距离还是比较大的。

很多人认为，1949 年中华人民共和国成立后，中国政府就通过宪法提倡妇女解放，给予妇女与男性同等的政治权、经济权、文化权、社会权，"妇女能顶半边天"的口号人人耳熟能详。高校入学考试是凭能力和分数，不存在性别歧视问题。既然男女已经平等了，在高校里还要开设以宣传性别平等理念为主导的相关课程，是多此一举，浪费资源，没有必要。

然而，现实情况要复杂得多。虽然《中华人民共和国宪法》第 48 条明确规定："中华人民共和国妇女在政治的、经济的、文化的、社会的和家庭的生活等各方面享有同男子平等的权利，国家保护妇女的权利和利益，实行男女同工同酬，培养和选拔妇女干部。"但是上千年的历史和文化导致的男女实质上的不平等仍然存在，在有些方面甚至还有倒退的趋势。

根据全国妇联 2010 年 12 月进行的第三期中国妇女地位调查数据报告显

示，在有求职经历的女大学生中，24.7%曾经遭遇过不平等对待。即便是女性高层人才，也有19.8%认为性别给自己的职业发展带来阻碍。[1]更令人震惊的是，对于"干得好不如嫁得好"的说法，2000年的调查显示，30.2%的男性与37.3%的女性表示认同，而十年之后的2010年，40.7%的男性与48.0%的女性表示认同，分别回升了10.5个和10.7个百分点。[2]

"干得好不如嫁得好"明显地与主流意识形态和价值观提倡的女性"四自"精神——自尊、自信、自立、自强——背道而驰，然而从调查结果来看却颇有市场。这说明我们的性别平等教育远远没有跟上时代前进的步伐。虽然性别平等教育不能解决一切问题，如求职当中的性别歧视仅仅依靠教育是不够的，还要有政策法律法规等强制性的措施，但是如果教育到位的话，情况肯定会改善很多。消除性别歧视，首先要关注性别教育。

第二，与性别平等教育相关的课程设置没有系统性。目前高校与性别相关的课程不多，而且这些课程的开设基本上取决于教师个人，如果教师有性别研究方面的专业知识，而且还有热情，才会有这一类课程的开设，高校本身并没有针对性别教育的整体实施规划以及课程的开发，无法将性别平等的理念贯彻到教学中去。

课程设置没有系统性，导致学生无法逐步学习和提高，特别是选修课程学生对于性别平等与性别研究相关的知识和理论的了解程度不一样，很难因人施教。不同教师的教学内容也会有重复的地方，难以满足学生对性别研究和性别平等理论的求知愿望。

第三，部分教师性别平等理念远远落后于学生，不仅无法有效地引导学生树立正确的价值观，甚至会起反作用。在一次提高思想政治教育有效性的座谈会上，笔者亲耳听到一位女教师说，在课堂上为了教育男生有担当，她告诉学生们说，男性理应是女性思想上的引领者，因此男生要自强要有担当。她的初衷也许是好的，教育学生要有社会责任感，然而内容却是完全错误的，是与主流意识形态、价值观相反的。这样的教师在课堂上

---

〔1〕 谭琳主编：《2008—2012年：中国性别平等与妇女发展报告》，社会科学文献出版社2013年版，第233页。

〔2〕 谭琳主编：《2008—2012年：中国性别平等与妇女发展报告》，社会科学文献出版社2013年版，第234页。

怎么能有效地引导学生，无论是男生还是女生树立正确的价值观。教育者首先自己要有性别平等的理念，然后才能在课堂上，以自己的言行影响学生。

按照《纲要》"妇女与教育"一节第 13 条的要求，要提高教育工作者的社会性别意识。加大对教育管理者社会性别理论的培训力度，在师资培训计划和师范类院校课程中增加性别平等内容，强化教育管理者的社会性别意识。这方面我们做得远远不够。笔者参与过的一些大大小小的师资培训，没有专门针对性别平等意识的教育，似乎人们普遍默认的是，在当代男女已经平等了，不需要专门的培训了。然而，现实并不是这样。尤其是在性别平等意识方面，学生远远地走在了前面。现在的大学生自我学习的能力、接受新观点的程度以及权利意识等普遍很强，相当多的女大学生自尊自信自强的意识超过教师的想象。更何况性别平等并不是仅仅与女生相关，男生同样也得益于性别平等。

二、性别平等理念与高校思想政治理论课程的内在关联

虽然现状不甚乐观，而且在可预见的将来要彻底改变现状也不太可能，那么，目前是否有切实可行的方法呢？还是有的，而且可以大有作为。按照《纲要》"妇女与教育"一节之"主要目标"第 10 条的要求，"性别平等原则和理念在各级各类教育课程标准及教学过程中得到充分体现"，我们可以在思想政治理论教育课程中融入性别平等的原则和理念。这样做，也符合开设思想政治理论教育课的基本原则要求。2018 年 4 月教育部印发的《新时代高校思想政治理论课教学工作基本要求》中明确指出：思想政治理论教育课的基本原则要"四个"坚持，即坚持正确政治方向，强化价值引领功能；坚持全流程管理，贯穿课前、课中、课后各环节；坚持规范化建设，健全教学工作制度；坚持增强获得感，实现有虚有实、有棱有角、有情有义、有滋有味。把性别平等原则和理念融入思想政治理论课中，符合坚持正确政治方向，以及坚持增强获得感等原则，而且在贯彻这两个原则方面可以大有作为。

第一，从坚持正确政治方向来说，自从中国共产党建立的那一天起，就把人民的解放、人民的幸福作为自己追求的目标之一。马克思说过："没

有妇女的酵素就不可能有伟大的社会变革。社会的进步可以用女性的社会地位来精确地衡量……"[1]，"在任何社会中，妇女的解放程度是衡量普遍解放的天然尺度"。[2]以马克思主义为指导思想的中国共产党一直高度重视妇女解放，1949 年中华人民共和国成立后，颁布的第一部法律就是婚姻法，赋予女性在家庭中与男性平等的地位，新中国第一部宪法，以国家根本大法的形式赋予女性与男性一样的政治、经济、文化、社会权利。改革开放之后，1995 年在北京召开了联合国第四届世界妇女大会，通过了《北京宣言》，中国政府积极响应宣言提出的社会性别主流化[3]的战略，承诺在中国逐步推进社会性别主流化政策。进入新时代后，习近平总书记多次讲到，妇女工作关系到团结凝聚占我国人口半数的广大妇女，关系到为党和人民事业发展提供强大力量，关系到巩固党执政的阶级基础和群众基础，必须坚持男女平等基本国策，充分发挥我国妇女伟大作用，为实现"两个一百年"奋斗目标、实现中华民族伟大复兴的中国梦而奋斗。2015 年习近平主席在联合国总部主持全球妇女峰会时，指出："追求男女平等的事业是伟大的。纵观历史，没有妇女解放和进步，就没有人类解放和进步"，"妇女权益是基本人权"，中国政府要积极保障妇女权益。

这一系列理论观点与政策的提出，指明了我们在把性别平等理念与原则融入思想政治理论课方面的指导方针和前进方向。高校思想政治理论课重在价值引领功能，培养大学生树立正确的性别平等观点，就体现了这一功能。男女平等国策的彻底落实，妇女解放和发展的进一步深入，既依赖于政策制定者的性别平等意识，也依赖于公民自觉的性别平等意识。今天的大学生就是未来的政策制定者，作为社会的公民，他们承担着民族复兴的大任，他们性别平等意识的培养和自觉，决定着国家未来在这方面的发展方向和趋势。

---

〔1〕 《马克思恩格斯选集》（第 4 卷），人民出版社 2012 年版，第 480 页。

〔2〕 《马克思恩格斯选集》（第 3 卷），人民出版社 2012 年版，第 647 页。

〔3〕 社会性别主流化是联合国在 20 世纪末主推的提高女性地位，保护妇女人权和促进性别平等的战略。"社会性别主流化"这一提法，最早出现在 1985 年联合国第三次世界妇女大会上，在 1995 年第四次世界妇女大会通过的《北京宣言》及《行动纲领》中得到阐发，即："在处理提高妇女地位的机制问题时，各国政府和其他行动者应提倡一项积极鲜明的政策，以便在做出决定以前分析对妇女和男子各有什么影响"。

第二，从坚持增强获得感，实现有虚有实、有棱有角、有情有义、有滋有味方面来说，性别平等原则和理念在融入思想政治课中更大有可为，而且如果运用得当，应该对不断提升思政课的亲和力和针对性大有裨益。思想政治理论课如果要入心入脑，并化作德行和方法在大学生的日常生活中践行，必须使学生认为这种理论不仅代表国家的利益，同时也代表了他们的利益，这样才能增强他们的获得感。

目前在高等教育中，虽然女生的比例已经有了大幅度地提高，但是从实际就业的行业分布来说，仍然存在着很大的性别隔离。在科学研究、技术服务和地质勘查业，公共管理和社会组织这 2 个技术含量高、国有成分高、社会权力大的行业，女性从业比例比较低。从 1990 年到 2010 年 20 年间，女性所占的比例或者呈下降的趋势，或者比例仍然很低。

表 1 1990—2010 年性别构成[1] 单位:%

	2010 年		2000 年		1990 年	
	男	女	男	女	男	女
科学研究、技术服务和地质勘查业	65.7	34.3	63.8	36.2	63.0	37.0
公共管理和社会组织	67.7	32.3	72.2	27.8	77.4	22.6

为什么各学科女生的比例并不低，但是在实际工作中却会出现这样大的差别呢？主要原因有二：其一，刻板的性别分工仍然制约着女性进入这些行业；其二，有些女性把刻板的性别分工内化了，觉得自己是女性所以不适合从事这些行业。这些错误的想法很大一部分可以通过把性别平等的理念融入思想政治课中加以纠正。因此，性别平等理念进入课堂，融入思想理论课，可以真正实现有虚有实、有棱有角、有情有义、有滋有味，引导学生树立正确的价值观。

---

[1] 谭琳主编：《2008—2012 年：中国性别平等与妇女发展报告》，社会科学文献出版社 2013 年版，第 67 页。

第三，从其他课程的教学理念来说，可以更好地普及性别平等的理念，与思想理论课程形成合力，更好地实现育人的目的。习近平总书记在全国高校思想政治工作会议上强调，要用好课堂教学这个主渠道，各类课程都要与思想政治理论课同向同行，形成协同效应。这就要求高校在各门课程的讲授中，首先要有正确的理念，而性别平等就是其中重要的理念之一。比如在婚姻法的课堂上，可以有意识地强调在婚姻、家庭中男女平等的权利；在工程、数学、计算机、技术等相关课堂上，要激励女生从事科学研究和科学创新的积极性，而不是有意无意地认为女性由于生理原因或者其他原因，不适合从事这些领域。

三、性别平等理念融入思想政治理论课实例的初步探讨

按照教育部的规定，高校思想政治理论课程有四门主干课程，分别是马克思主义基本原理概论、毛泽东思想和中国特色社会主义理论体系概论、中国近现代史纲要以及思想道德修养与法律基础。下面将以前两门主干课程为例，初步探讨如何将性别平等理念融入这些课程。

1. 马克思主义基本原理概论

马克思主义是由马克思和恩格斯创立并为后继者所不断发展的科学理论体系，是关于社会主义必然代替资本主义、最终实现共产主义的学说，是关于无产阶级解放、全人类解放和每个人自由而全面发展的学说，是指引人民创造美好生活的行动指南。

马克思主义关于人类解放的学说一直激励着无数仁人志士浴血奋斗、砥砺前行。恩格斯说过，"妇女解放的程度是衡量普遍解放的天然标准"，并系统地分析了妇女受压迫的根源在于私有制的产生。恩格斯指出，那种认为人类从一开始就存在着性别不平等，因而男性高于、优于女性的秩序是自然而然的观点是错误的，相反，人类的某一个时期曾经存在过母系社会，妇女的地位是十分受人尊敬的。所以性别分工并不必然导致性别压迫，而是财富转归家庭、私有制的产生对母权制的打击是非常大的。恩格斯说："母权制的被推翻，乃是女性的具有世界历史意义的失败，丈夫在家中也掌握了权柄，而妻子则被贬低，被奴役，变成丈夫淫欲的奴隶，变成单纯的

生孩子的工具了"。〔1〕

马克思主义关于妇女遭受压迫的根源以及妇女解放的路径，至今仍然具有强大的生命力，是马克思主义女权主义的重要理论来源。所以，马克思主义并没有过时，也不是高高在上的、不食人间烟火的理论，而是切切实实地与我们、与妇女、与人类的解放密切相关的一门学说。

1954 年中华人民共和国第一部宪法就赋予女性与男性同等的权利，为什么今天社会上仍然存在着的性别歧视现象，有时甚至会给人以倒退的印象？先进的社会主义制度为什么还存在着与时代不符的性别不平等？恩格斯在晚年指出，经济状况是基础，但是对历史斗争的进程发生影响并且在许多情况下主要是决定着这一斗争的形式的，还有上层建筑的各种因素，〔2〕其中意识形态起着重要的作用。陈腐的意识形态并不会随着社会制度的改变很快发生变化，意识形态具有独立性，这一理论有助于我们正确认识在社会主义制度下仍然存在着的性别不平等。

男权制是个非常复杂的现象，不仅体现在制度层面上，还有与之相应的意识形态层面。20 世纪的历史证明，意识形态的改变是更为困难的，意识形态涉及历史、文化、宗教，甚至情感、语言等方面，尤其是涉及两性关系时，上千年影响人们的意识形态和价值观有时会成为人们的集体无意识沉淀下来，被人们当作是自然秩序的一部分接受下来，而不是批判性的反省。

理论上说，作为一种制度的男权制，有可能在社会制度改变的时候发生改变，但是男权制的意识形态和价值观已经成为一些人的潜意识沉淀下来，并通过各种各样的变形顽强地存在下来。如社会上存在的性别陈规定型就是其中一例。性别陈规定型指的是将具体的特质、特点或角色归于女性或男性个人，而理由仅仅是她/他属于女性或男性社会群体。性别陈规定型是一种认为女性和男性应该拥有某些特质或特点，或认为其应该扮演某种角色的归纳性观点或先入之见。当性别陈规定型限制了女性发展个人技能、追求职业生涯和对生活与人生计划做出选择的能力，它就是有害的。

---

〔1〕 《马克思恩格斯选集》（第 4 卷），人民出版社 2012 年版，第 66 页。

〔2〕 《马克思恩格斯选集》（第 4 卷），人民出版社 2012 年版，第 604 页。

女人是不理性的，或看似温和的，更适合养育的等等，这些性别陈规定型看似有理，甚至是在赞美女性，但是其实质掩盖着性别歧视，而且更难发觉和进行自觉的批判。

长久生活在男权制下，受到男权制意识形态的影响，并不是所有的女性都能够意识到主体地位的丧失，从而失去了批判力。英国著名哲学家约翰·穆勒曾经指出："男人对妇女的统治与其他形式的不同在于它不是暴力的统治，它是自愿地接受的，妇女不抱怨并同意参与"。[1]为什么呢？因为"一切道德都告诉她们，女人的责任以及公认的多愁善感的天性都是为旁人活着，要完全地克己，除了同她们喜爱的人之外，没有其他生活"。[2]

更有甚者，有些女性心甘情愿地丧失主体性，为了从男权制的庇护下分一杯羹。正如西蒙娜·德·波伏瓦所分析的那样，拒绝成为他者，拒绝与男人合谋，对女人来说，就等于放弃与高等阶层联合给她们带来的一切好处。女人在回避经济上的危险的同时，也回避自由带来的形而上学的危险：这种自由要孤立无援地创造目的。凡是个体都力图确定自身是主体，这是一种伦理上的抱负，事实上，除此之外，人身上还有逃避自由和成为物的意图，这是一条容易走的路：这样就避免了本真地承担生存所带来的焦虑和紧张。[3]

马克思主义关于社会存在和意识形态关系的理论，可以作为我们分析社会现实的工具和武器，从而摆脱陈腐的男权制意识形态的控制，并且与之进行斗争，认识到男女不平等根本不是什么自然秩序，随着治理领域、治理制度的改变和完善，治理能力的提高，适合新的经济基础的意识形态或早或晚地会出现。同时，历史是人民创造的，作为女性要想生活在一个没有性别歧视的社会中，需要自身去奋斗、去争取。

在课堂上讲授共产主义这一部分时，可以用妇女解放是人类解放的一部分，妇女解放只有在消灭了阶级剥削的社会才能实现作为案例，在共产

---

〔1〕 ［英］约翰·斯图尔特·穆勒：《妇女的屈从地位》，汪溪译，商务印书馆2007年版，第298页。

〔2〕 ［英］约翰·斯图尔特·穆勒：《妇女的屈从地位》，汪溪译，商务印书馆2007年版，第300页

〔3〕 ［法］西蒙娜·德·波伏瓦：《第二性》，郑克鲁译，上海译文出版社2015年版，第14、15页。

主义社会，人类解放意味着实现了一个超越男性/女性二元对立，并且超越社会性别的社会。这一阶段，"妇女"这一词汇仅仅是同"男性"有生理差异的存在，即任何人不论男女，都在不受传统性别意识、社会性别角色分工以及性别刻板印象的束缚下，自由发展和自由做出选择，女性作为一个完整的生命个体享有应有的人权，发展自身的素质，丰富自己的生命，实现自己的理想。这样的讲授一方面会把抽象的内容具体化，另一方面会从一个侧面很好的说明，共产主义社会为什么是一个值得追求的社会。

2. 毛泽东思想和中国特色社会主义理论体系概论

性别平等的理念在这门课程中可以融入的地方比较多。在讲授习近平新时代中国特色社会主义思想的过程中，可以加入习近平主席在 2015 年 9 月 27 日在联合国总部出席并主持全球妇女峰会时的讲话。习近平主席说："妇女是物质文明和精神文明的创造者，是推动社会发展和进步的重要力量。没有妇女，就没有人类，就没有社会。追求男女平等的事业是伟大的。纵观历史，没有妇女解放和进步，就没有人类解放和进步。为实现男女平等的崇高理想，人类走过了不平坦、不平凡的历程。""我们刚刚通过 2015 年后发展议程，性别视角已纳入新发展议程各个领域。"[1]习近平主席的这个讲话在国际上再次重申了中国政府推进社会性别主流化战略方面的决心，中国政府在实践性别平等方面的理论和实践理应成为中国特色社会主义理论体系的有机组成部分。

改革开放后，中国政府一方面积极探索在新形势下保护妇女权利的途径，另一方面积极签署和加入联合国保护妇女权利的国际公约和议定书，向国际社会表明中国政府在保护妇女权利方面的决心和态度。1979 年 12 月联合国大会通过《消除对妇女一切形式歧视公约》，该公约是保障妇女权利的最全面的公约。中国积极响应，签署并于 1980 年 9 月批准了该公约。此后，中国政府按照公约的要求，提出公约执行情况的定期报告，接受消除对妇女歧视委员会的审查，并对委员会提出的意见进行回应与整改。从 1982 年提交第一次报告到 2012 年提交第七次和第八次合并报告中，可以清

---

〔1〕 习近平：《促进妇女全面发展 共建共享美好世界——在全球妇女峰会上的讲话》，载 http://www.xinhuanet.com//politics/2015-09/28/c_128272780.htm，最后访问日期：2018 年 10 月 20 日。

晰地看到中国政府在提高妇女地位和保障妇女权利方面所做的努力以及已经取得的成效，并在此过程中逐步加深对妇女权利是人权的认识。正像习近平在全球妇女峰会上所承诺的那样："我们要把保障妇女权益系统纳入法律法规，上升为国家意志，内化为社会行为规范。"[1]

新时代的一个鲜明特征就是对人权的进一步尊重和保护。妇女权利是人权，国家治理体系以及每一个治理领域、每一项治理制度和每一个治理行为，无论整体上还是个别地，都以妇女权利保障为价值追求之一，以保护妇女权利促进性别平等为目的。

最明显的例子：虽然现在几乎所有的工作领域都对女性开放，然而女性就业还是主要集中在快餐服务、旅馆清洁、护士等传统上被认为是"妇女的工作"领域，一定范围内仍存在的同工不同酬现象。另一个导致男女收入差距拉大的现象是职业和职位的性别隔离，即男性更多地聚居在社会威望较高且收入也较高的职业和职位。性别隔离限制了女性发展的潜力，并使她们处在劳动力分工的底层，极易受劳动力市场波动的影响。为了解决这一问题，国家出台了一系列政策，建立经济发展和扩大就业的联动机制，健全政府促进就业责任制度，规范招人用人制度，表现出对男女两性平等就业权实现的高度重视，并取得了一定的成效。随着行业结构的不断改善，女性在性别均衡行业中的就业比例明显增加，从 2000 年的 15.7% 到 2010 年的 22.8%，说明已经有越来越多的女性从隔离程度较高的行业退出后，进入性别较为均衡的行业。[2]这一成就的取得依赖于政府实施的一系列保障女性平等就业权利的措施。这些一个个鲜活的事例更具说服力，可以提升这门课的有效性。

结　语

中国特色社会主义进入新时代，高校思想政治理论课继续发挥着引导大学生树立正确的世界观、人生观、价值观的重要作用。性别平等的理念

---

〔1〕　习近平：《促进妇女全面发展　共建共享美好世界——在全球妇女峰会上的讲话》，载 http://news. xinhuanet. com/politics/2015-09/28/c_128272780. htm，最后访问日期：2018 年 8 月 25 日。

〔2〕　宋秀岩主编：《新时期中国妇女社会地位调查研究》，中国妇女出版社 2013 年版，第 182 页。

融入思想政治理论课程中，既可以通过一个个鲜活的事例，充分说明中国政府在提高妇女地位、促进妇女发展、保障妇女权益方面取得的进步，增强课程的说服力和感召力，也可以充分表明中国梦不仅是国家梦、民族梦，同时也是人民的梦以及个人的梦，国家的强大和进步，给个人的发展提供了有利的外部条件，可以激励学生把个人价值的实现与中国梦的实现联系起来。今天的大学生将是明天国家的栋梁，他们将成为国家政策的制定者和执行者，成为社会主义国家的建设者，他们是否具有性别平等意识将决定着未来社会的走向，如果培养出一大批具有性别平等意识的公民，无疑可以推动整个社会的进步，为中国梦的实现添砖加瓦。

系统论视野下高校教师党支部发挥作用的机制与平台*

杜学亮**

习近平总书记在 2016 年 12 月的全国高校思想政治工作会议上明确提出要求，"要加强高校党的基层组织建设，创新体制机制，改进工作方式，提高党的基层组织做思想政治工作能力"[1]，这可以说是习近平总书记对高等学校党的建设坚持从严治党原则的基本要求。2017 年 8 月 1 日，中共教育部党组向全国高校印发了《关于加强新形势下高校教师党支部建设的意见》，将这一要求落到了实处，是推进全面从严治党向高校基层延伸的重要举措。

高校教师党支部是高等学校党的最基层组织，是教育、管理、监督和服务教师党员的基本单位，"是把党的路线方针政策落实到高校基层的战斗堡垒，是党团结和联系广大教师的桥梁纽带，是办好中国特色社会主义大学的重要支撑"[2]，处在党建、教学、科研最前沿，在高等学校党的建设居于重要的基础地位。教师党支部主体作用的发挥，关系到党的教育方针的贯彻落实，关系到

* 本文系中国政法大学党建思想政治工作研究项目成果，课题组成员包括王万华、袁林、邢小兰。

** 杜学亮，中国政法大学科研处副处长。

[1] 《习近平在全国高校思想政治工作会议上强调：把思想政治工作贯穿教育教学全过程 开创我国高等教育事业发展新局面》，载中国共产党新闻网：http://dangjian.people.com.cn/n1/2016/1209/c117092-28936962.html.

[2] 《中共教育部党组关于加强新形势下高校教师党支部建设的意见》（教党〔2017〕41 号，2017 年 8 月 1 日发布）。

学校学术影响力的提升，关系到人才培养的质量，更关系到学校办学目标的实现。本文尝试运用系统论的思想，将高校教师党支部建设放到学校各项建设，尤其是党的建设这个系统中，从党支部建设中存在的问题、影响要素出发，探究高校教师党支部发挥作用的机制与平台，完善高校教师党支部发挥作用机制的理论与实践。

一、系统论思想在高校教师党支部建设中的应用

（一）系统论思想的内涵

系统论思想是 20 世纪中期发展起来的一种方法论思想，以 1947 年贝塔朗菲发表《一般系统论》为标志诞生，经过后期学者不断完善，在世界学术界逐渐形成产生广泛影响的方法论体系。该思想重点将"所研究和处理的对象当作一个系统，分析系统的结构和功能，研究系统、要素、环境三者的相互关系和变动的规律性"[1]，其基本原则主要包括整体性原则、关联性原则、目的性原则、动态性原则、环境适应性原则等。[2]

系统论思想强调事物的整体性、系统性、关联性、变化性，注重事物的整体思维与动态发展、普遍联系与相互作用，以系统的观点看待事物，它的核心是注重事物的整体，把研究对象不是作为一个孤立的系统来看待，而是把他看成一个内外多种关系相互关联的整体。在整体内部，各种要素是不可替代的，他们之间相互联系、相互作用，共同维持系统的运行。在整体之外，它又作为一个子系统，接受来自相关领域的指令和影响，同时影响其相关领域。"各个层次各个系统之间既存在着相互作用和影响，又存在着相互制约和合作"[3]，共同推动事物的发展。运用系统论的思想研究科学问题，就是研究系统内部诸要素的辩证关系以及该系统与系统外的各种影响要素之间的关系，寻找解决问题的最优办法，保持系统运行的平衡。

（二）系统论思想对高校党建工作研究的指导作用

系统论思想的诞生，丰富了人们认识世界的观念与方法，尤其在科学

〔1〕 肖玮萍：《系统论视野下我国高等教育层次结构优化探析》，载《现代教育科学》2011 年第 3 期。

〔2〕 张俊霞：《系统论视域下的高校党建工作》，载《改革与开放》2016 年第 10 期。。

〔3〕 转引自齐卫平、宋瑞：《试析系统论思想与党的建设科学化》，载《社会科学》2012 年第 7 期。

研究领域产生了广泛的影响。系统论思想传入我国后，运用系统论思想研究科学问题成为热点之一。根据中国知网数据库（CNKI）提供的研究数据，利用系统论思想进行科学研究从 1978 年就开始了，2006 年以后开始逐年上升，已成为科学研究的主要方法之一，不仅被广泛应用于自然科学领域，也被用于哲学社会科学领域。政治学、社会学、管理学、历史学等诸多领域学者更早运用系统论思想研究相关问题，取得了显著的成果。

党的建设作为以政治学为主的交叉学科，也被相关学者引入系统论思想进行研究，尤其是党的十七届四中全会将党的建设作为"新的伟大工程"之后，相关研究成果开始增多。高校党建工作是党的建设在高校的具体体现，是党的建设的重要组成部分，许多高校的党建工作者也不断解放思想，尝试用系统论思想研究高校党建问题。可以说，系统论思想已成为研究高校党建工作的重要方法论之一。

系统论思想对高校党建工作研究的指导作用主要表现在理论指导与实践指导两个方面。

在理论指导方面，系统论思想的出现，使高校党建工作在研究方法上进一步拓展。一些传统的研究方法，如调查研究的方法、比较分析的方法等虽然还是研究方法的主体，但党建工作的整体特性，系统论和马克思主义唯物辩证法的相关一致性，使系统论思想成为高校党建研究的重要方法论思想，许多学者运用系统论的方法，将党建工作作为一个整体进行研究，探讨党建工作指导思想的系统性、党建工作和其他相关工作的普遍联系、党建工作对高校中心工作的促进作用等，丰富了高校党建工作研究的理论体系。

在实践指导方面，系统论思想的出现，使高校党建工作的对象、内容、途径等诸多方面，在研究上更注重整体作用的发挥。因为系统论思想的影响，研究高校领导班子问题不再局限于班子本身，而是将领导班子看成一个整体，分析班子内部诸要素的联系和整合机制，分析影响班子发挥作用的外部环境因素等等。在工作内容方面，从专门注重某一方面建设，开始注重研究工作内容的系统化，思想建设、组织建设、作风建设、制度建设、反腐倡廉建设作为党建工作的核心内容，他们之间不是彼此孤立的，在实践过程中，他们之间的相互配合、相互联系形成的合力才是促进党建工作发展的重要推动力。在党建途径方面，更注重不同途径的综合作用研究。可以说，受到系统论思想的影响，高校党建工作将更加注重从整体考察的系统研究。

（三）系统论思想在高校教师党支部建设研究中的应用

高校教师党支部是高校最基层的党组织，是高校党建工作的直接领导者，它本身就是一个系统，它的内部有支部委员会、支部书记、党员诸要素，通过一系列制度和活动完成支部的使命。与此同时，它作为一个独立的机构，要接受上级党委的领导，要承担行政赋予的教学科研的任务，要与其他的支部发生作用等等。以上这些，不是孤立的进行，要发挥支部的作用，必须依靠各种要素的合力。运用系统论的思想，来考察支部发挥作用的问题，是一个比较好的研究视角。

如何运用系统论的思想考察教师党支部发挥作用问题，至少应从以下几个方面进行：

首先，要从整体的角度进行考察。教师党支部本身作为一个整体，通过组织机构利用一定的机制来完成党组织赋予的任务，其中，任何一个环节出现问题，都会使任务的完成受到影响。从整体的角度出发，分析阻碍支部发生作用的要素及存在的问题，分析保证整体运行的各种机制，以使系统在维持平衡的状态下运行。

其次，要从普遍联系的角度进行考察。教师党支部本身所具有的各个要素不是孤立存在的，在独立发生作用的同时，也对其他要素产生着影响。与此同时，教师党支部作为一个系统在运行过程中，还与上级党组织、上级行政组织、同级行政组织、学生等发生着一定的联系，或接受领导，或彼此合作，或进行指导，这些联系如果构建不好，就会使系统运行受到影响。利用系统论思想，探究教师党支部内部诸要素、教师党支部与不同的对象之间的联系机制，对于保证党支部作用的发挥是非常必要的。

再次，要从动态发展的角度进行考察。因为党的政策会随着形势的变化而不断变化，作为教师党支部也要与时俱进，无论是在指导思想，还是党建活动方式、活动主题都要随着形势的变化而变化。作为研究者，要根据形势要求，随时关注这些变化，探究适合党支部发挥作用的机制与平台。

最后，要从功能发挥的角度进行考察。教师党支部具有其他组织机构不能替代的作用，党员理想信念的教育、党性原则的养成、党的优良作风的培养是其他任何组织代替不了的，而这些正是我们党领导建设中国特色社会主义强国进程中的组织基础，要使支部发挥这一作用，任何机制的构建、平台组织的建设都要服从于这一功能，并为之服务。

二、高校教师党支部发挥作用的基础

教师党支部是高校基层组织的政治核心，而要让这个核心发挥作用，取决于内外多种要素，但以下五个方面是核心基础，缺少任何一个方面，都会使作用程度受到影响。

(一) 组织机构的合理性和完整性

目前，绝大多数教师党支部主要在院系依托教研室进行设置，形成了学校党委-学院分党委（党总支、直属党支部）-党支部-党小组、党员的纵向设置模式。虽然也有学者提出教师党支部还可以按照学术团队设置，可以教师、学生统一设立一个支部[1]，但这些设想还在实践中。根据调研，以行政机构为主要依据、辅之结合地域要素还是支部设立的主要依据。无论哪种方式，使支部发挥最大作用是衡量支部设置合理性的主要标准，机构设置的合理性和完整性是支部发挥作用的核心基础要素。

(二) 支部书记的卓越领导才能

高校教师党支部在学校基层党建工作中，把握方向、凝心聚力是其政治作用发挥的主要表现，"党组织的作用贯穿于教学、科研、管理和人才培养的全过程"。[2]这样的定位，要使其发挥核心作用，支部书记的选拔与任用是非常重要的。"基层党组织带头人的领导水平、工作能力是党的执政能力在基层工作和人民群众生活中的直接体现"[3]，"党支部书记的政治思想、能力素质和业务水平直接决定着党支部的凝聚力和战斗力，也直接影响

〔1〕 贾彩虹：《高校党建模式和内容的创新及实施》，载《科技视界》2013 年第 28 期；余慧玲：《高校教工党支部教学科研型工作模式研究》，载《南昌教育学院学报》2014 年第 5 期。

〔2〕 戚锦阳、周洵英：《论新形势下高校教师党支部功能的发挥》，载《宁波大学学报（教育科学版）》2012 年第 5 期。

〔3〕 杨德山：《系统论看党建"新的伟大工程"》，载《北京日报》2012 年 8 月 20 日，第 17 版。

着支部成员作用的发挥"。[1]只有将具有卓越领导才能的优秀教师选拔到支部书记岗位，才能使支部具有活力。《中共中央关于加强和改进新形势下党的建设若干重大问题的决定》明确指出，要"按照守信念、讲奉献、有本领、重品行的要求，加强基层党组织书记队伍建设"。《中共教育部党组关于加强新形势下高校教师党支部建设的意见》将"选优配强党支部书记"作为加强高校教师党支部建设的重要举措，并提出明确要求"注重选拔党性强、业务精、有威信、肯奉献的教师党员担任党支部书记"。[2]这在党的文件中明确规定支部书记的选拔要求，充分说明了支部书记岗位的重要性。

优秀的支部书记，应该德才兼备，以德为先，要在政治上有坚定的理想信念；要在工作上有领导工作的组织领导能力和全面贯彻执行党的方针政策的执行力；要在业务上有过硬的被同行认可的教学科研水平；要在群众中有广泛的群众基础；要在个人修养上具有勇于奉献的精神。其中，良好的政治素质和群众基础是最核心条件。只有这样的支部书记，才能真正承担起贯彻执行党的方针政策的重任，这是党支部发挥作用的重要领导基础。

(三) 上级党政组织的支持

教师党支部是高校二级学院为完成党建与教学科研任务而设立的与教研室平行的机构，它根据学院的总体目标规划自身的工作，其作用的发挥离不开学院党政组织的大力支持。

在学院党组织层面，学院党组织根据党建实际情况设立教师党支部，为支部开展活动提供理论与实践上的指导，是支部设置与运行的决定者、领导者、组织者。在学院行政层面，教师党支部也是学院整体组织体系中重要的一部分，支部的编制、党员教学科研任务的安排等各个方面，行政组织都发挥着重要的作用。正是党组织与行政组织的合力，共同保证着教师党支部的运行，使其以自己独特的活动方式推动学院整体的发展。

---

〔1〕 高晓红：《新时期高校教师党支部书记队伍建设管窥》，载《三峡大学学报（人文社会科学版）》2015 年第 5 期。

〔2〕 《中共教育部党组关于加强新形势下高校教师党支部建设的意见》（教党〔2017〕41 号，2017 年 8 月 1 日发布）。

（四）党员群众的信任与支持

党支部是由党员选举产生，来源于党员对支部每一位委员能力、品德、学识的综合判断。党员群众的信任和支持，使支部有了开展工作的基础。只有建立在这种信任与支持基础上，党员才能将党支部当作他们的家，愿意在支部领导下开展活动，贡献自己的才智。

（五）必要的经费保障

教师党支部开展活动，都需要必要的物质条件作为保障，没有经费保障的支部，很难做出特色，更不用说增加对党员的凝聚力，"经费保障是党支部活动开展的物质基础，完善经费保障机制可以提高高校教师党支部的活动质量，拓展党支部活动的形式"。[1]

三、高校教师党支部发挥作用的机制

高校教师党支部作为一个系统要发挥作用，要从系统内外多个维度建立适合发展的体制机制。党政组织合力的制度规范与激励推动，以及支部自身的以增强凝聚力为核心的动力驱动，共同形成支部建设的能动机制，从而保障支部的运行与发展。

（一）建立自我完善与发展的制度保障机制

在党的建设中，制度建设一直起着至关重要的作用，支部体制机制的构建，必须通过制度建设来完成，这也为党建实践所证实。"发挥党支部活动的作用，关键在于制度"[2]，"推进制度治党，着力构建系统完备的党的建设制度体系"[3]，已成为推动党建工作的重要共识和重要抓手。

在教师党支部建设中，制度的建立主要来源于两个方面，一是上级党组织有关支部建设的制度规范，二是支部自身建设的制度规范。

上级党组织对支部建设的制度规范，主要包括支部设置规范、支部活动规范、发展党员规范、考核规范等，覆盖支部建设的方方面面。这些制

---

〔1〕 宋晓东等：《高校教师党支部作用有效发挥的机制和平台研究》，载《学校党建与思想教育》2015 年第 9 期。

〔2〕 彭恩胜：《优化高校教师党支部活动的制度路径》，载《江西教育学院学报》2013 年第 2 期。

〔3〕 《国务院关于印发国家教育事业发展"十三五"规划的通知》（国发〔2017〕4 号）。

度规范非常重要，不仅是从严治党的需要，更是教师党支部正常运行的重要保障和发挥作用的前提基础。

"在制度建设方面，教师支部尽管只是党的最基层的一个细胞，很多规章制度在上级组织层面已有详细规定，但是每个支部均有自身不同的特色，结合自身特色建设本支部的特定制度具有重要意义。"[1]可以说，支部自身制度建设规范也是非常重要的，是决定支部能否发挥作用的内生动力。在具体制定时，要与上级党组织的制度规范相衔接，同时又要具有自己的特点，重点包括七个方面：一是理论学习制度，二是组织生活制度，三是党员发展制度，四是党员教育与行为规范制度，五是党员考核制度，六是党建经费使用制度，七是支部档案制度。理论学习制度是对党员进行理想信念教育的重要抓手，组织生活制度是发挥党支部主体作用的核心基础，其他相关制度是保证支部党建工作规范化的重要保证。

制度建设作为支部运行的重要保障，无论是上级党组织的制度规范，还是支部自身建设的制度规范，二者共同作用于支部建设之中，并在支部建设中形成一系列联系、推动、保障的机制，从而使支部成为贯彻执行党的方针政策的组织者和领导者。

（二）构建与行政组织协同融合的机制

在高等学校，一般是行政领导着教学科研中心工作，但是，党的领导作为政治方向上的保证，更不可缺位。"党支部和行政的关系是一种地位平等、思想同心、目标同向、责任共担、团结协作的关系，是一个单位的两个核心：一个是政治核心，一个是行政核心，只有两个核心形成一种合力，双核驱动，才能把单位搞得更好。"[2]将党建工作与行政工作融合，建立互相依赖、互相促进的联动机制是高校党建工作的一项重要经验。"高校教研室（研究所）党支部要想真正发挥作用，必须真正融入高校人才培养、学科建设、科研发展、教学改革的主流工作，紧密依托教研室的中心工作，

---

〔1〕 廖丹：《浅谈高职院校教师党支部建设长效机制研究》，载《成功（教育）》2012 年第 24 期。

〔2〕 孙旭柱等：《创新高校教师党支部建设的理性思考》，载《学校党建与思想教育》2015 年第 2 期。

完善机制，围绕教学与科研等中心抓党建"。[1]"要把教师党支部工作置于高校中心工作的总体布局中来考虑，注意克服党政工作'两张皮'的现象，使党政从不同角度进入角色，进入中心，协调配合，齐心协力共同走好一盘棋"。[2]"将科研、教学等工作纳入党支部考核管理体系有助于更好地把党支部的工作与党务、政务联系起来，通过抓业务促发展来实现增强高校党支部作用的目的。"[3]

"以党建促发展、围绕中心工作抓党建"已成为高等学校党建工作者的共识，也逐渐被行政领导所接受。但要真正实现二者联动，形成合力，还需从两个方面进行努力。

一是牢固树立党建、行政一体化推进的观念。党支部负责人要明确自身不仅负责党建的任务，也对中心工作负有配合与保障的责任；行政负责人不仅要考虑如何推进中心工作，还要考虑如何不偏离正确的政治方向，双方合力共同完成党赋予的任务。"教职工党的支部委员会要支持本单位行政负责人的工作，经常与行政负责人沟通情况，对单位的工作提出意见和建议。教职工党的支部委员会负责人参加讨论决定本单位的重要事项"。[4]

二是建立党政联席制度，重大问题联合决策。重大问题一般关系到教师的切身利益，关系到单位的发展大计。在这类问题上，通过建立党政联席会议制度，党政同谋，充分发挥民主集中制，联合决策，才能将党委的要求落到实处，将发展的大计纳入党委的统一领导之下。

(三) 建立内外联动的激励机制

根据相关学者的研究，"激励是激发人的内在行为动机并使之朝着既定目标前进的过程，这一过程与人的动机紧密相连，通过物质或精神的某些刺激，

〔1〕　刘大炜、谢志勇：《加强和改进高校教研室（研究所）党支部建设的策略研究》，载《北京教育（高教）》2011年第1期。

〔2〕　戚锦阳、周洵英：《论新形势下高校教师党支部功能的发挥》，载《宁波大学学报（教育科学版）》2012年第5期。

〔3〕　宋晓东等：《高校教师党支部作用有效发挥的机制和平台研究》，载《学校党建与思想教育》2015年第9期。。

〔4〕　《中国共产党普通高等学校基层组织工作条例》（中发〔2010〕15号，2010年8月13日公布）第12条。

促使人有一股内在的工作动机和干劲，从而产生组织期望的行为"。[1]正是如此，激励手段也被广泛应用于高校党的建设各个方面。具体到教师党支部建设方面，建立内外联动的激励机制是发挥支部作用最大化的重要思路与手段。

教师党支部的特点决定了激励机制的构建不同于其他机构。它是根据支部和党员的需求，为实现党的建设目标，以各种激励措施为手段，在上级党组织、上级行政组织和支部之间，在支部与党员之间形成的相互联系、相互发生作用的管理体制。既包括来自上级党组织、上级行政组织的外部激励，也包括支部内部建立的针对所有党员的激励，两个方面既单独发生作用，又相互发生作用，共同推动支部发展。

上级党组织、上级行政组织对支部的激励是保障支部发挥作用的主要方面。根据高校党建实践，上级党组织、上级行政组织对支部的激励主要是物质与荣誉激励相结合。学校对支部人、财、物方面激励，可以使支部拥有充足的党建经费保障支部活动的开展，活动场所的建设方便支部开展各种活动。在荣誉方面，评优表彰是最传统激励手段，也是最能激发支部、党员奉献精神的手段。通过先进支部、先进党员、先进党务工作者的评选与弘扬，可以在全校支部中树立标杆，在全校党员中树立典型，在全体党务工作者中树立榜样，带动全校支部建设。

除了对支部的激励，作为支部领头人的支部书记，也应是上级党政组织，尤其是上级党组织重点激励的对象。具有卓越领导才能的支部书记是支部发挥作用的基础，但选好了书记，仅凭其崇高的理想信念不一定能把支部领导好，上级组织也要有一套调动他们积极性的措施。有学者提出，对支部书记的激励应该"在政治上给待遇，在经济上给补助，在工作上给平台，在发展上给空间，增加教师党支部书记岗位的吸引力，不断激发教师党支部书记的动力和活力"[2]，这是非常符合现实的建议措施。中国政法大学结合本校实际情况，实施了对教师党支部书记减免工作量的制度，

---

〔1〕　刘英侠：《基于激励机制的高校基层教师党支部建设研究》，载《经济师》2015 年第 5 期。

〔2〕　沈小静等：《高校教师党支部发挥作用机制研究》，载《北京教育（高教）》2016 年第 6 期。

凡是"担任各院部所属研究所、教研室负责人、支部书记、其他党派机构负责人、校级和部门工会负责人的教师减免30%"。[1]这项措施使教师在繁重的教学科研工作中，能分出时间与精力致力于支部建设，得到了教师党支部书记的充分肯定与拥护，这是非常值得推广的。

教师党员作为高等学校党建活动的主体，为增强其参与党建活动的吸引力，尤其在支部内部，建立适合的激励机制也是非常必要的。根据教师的岗位特点，支部内部的激励机制应坚持如下原则：一是个人激励与集体激励相结合，尤其对于党建小组、学术团队等要重点支持；二是党建激励与业务激励相结合，在评选党建先进的同时，也可以评选业务标兵，从而在党员中形成思想上争进步、业务上争创新的积极向上的良好氛围；三是单一激励与综合激励相结合，可以单一进行党建评比，也可以根据综合评定党员的各种表现，从物质、荣誉等方面给予激励。

（四）保持与党员群众的密切联系机制

群众路线的核心是一切为了群众，一切依靠群众，从群众中来，到群众中去。它是我们党的根本路线，是毛泽东思想活的灵魂之一，是党在长期革命和建设中克敌制胜的法宝。新中国建立与发展的历程充分证明了这一点，这也是党的各级组织，尤其是基层组织必须坚持的原则。

党支部密切联系群众机制主要表现在：

在支部层面：①支部工作要以全体党员的需求作为工作的出发点。支部工作要全心全意为全体党员服务，支部工作计划的制定、支部活动的开展、支部制度的制定等，都要以是否符合党员的需求和利益作为前提；②支部工作要以全体党员的满意度作为工作成效的评价标准。支部工作做得好不好，不能只看制定了多少制度，开展了多少活动，而是要"把解决实际问题、增强教师归属感获得感作为党支部工作的重要落脚点"[2]，党员满意度的高低反映着支部作用发挥的程度；③支部工作要以经常性的互动作为工作模式。支部建立以后，不只是支部委员会的事，而是全体党员共同的事。支部要将每一位党员视为支部大家庭中的一分子，通过经常性的调

---

〔1〕《中国政法大学教师岗位考核办法》第22条（2016年9月1日起生效）。

〔2〕《中共教育部党组 关于加强新形势下高校教师党支部建设的意见》（教党〔2017〕41号，2017年8月1日发布）。

研活动，随时征求党员对支部工作的意见，不断改进工作方式，增强党员对支部工作的信任度，积极参与支部建设。

在党员层面，每一位党员都要将支部作为自己的家园，要以主人翁的姿态参与支部建设和支部活动，随时为支部建设建言献策。

在群众层面，群众路线的保持，还在于党支部也要与本单位群众建立密切的联系。党支部要关心群众、爱护群众，要随时将群众中的优秀代表吸收入党，要将群众需求的满足作为衡量支部工作的重要标尺，带领党员群众共同完成党赋予的光荣任务。

四、高校教师党支部发挥作用平台的构建

高校教师党支部作为党联系教职工的重要桥梁和纽带，要真正发挥战斗堡垒作用，必须依靠适合的平台来实现和保证。

（一）理论学习研究平台

作为教师党支部，支部委员会及其成员理论水平的高低决定着支部建设的方向和质量，党员理论水平的高低决定着教书育人的质量，而支部政治引领作用的发挥，理论建设是最重要的方面。要使理论建设落到实处，建立理论学习与研究的平台是非常重要的。

一是理论学习平台。理论学习是教师提升理论水平的有效方式，是对党员进行理想信念教育，增强党性修养的重要途径，我们党历来重视党员的理论学习，并把学习作为贯彻落实党的方针政策的重要基础。2009 年 9 月，党的十七届四中全会通过的《中共中央关于加强和改进新形势下党的建设若干重大问题的决定》明确提出，"必须按照科学理论武装、具有世界眼光、善于把握规律、富有创新精神的要求，把建设马克思主义学习型政党作为重大而紧迫的战略任务抓紧抓好"。2010 年 2 月，中共中央办公厅印发了《关于推进学习型党组织建设的意见》，进一步明确规定了建设学习型党组织的重要意义、总的要求、主要原则、主要内容等。2016 年起开展的"两学一做"学习教育活动更是将学习活动具体化、制度化，明确规定了学习的内容、学习的措施、学习的保障等各方面内容，并提出开展该活动"基

础在学，关键在做""'学'要带着问题学，'做'要针对问题改"。〔1〕可以说，"两学一做"学习教育活动是全党范围内有组织、有目标的活动，是加强党的思想政治建设的重要部署。由此也可以看到，理论学习在党的建设中的重要作用和建立理论学习平台的重要性。

作为教师党支部，要高度认识到理论学习在提升教师理论水平和支部建设质量中的重要性，要重视理论学习平台的构建。要通过相关学习制度的建设，使学习进计划，将创建学习型党支部作为支部建设的重要目标。与此同时，要注重学习平台在形式和内容上的创新。

在形式上，要结合教师流动性的特点，在传统理论学习和现代媒体发展的基础上，充分利用网络、视频等介质，开办网络学习平台，使教师在家里就接受了学习的教育。在组织学习方面，可以通过党建与教学科研活动实践相结合、学习与党建主题活动相结合，实现教师的学习贯彻教学科研的全过程，在实践中学习，在研讨中学习，实现学习的目的。

在内容上，要不断深化学习主题，丰富学习内容，一切对于提高教师理论水平与教学科研能力的内容都是学习的范围，但重点是增强理想信念的内容。目前，习近平总书记的系列讲话、党中央治国理政的新理念新思路新战略都是学习的重点。但对于新党员来说，学习《中国共产党章程》，学习党的历史、党的理论则是学习的重点。要通过学习，保证使学习内容进大脑、进课堂、进教材，在提升自身理论水平的同时，提升教书育人的质量。

二是理论研究平台。理论学习固然重要，但要巩固学习效果，创新学习组织形式，还需要在学习的基础上深入理论研究。"高校党建工作的不断发展与创新，离不开高校党建理论研究的深入推进，特别是对提高高校党的建设科学化水平的深入探讨"〔2〕，党建理论研究已成为推进党建工作科学化的重要举措。作为教师，尤其是党员教师，他们有丰富的学科背景，有的还直接从事党建理论研究。从学科的角度，对党建工作进行深入研究，

---

〔1〕 《中共中央办公厅关于在全体党员中开展"学党章党规、学系列讲话，做合格党员"学习教育方案》（2016 年 2 月发布）。

〔2〕 全国党建研究会高校党建研究专业委员会秘书处：《以改革创新精神推进高校党建理论研究》，载《北京教育（高教）》2010 年第 9 期。

不仅可以提升政治思想觉悟，还可以使讲授的课程更符合中国特色社会主义理论体系的大方向，理论与实践相结合，培养又红又专的合格人才。理论研究平台是理论学习平台的深入和升级，又是理论学习平台发展到纵深阶段的必然结果。

理论研究平台形式多种多样，主要包括组织承担党建项目研究、进行党建调研、撰写理论研究论文等多种形式。在新形势下，以支部为核心的党建理论研究如何创新，如何发挥党支部的研究优势，是需要深入思考的问题。

作为上级党组织，要高度重视党建理论研究工作，并将其作为党建工作的重要内容和抓手。但要使它成为党建工作的助推器，一是研究课题的设计要符合学校党建工作实际，要在深入调查研究的基础上确定研究方向和研究重点；二是要完善课题的申报立项程序，积极动员大多数的党员教师参与研究；三是要充分发挥支部组织参与的积极性，必要时可以将组织党建理论研究纳入支部工作考核范围；四是定期召开理论研讨活动，进行课题探讨和推广，促进成果的转化。

作为教师支部，尤其是支部书记，也要充分认识党建理论研究对于支部建设的推动作用。党支部应鼓励教师党员努力进行党建理论的阐释，发挥理论特长，积极参与研究，为党建理论的发展做出独特的智力贡献。支部要为党员开展理论研究积极创造条件，搭建平台，要经常组织党员就党建问题开展理论研讨活动，以互动式的学习方式等带动全体党员开展研究，及时解决好教职工中出现的理论"热点"、"难点"问题，激励优良师德师风的发扬和党员先锋模范作用的发挥。近年来，党建理论研讨活动这一平台得到了越来越多高校的认可和提倡，取得了明显的成效，也实现了教学科研和党建理论创新的双丰收。

（二）组织生活平台

组织生活平台是由一系列制度构建而成的，包括"三会一课"、组织生活会和民主生活会、谈心谈话、党员民主评议等，这些制度是我们党依据马克思主义的建党、管党学说，在加强自身建设的长期实践中形成的，是中国共产党党建工作的一个创举，"党的组织生活是党内政治生活的重要内容和载体，是党组织对党员进行教育管理监督的重要形式"〔1〕，是党支部发挥作用的重要平台。教育部明确将"严格规范党支部各项党的组织生活制度"作为增强新形势下教师党支部建设的主要内容详细规定〔2〕，充分说明了组织生活制度的重要性。

作为支部建设的重要平台，组织生活制度的核心是组织生活会、民主生活会和"三会一课"制度。组织生活会和民主生活会是党员之间、党员与党员领导干部之间、党员领导干部与党员领导干部之间进行交流思想、总结经验、开展批评与自我批评的最重要制度。长期以来，在解决贯彻执行党的路线方针中思想上、作风上出现的不同意见和分歧发挥了重要作用。根据制度要求，所有党员都要参加组织生活会，而处级以上党员领导干部，还要参加民主生活会。2015 年 8 月 14 日，习近平总书记以普通党员身份参加所在党支部-中办机关党委直属党支部的组织生活会，与党员同志们进行交流并发表重要讲话，明确指出，"参加支部生活会，我们都是平等的、普通的一员，这也是共产党员应尽的义务。共产党员这个称号，是一个组织称号，在组织里的人，就要过组织生活，不参加组织活动的人，也就脱离党了"。〔3〕习近平总书记的讲话语重心长，也说明了组织生活会在从严治党的大背景下仍是解决党员思想问题与作风问题的重要形式，必须长期坚持。

"三会一课"制度主要内涵包括支部党员大会、支部委员会、党小组会，党员干部讲党课。在新形势下，该制度还要在内容与形式上不断创新，充分保证这一平台发挥作用。

在形式上，"三会一课"制度应在坚持传统学习的基础上，不断创新活动形式。延安大学为宣传延安精神创造的现场教学形式，在张思德追悼会现场讲解"为人民服务"的背景和时代精神，在中国共产党"七大"会场，讲解"延安整风运动"，"将真实的现场变成了课堂，令学员身临其境，从而在短时间里调动他们的真情实感"，"使他们清晰的体味到心灵的震撼、情感

---

〔1〕 《做忠诚干净担当的中办人——中央办公厅深入开展"三严三实"专题教育纪实》，载《人民日报》2015 年 12 月 24 日，第 4 版。

〔2〕 《中共教育部党组关于加强新形势下高校教师党支部建设的意见》（教党〔2017〕41 号，2017 年 8 月 1 日发布）。

〔3〕 《做忠诚干净担当的中办人——中央办公厅深入开展"三严三实"专题教育纪实》，载《人民日报》2015 年 12 月 24 日，第 4 版。

的共鸣，并由此直观的感受、感性的认识而萌生出求知的欲望"〔1〕，这就是一种创新形式的党课，使党员们身临其境，不仅增强了历史事件的理解，更深刻感受延安精神的深刻内涵。除了现场教学，"三会一课"制度还要充分利用现代多媒体技术的优势，通过视频、微信群等多种形式，开展工作研讨、理论宣传、思想交流等等，突出政治学习和教育，突出党性锻炼，提升党建工作的成效。

在内容上，"三会一课"制度不要仅限于工作的部署、党的政策的宣传，要将支部委员之间思想的交锋、工作方式的研讨结合起来，要将党的方针政策的解读与党员的工作、生活紧密结合起来，牢固树立"以党建促发展"的理念，要紧紧围绕教学科研这一中心，围绕党员关心的问题和切身利益确定活动重点。在党课内容的选择上，要丰富多彩，党的方针政策的解读、党的历史的回顾、当前的政治经济形势分析，乃至教学科研中的热点问题、党员生活中的热门话题等都可以成为党课的主题。党要求什么，党员需要什么，应成为开展与落实"三会一课"制度的重要原则，这也是保持党组织活力的根本遵循。

（三）党建特色活动平台

在传统的党建活动中，主要活动形式包括集体学习、主题报告、组织到红色基地参观等，这些在宣传党的方针政策、教育党员方面发挥了重要作用，也必须是长期坚持的活动载体，尤其是参观红色教育基地，这对当今的时代仍具有重要现实意义，仍是凝聚人心、团结奋进的强大动力，是战胜困难、夺取胜利的重要法宝。

虽然如此，时代的变化，各种社会思潮的冲击，党建活动的形式也应该进行创新，即使传统的形式，与当今时代结合起来，才具有旺盛的生命力。在高等学校，教师群体有诸多共同之处，但要结合其特点，在形式与内容上不断创新。

党建活动的组织，要时刻以中心工作为载体。教师的本职工作是教学科研工作，教研室的核心工作是学科建设、专业建设、队伍建设、科学研

---

〔1〕　冯建玫：《浅论现场教学在延安精神传播中的运用》，载《延安大学学报（社会科学版）》2009 年第 6 期。

究等，要使这些工作沿着正确轨道发展，党支部在思想建设、组织建设、作风建设方面的作用是不能忽视的，只有在党的正确路线指导下，教学科研工作才不会偏离政治方向。"党支部必须始终围绕学院教学科研工作这个中心，服务于高校这三大建设这个大局来开展工作，而决不能游离于本单位业务工作之外"。[1]党支部也只有与教学科研工作结合起来策划党建活动，才能使党建工作具有生命力，才能将教师团结在党支部周围。

党建活动的组织，要充分利用学科优势，利用集体力量服务社会，尤其是应用学科。如中国政法大学优秀支部-证据科学研究院教师党支部充分利用"法大法庭科学技术鉴定研究所"的这一服务平台，积极开展司法鉴定工作，每年受理全国公检法机关委托的司法鉴定案件 2500 余件。目前，该鉴定机构已成为全国十大国家级司法鉴定机构之一，在国内享有"高效、中立、公正"的良好行业信誉，被司法部指定为全国司法鉴定人培训基地。[2]

（四）支部共建平台

支部共建平台，通俗说来，就是指高校教师党支部和其他党支部"结对子"，共同组织党建活动，从而达到互相学习、取长补短、互通有无、共同促进的目的，实现服务育人、服务社会的使命。

根据共建对象的不同，支部共建平台包括校内共建和校外共建两个方面。校内共建又包括教师支部之间、教师支部与学生支部的共建。教师支部与教师支部之间的共建，要勇于突破院系壁垒，实现不同学科下支部的共建，以实现共建模式下学科的交叉融合，实现资源的优化配置和合理使用，使不同的思想沟通融合，实现共同发展的目的。在这方面，不同学科之间教师组成创新团队承担党建项目，针对当前形势的热点问题开展学术交流是最好的共建模式。

和学生党支部共建方面，教师党支部可以在学生党建活动指导、学业辅导、专业技能培养、就业指导中发挥积极作用，最大限度发挥育人功能。在具体形式上，可以以理论学习指导的方式，也可以共同组织主题活动。

---

[1] 郑敏、蒋智：《高校教师党支部建设模式创新的思考》，载《社会科学家》2006 年第 3 期。

[2] 中国政法大学证据科学研究院简介，载 http://zjkxyjy.cupl.edu.cn/zh/node/317.

武汉理工大学开展的"师生结对，支部共建"活动，由学院各教师党支部按照学科、专业等与相关班级党支部结对，机关按照"两创两访"活动的安排，主动与学院联系由学院（部）党委（党总支）推荐结对，促进了教职工与学生之间的交流，"促使党员教师更好地履行职责，为人师表，教书育人，使广大学生更好地以德修身、勤奋学习、报效祖国"。[1]

在校外共建方面，近年来，高校教师党支部依托高校教师党员的智力资源和思想政治优势，通过与校外党支部的"结对子"等形式，共同做好党建工作。一方面，教师党支部为校外提供智力支持，利用自身思想资源和专业优势开展社会服务。例如，大连理工大学各二级党组织与凌水街道辖区内的 23 个二级党组织对接共建，通过在职教工党员进企业、进社区、老教授党员宣讲团等活动，使教师党支部组织生活"走出去"，增强了党支部活动的生机与活力。[2]另一方面，校外支部，尤其是社区支部、企业支部，他们处于社会基层，和人民群众有着直接的联系，在为人民服务方面，积累了丰富的实践经验，而这些正是教师党支部所欠缺的。通过共建活动，可以充分了解社会的需求，体会人民群众的呼声，为教学科研准备充分的基础素材。

从更长远的视角看，高校教师党支部和校外党支部"结对子"形成的稳定、固定的纽带和联系，不仅成为高校教师党支部服务社会的直接窗口，还使得双方单向的学习、援助变成双向的互动和持久的联合，持续发挥好双方的优势和特点，实现校内外党支部的思想政治资源、智力资源的长期深度融合，共同推动党建工作的深入发展。

---

〔1〕 孙亚忠：《高校"师生结对 支部共建"活动实践探索——以武汉理工大学为例》，载《科教导刊》（上旬刊）2014 年第 8 期。

〔2〕 戚凤芝、陈肖东：《充分发挥高校教师党支部功能的探索与实践》，载《管理观察》2015年第 12 期。